Transformation und Emanzipation

Jupp Legrand · Benedikt Linden ·
Hans-Jürgen Arlt
(Hrsg.)

Transformation und Emanzipation

Perspektiven für Arbeit und
Demokratie

 Springer VS

Hrsg.
Jupp Legrand
Otto Brenner Stiftung
Frankfurt, Deutschland

Benedikt Linden
Otto Brenner Stiftung
Frankfurt am Main, Deutschland

Hans-Jürgen Arlt
Universität der Künste
Berlin, Deutschland

Die Open Access Publikation dieses Buches wurde mit freundlicher Unterstützung der Otto Brenner Stiftung veröffentlicht.

ISBN 978-3-658-39910-8   ISBN 978-3-658-39911-5   (eBook)
https://doi.org/10.1007/978-3-658-39911-5

Die Deutsche Nationalbibliothek verzeichnet diese Publikation in der Deutschen Nationalbibliografie; detaillierte bibliografische Daten sind im Internet über http://dnb.d-nb.de abrufbar.

Planung/Lektorat: Katrin Emmerich
Springer VS ist ein Imprint der eingetragenen Gesellschaft Springer Fachmedien Wiesbaden GmbH und ist ein Teil von Springer Nature.
Die Anschrift der Gesellschaft ist: Abraham-Lincoln-Str. 46, 65189 Wiesbaden, Germany

Inhaltsverzeichnis

Die sozial-ökologische Transformation wird auch ein Demokratisierungsprozess sein oder scheitern. Eine Einleitung

Jupp Legrand, Benedikt Linden und Hans-Jürgen Arlt

Kein irdisches Lebewesen – nicht einmal die aus der Bibel bekannte Lilie auf dem Feld – kann einfach so vor sich hinleben. Je nach körperlicher Konstitution und den Umständen seiner Umwelt muss es mehr oder weniger dafür tun, am Leben zu bleiben; kurz, sich versorgen. Ist es dazu aus eigener Kraft nicht in der Lage, ist es darauf angewiesen, von anderen versorgt zu werden. Versorgung lässt sich als die elementare Funktion der Arbeit bestimmen. Von einem solchen Grundverständnis hat sich die moderne Arbeitsdebatte jedoch weit entfernt, wenngleich feministische Beiträge (vgl. Prätorius 2015) immer wieder daran erinnern.

Die Notwendigkeit, sich zu versorgen oder versorgt zu werden, beruht auf einem Bedarf, mindestens auf Grundbedürfnissen. Um den Bedarf zu befriedigen, wird erstens eine Leistung erbracht, zweitens wird das Erzeugnis dieser Leistung konsumiert, es wird gebraucht und dabei verbraucht. Nach dem Verbrauch entsteht neuer Bedarf, wieder folgen Leistung und Konsum. Sprachlich hat sich durchgesetzt, die Leistung und nur die Leistung als Arbeit zu bezeichnen. Aber wichtige ökonomische wie auch soziale Zusammenhänge treten klarer hervor,

J. Legrand
Otto Brenner Stiftung, Frankfurt, Deutschland
E-Mail: jupp.legrand@otto-brenner-stiftung.de

B. Linden
Otto Brenner Stiftung, Frankfurt am Main, Deutschland
E-Mail: benedikt.linden@otto-brenner-stiftung.de

H.-J. Arlt (✉)
Universität der Künste, Berlin, Deutschland
E-Mail: h-j.arlt@gmx.de

1

wenn man sich den elementaren Dreiklang aus Bedarf, Leistung und Gebrauch vor Augen hält, um den Sinn der Arbeit zu begreifen.

Zum Beispiel bekommt der einfache Gedanke Plausibilität, dass die Arbeitstätigkeit ruhen lassen kann, wer sich versorgt fühlt, vorübergehend nichts braucht – eine Gedanke, den die moderne Arbeitsgesellschaft nicht aufkommen lassen möchte, obwohl ihre Produktivkräfte ihn nahelegen. Und man sieht, wie sich die Verlockung aufdrängt, die Leistungen anderer aufzubürden, während man selbst sich auf den Konsum konzentriert oder Tätigkeiten ausübt, die nicht dem Unterhalt, sondern beispielsweise der Unterhaltung dienen. Unter der Maxime „ora et labora" ist es dem europäischen Adel ein ganzes Mittelalter lang gelungen, eine solche „Arbeitsteilung" als Gottes Wille im herrschenden Weltbild zu verankern. Die aufbrechende Moderne hat Arbeitsleistungen teilweise mit Gewalt erzwungen, sie hat sich der Sklaverei bedient. Naheliegend sind schließlich auch die Fragen, wer darüber entscheidet, welcher Bedarf Arbeitsleistungen auslöst, wie Arbeitsleistungen organisiert werden und wie der Zugriff auf Produkte und Dienste geregelt ist.

Wirtschaft erhebt sich zum Befehlshaber der Arbeit

Ihre überragende Bedeutung für die Moderne hat die Arbeit auf Umwegen erlangt, nämlich über Geldwirtschaft und Individualisierung. Arbeit zu bewirtschaften, Vorräte anzulegen, mit weniger Leistung mehr Gebrauchsmöglichkeiten zu schaffen, Arbeit zu rationalisieren, also die Produktivität zu steigern, ist eine alte Idee, die in der Landwirtschaft praktisch wurde. Den großen Sprung von einer optimierenden, aber untergeordneten Rolle zum Befehlshaber der Arbeit schafft die Wirtschaft erst im 19. Jahrhundert. In der Folge gilt fast alle Aufmerksamkeit den bezahlten Arbeitsleistungen, während unbezahlte ein Schattendasein führen. Die Ökonomisierung der Arbeit wird vom Kapitalismus auf die Spitze getrieben, weil er überhaupt nur noch solche Arbeitsleistungen anzupacken bereit ist, welche auf die Fragen, was kostet es und was bringt es, die Antworten „relativ wenig" und „wahrscheinlich relativ viel" parat halten. Bedarf, der nicht hinreichend zahlungsfähig ist, interessiert Kapitalist:innen nicht, der Staat oder wohltätige Organisationen sind hier aufgerufen.

Ökonomisierung bewirkt den überragenden gesellschaftlichen Bedeutungszuwachs der Arbeit nicht alleine. Hinzu kommt ein Individualisierungsprozess, der die Integrations- und Determinationskraft des Familienzusammenhangs deutlich reduziert. Im Zuge der Individualisierung werden bezahlte Arbeitsleistungen sowie finanzierbares Konsumverhalten zunächst für den einzelnen Mann, inzwischen auch für die einzelne Frau zu zentralen, selbst zu verantwortenden sozialen und sinnstiftenden Praktiken. Die gesellschaftliche Verortung und die sozialen Existenzvoraussetzungen werden jetzt weniger von der Familienzugehörigkeit bestimmt, sondern stärker von der individuellen Karriere, die wiederum eng gekoppelt ist an den Status der Erwerbsfähigkeit, die ihrerseits insbesondere an Bildungs-, Aus- und Weiterbildungsvoraussetzungen gebunden ist. Lebensphasen, die aus Alters-, Gesundheits- oder Arbeitsmarktgründen individuelle Leistungen einschränken oder verhindern, führen für Viele in soziale Existenzprobleme, für die in unterschiedlichen Ausmaßen sozialstaatliche Lösungen durchgesetzt wurden. Ein weiteres zentrales Merkmal dieser Form der Arbeitsorganisation ist, dass die vorherrschende gesellschaftliche Selbstdarstellung einen direkten Kausalzusammenhang behauptet zwischen der individuellen Leistungsbereitschaft und -fähigkeit einerseits, dem persönlichen Geldeinkommen und zahlungspflichtigen Konsummöglichkeiten der Einzelnen andererseits.

Auffällige Verdrängungsbereitschaft

Niemand mit intakten Sinnen und einem funktionierenden Gedächtnis wird in Abrede stellen, dass die gesellschaftliche Organisation der Arbeit, wie sie sich im Zuge der industriellen Revolution etablierte und via Globalisierung und Digitalisierung expandierte, die Lebensmöglichkeiten vieler Menschen wesentlich verbessert hat. Niemand mit einem Minimum an sozialer und ökologischer Sensibilität kann bestreiten, dass die quantitativen und qualitativen Zuwächse an Leistung und Konsum auf eine Weise erreicht wurden und werden,

- die Vorteile und Wohlstandsgewinne, Nachteile und Verelendungsgefahren höchst ungleich verteilt,
- die Arbeitskräfte ausbeutet, deren Gesundheit, letztlich deren Leben beschädigt
- und in der natürlichen Umwelt Zerstörungen anrichtet, die inzwischen das pflanzliche, tierische und menschliche Leben auf dem Planeten elementar bedrohen.

Die Frage nach der Zukunft der gesellschaftlichen Arbeit stellt sich dem/der achtsamen Beobachter:in am Beginn des 21. Jahrhunderts so dringlich und grundsätzlich, dass es verwundert, wie groß die öffentliche Bereitschaft zu sein scheint, sie auf der Agenda nachrangig einzuordnen und sich mit Hoffnungen auf Künstliche Intelligenz, algorithmische Antworten und Ausflüge ins Universum zu beruhigen.

Ein entscheidender Grund für die auffällige Verdrängungsbereitschaft dürfte sein, dass die Entscheidungsträger:innen in Wirtschaft und Politik weitgehend auf der Seite der Nutznießer:innen der heutigen Arbeits- und Wirtschaftsweise versammelt sind, während sich die schlimmen Folgen von Krisen und Katastrophen vor allem auf der Seite der Ohnmächtigen ausbreiten.

Ein enges Regelwerk

In dieser multiplen Krisenkonstellation stellt sich umso dringlicher die Anschlussfrage nach Funktion und Leistungsfähigkeit der Politik. Politische Reden, besonders die feierlichen, vermitteln oft den Eindruck, dass dem politischen Personal gar nicht bewusst ist, wie sehr die Berufung auf Freiheit und Demokratie einer Absage an ungebremste staatliche Machtansprüche gleichkommt; wie wenig sie von der Machtentfaltung übrig lassen, die vormoderne Staatlichkeit mit Glanz und Gloria und weit ausholenden Herrschaftsgesten für sich reklamieren konnte. Moderne Politik mit dem Staat als Zentrum und der Regierung als Spitze ist im Namen von Freiheit und Demokratie strukturellen Voraussetzungen unterworfen, die ihre Entscheidungs- und Handlungsspielräume in ein enges Regelwerk einbinden.

Dieses Regelwerk, das mit der Gewaltenteilung beginnt, über die Spaltung der Spitze in Regierung und Opposition, die Kontrolle durch die öffentliche Meinung und die Abhängigkeit vom Wählervotum bis hin zu den unveräußerlichen Grund- und Menschenrechten reicht und dabei auch die Tarifautonomie umfasst, nimmt dem Staat keineswegs die Möglichkeit, in gesellschaftliche Entwicklungen einzugreifen: Sowohl mit ihrer Kompetenz, Recht zu setzen, als auch mit ihrer Möglichkeit, Steuern zu erheben und Steuergelder zu verteilen, können Staaten Einfluss nehmen und gestalten. Aber es sind Eingriffe, die ihre Rückkopplungseffekte mitdenken und damit rechnen müssen, dass die übrige Gesellschaft aus politischen Entscheidungen ihre eigenen Schlüsse zieht.

Im Namen von Freiheit und Demokratie reflektieren Organisationen und Personen im Wirtschafts- und Finanzsystem, in Wissenschaft, Öffentlichkeit und Kunst, im Bildungssystem, im Sport und in den Familien ihren Umgang mit und ihre Konsequenzen aus den politischen Entscheidungen. Orientiert an ihren je spezifischen Interessen und an ihren Vorstellungen vom Allgemeinwohl (im schlechtesten Fall auch unter Missachtung jeglichen Allgemeinwohls) reagieren sie gegebenenfalls mit Kritik und Protesten, machen sich auf die Suche nach Schlupflöchern und Ausweichgelegenheiten, erheben Klage, rufen zur Abwahl der Regierung auf.

Ein markantes, aber oft verkanntes gesellschaftliches Strukturmerkmal der fortgeschrittenen Moderne ist dieser Umstand: Die Politik selbst hat zwar im Staat ein Zentrum und in der Regierung eine Spitze, aber sie bildet (anders als vormoderne Herrschaftsformen) weder Zentrum noch Spitze der Gesellschaft, sondern ist nur ein Funktionsfeld neben anderen; ein wichtiges, ein unverzichtbares mit ganz besonderen Aufgaben und Leistungen, aber kein darüber stehendes, alles bestimmendes, sondern ein eingebettetes, interdependentes. Politik hat die Gesellschaft als ganze im Blick, aber nicht von oben. Sie hat nur ihre *politische* Perspektive, so wie andere Funktionsfelder ihren je eigenen – wirtschaftlichen, wissenschaftlichen, massenmedialen – Blickwinkel haben und dabei auf ihre Weise ebenfalls die Gesellschaft als ganze beobachten.

Entscheidungsmöglichkeit als praktizierte Freiheit

Dieser begrifflich-politische Paradigmenwechsel weg von einer Herrschafts- hin zu einer Governance-Perspektive dürfte der Wegweiser für das aktuelle und künftige Politikverständnis sein. Deutlich wird aus dieser Perspektive, wie sehr der frühere IG Metall Vorsitzende Otto Brenner (1907–1972) auf der Höhe der Zeit war, als er Demokratisierung eben nicht nur für die Politik eingefordert hat, sondern auch für andere Funktionsfelder, allen voran die Wirtschaft. Gerade wenn es zutrifft, dass moderne Politik nicht allmächtig ist (sich zu Allmacht nur im Modus des Staatsterrors aufschwingen kann), kommt es sehr darauf an, dass sich demokratische Verhältnisse auch auf anderen gesellschaftlichen Feldern entwickeln; alleine auf weiter Flur steht demokratische Politik auf wackeligen Beinen.

Eine „demokratische Wirtschaftsführung" sollte im Verständnis Otto Brenners zur „Aneignung eines größeren Freiheitsspielraumes" (Brenner 1997, S. 80) beitragen. Auch für ihn gehörten Demokratie und Freiheit zusammen. Aus dem Wertehimmel heruntergeholt und praktisch gewendet, sozusagen in den Werktagen verankert, bedeutet Freiheit die Möglichkeit sich zu *entscheiden;* beziehungsweise, wenn andere mitbetroffen und mitbeteiligt sind, *mitzuent-scheiden.* Alternativen zu haben, zwischen Optionen wählen zu können, dazu nein zu sagen, dort zuzustimmen: das charakterisiert den Freiheitsraum. Der Sinn der Gleichheit, den die bürgerliche Revolution meinte, war nie Gleichmacherei, uniformiertes Grau, einheitliches Denken, konformes Sprechen, kommandiertes Handeln, sondern gleiche Freiheiten – die jede:r für sich, aber nicht ohne Blick für die anderen nutzt.

Blickt man unter dieser Perspektive der einzelnen individuellen und organisationalen Entscheidungsspielräume auf die Gegenwartsgesellschaft, dann sind – bei allen Übergängen und Schattierungen, die das Bild entschärfen – die Polarisierungen skandalös. Trotz aller Mittellagen mit einem relativ auskömmlichen, zeitweise durchaus entspannten, alles in allem guten Leben weisen die Sozialstatistiken gesellschaftliche Brüche auf, deren Ränder nicht nur außerhalb der Reichweite, sondern weit außerhalb der Sichtweite der Beteiligten auseinanderklaffen. Auf der einen Seite ballen sich private, global aufgestellte Akkumulationen von Geld und Macht, die selbst gegenüber Staaten mit einem wirksamen Erpressungspotential aufwarten können. Auf der anderen Seite schleppen sich selbst in den reichsten Ländern Millionen von Menschen von einem prekären Job in den nächsten und versuchen, auf den Resterampen der Konsummärkte das Nötigste zusammen zu kratzen. Sie können politische Sonntagsreden über Freiheit nur als Hohn- und Spottgesänge erleben.

Die gesellschaftliche Ordnung der Arbeit ist zweifelsfrei ein entscheidender Hebel dafür, die Freiheitsverhältnisse in die Richtung größerer Gleichheit zu transformieren. Diese Transformation wird auch ein Demokratisierungsprozess sein oder sie wird im Sand eines verwüsteten Planeten stecken bleiben.

> „Freiheit heißt, nicht kommandiert zu werden. Freiheit heißt, seine Stimme erheben zu können und gehört zu werden. Freiheit des Einzelnen heißt, dass jeder Einzelne gleich viel wert ist. Freiheit heißt aber auch, nicht nur die theoretische Freiheit zu haben, sich auszuprobieren, sondern auch über die Ressourcen zu verfügen, die das praktisch ermöglichen. Und dazu gehören Freiräume genauso wie die Sicherheit, nicht ins Bodenlose zu fallen, wenn man bei diesen Versuchen scheitert – in anderen Worten; die Freiheit, seinen eigenen Weg finden und gehen zu können." (Misik 2012, S. 60).

Verschiebungen zwischen dem Politischen und dem Privaten

Andreas Reckwitz (2017) hat seine Theorie der „Gesellschaft der Singularitäten" auf Verschiebungen der sozialen Logik des Allgemeinen und des Besonderen gegründet. Man bekommt es eine Stufe konkreter, wenn man die Verschiebungen zwischen dem Politischen und dem Privaten ins Auge fasst. Der Konflikt zwischen Rechts und Links hat sich stets auch darum gedreht, das Private privat sein und in Ruhe zu lassen oder das Private als politisch auszuflaggen. Die Krisenanfälligkeit der globalisierten Moderne, die sich spätestens mit der Weltwirtschaftskrise 1929 im öffentlichen Bewusstsein verankerte, mit Kriegen, Massenarbeitslosigkeit und Hungersnöten laufend aktualisierte und im 21. Jahrhundert mit der Finanz-, Euro-, Flüchtlings-, Corona- und Klimakrise verallgegenwärtigte, hat die Grenzen zwischen dem Privaten und dem Politischen jederzeit in Frage gestellt. Krisen sorgen für Turbulenzen sowohl im Privaten als auch im Politischen und sie strapazieren das Spannungsverhältnis zwischen beiden; Kriege zerstören alles, automatisch auch soziale Trennungslinien.

In der westlichen Moderne hat sich ein Verhältnis zwischen dem Politischen und dem Privaten herausgebildet, in dem zwar auch das (individuelle und organisierte) Private auf seine Gemeinwohlverträglichkeit hin beobachtet wird, aber zuvörderst hat sich die Politik gegenüber den Privatinteressen zu rechtfertigen. Gerade die Wahlstimme gründet zusammen mit der Gleichheit der Wählenden auf dem Recht der freien, nichts und niemandem verantwortlichen Meinung. Nichts verpflichtet Bürger:innen, über ihr Privatinteresse hinauszudenken und für ihre Wahlentscheidung mehr zu berücksichtigen als ihr persönliches Wohlergehen. Aber zugleich ist klar, dass die bürgerliche Selbständigkeit um ihre Abhängigkeit von selbständigen Anderen weiß und deshalb „eine, wenn auch in kleiner Münze ausgezahlte Gemeinwohlorientierung" (Habermas 2021, S. 481) einschließen muss, die sich zuvörderst in zivilgesellschaftlichen Engagements gerade auch auf lokaler und regionaler Ebene zeigt.

In jeder Zweierbeziehung existiert ein Drittes, nämlich das beide Betreffende; wird es vernachlässigt oder von einer Seite okkupiert, leidet die Beziehung. Vergleichbares trifft auf die Gesellschaft zu: Das alle Betreffende bedarf – über die Anerkennung der einzelnen Betroffenen (Personen wie Organisationen) hinaus – der Beachtung und der besonderen Berücksichtigung. Im Dauerstreit zwischen Markt und Staat spiegelt sich die Verkennung dieser Sachlage. Prototyp des Marktstrategen ist der homo oeconomicus; Amartya Sen (2020) nennt ihn einen rationalen Dummkopf.

In der Coronakrise trat das Konfliktpotential zwischen den persönlichen und organisationalen Freiheiten einerseits und den Notwendigkeiten eines gesamtgesellschaftlich operierenden Regierungshandelns andererseits dramatisch hervor. Sie steht exemplarisch „für ein besonders starkes Theater einer echauffierten Gesellschaft, die die Dinge persönlich nimmt, wenn sie nicht in den Kram passen. Die Kontroversen rutschen ab." (Schulz 2022, S. 8).

Arbeit, Zivilgesellschaft, Politik

Die Idee der individuellen und organisationalen Selbstbestimmung ist eine *politische* Idee; sie findet ihren gesellschaftlichen Ausdruck als Freiheit der Wirtschaft, Wissenschaft, Kunst, der Meinungs- und Medienfreiheit etc. Die Möglichkeiten, allen Personen Einfluss auf die kollektiv bindenden Entscheidungen der Politik zu garantieren, sowie für Personen und Organisationen Freiräume für eigene Entscheidungen zu schaffen, wurden *politisch* durchgesetzt.

Allerdings mit der historischen Pointe, dass *in* Organisationen, insbesondere in Wirtschaftsorganisationen, die Freiheiten und demokratischen Rechte der Personen wenig zur Geltung kommen, um die Effizienzvorteile der Hierarchie nutzen zu können. Die organisationale Entscheidungsfreiheit wirtschaftlicher Organisationen gründet sich auf Eigentum, konzentriert sich an der Spitze und verursacht Unterordnung, wenn nicht Unterdrückung, sofern nicht Mitbestimmungsrechte realisiert werden konnten. Freiheit und Demokratie können sich entfalten, solange keine Instanzen auftreten, die die ganze Wahrheit für sich beanspruchen und in hierarchischer, fundamentalistischer oder diktatorischer Manier durchsetzen wollen. Nur Freiheit und Demokratie garantieren die Chance, „in grundsätzlich unwägbaren Umständen sein Leben gleichwohl aus eigener Kraft und Orientierung zu führen" (Seel 2002, S. 279).

Werden die aufgezeigten Argumentationslinien zusammengeführt, skizzieren sie das „magische Dreieck" aus Arbeit, Zivilgesellschaft und Politik, innerhalb dessen gesellschaftliche Evolution ihren Weg findet. Die Arbeit und die Formen, in welchen sie organisiert wird, die Zivilgesellschaft und die Art und Weise, in der sie das Private und das Allgemeine zueinander in Beziehung setzt, die Politik und ihre Fähigkeit, über kollektive Verbindlichkeiten zu entscheiden – dass diese Drei über alle Konflikte hinaus eine demokratisch-emanzipatorische Grundrichtung eint, darauf kommt es an. Mit Blick auf diese Drei haben die Herausgeber die Autor:innen eingeladen zu Essays über die sozial-ökologische Transformation, zu Versuchen über analytische, konzeptionelle, strategische und auch ganz praktische Zugänge einer demokratischen und emanzipatorischen Zukunftsgestaltung.

Literatur

Brenner, O. (1997). Gewerkschaftliche Bildungsarbeit. In IG Metall-Vorstand (Hrsg.), *Visionen lohnen. Otto Brenner 1907–1972. Texte, Reden und Aufsätze* (S. 76–81). Köln: Bund-Verlag

Misik, R. (2012). *Halbe Freiheit. Warum Freiheit und Gleichheit zusammengehören.* Berlin: Suhrkamp

Habermas, J. (2021). Überlegungen und Hypothesen zu einem erneuten Strukturwandel der politischen Öffentlichkeit. In M. Seeliger, & S. Sevignani (Hrsg.), *Ein neuer Strukturwandel der Öffentlichkeit* (Leviathan, Jahrgang 49, Sonderband 37, S. 470–500). Baden-Baden: Nomos

Prätorius, I. (2015). *Wirtschaft ist Care: Die Wiederentdeckung des Selbstverständlichen.* Berlin: Heinrich-Böll-Stiftung. https://www.boell.de/sites/default/files/2015-02-wirtschaft-ist-care.pdf (abgerufen am 24. 07. 2022)

Reckwitz, A. (2017). *Die Gesellschaft der Singularitäten.* Berlin: Suhrkamp

Schulz, J. W. (2022). *Glossar der Sicherheitsgesellschaft. Gegen die Verlockung der Eindeutigkeit.* Berlin: Edition Ästhetik und Kommunikation

Seel, M. (2002). *Sich bestimmen lassen. Studien zur theoretischen und praktischen Philosophie.* Frankfurt a. M.: Suhrkamp

Sen, A. (2020). *Rationale Dummköpfe. Eine Kritik der Verhaltensgrundlagen der Ökonomischen Theorie.* Stuttgart: Reclam

Jupp Legrand ist Geschäftsführer der Otto Brenner Stiftung (OBS) in Frankfurt am Main. Er war Mitarbeiter an der Universität Bonn und eines Abgeordneten im Deutschen Bundestag, Lektor in einem Verlag und als freier Publizist und Journalist tätig. 1996 wechselt er als Mitarbeiter zu der IG Metall und war dort unter anderem für den 1. Vorsitzenden und im Funktionsbereich Sozialpolitik tätig, bevor er 2008 die Geschäftsführung der Otto Brenner Stiftung übernahm. Er ist Mitherausgeber und Redakteur einer sozialwissenschaftlichen Zeitschrift.

Benedikt Linden ist wissenschaftlicher Mitarbeiter im Referat Wissenschaftsförderung und Projektsteuerung der Otto Brenner Stiftung in Frankfurt am Main. Seine Arbeitsschwerpunkte liegen in der Medien-, Kommunikations- und Politikwissenschaft. Den gegenwärtigen Zuständen von Demokratie & Zivilgesellschaft sowie polit-ökonomischen und wirtschaftsdemokratischen Problemstellungen gehört sein besonderes Interesse.

Hans-Jürgen Arlt arbeitet als Publizist und Sozialwissenschaftler zu den Themenschwerpunkten Kommunikation, Arbeit und Kommunikationsarbeit. An der Universität der Künste Berlin lehrt er als Honorarprofessor strategische Kommunikationsplanung. In den 1990er Jahren leitete er die Öffentlichkeitsarbeit des Deutschen Gewerkschaftsbundes (DGB). Aktuelle Publikationen: *„Mustererkennung in der Coronakrise"; „Arbeit und Krise. Erzählungen und Realitäten der Moderne"; „Arbeit und Freiheit. Eine Paradoxie der Moderne."*

Imagining Otherwise – Fantastische Perspektiven auf Arbeit in der Transformation

Jana Gebauer

Denken Sie oft an die Zukunft von „Ostdeutschland"? Gut, vielleicht wohnen Sie da nicht und haben wenig Anlass. Oder Sie sind nicht offiziell damit beauftragt wie Carsten Schneider von der SPD. Er ist seit Ende 2021 der Beauftragte der Bundesregierung für Ostdeutschland und damit zuständig für den sogenannten Aufbau Ost. Er denkt also professionell über die Zukunft der fünf halb-alten Bundesländer auf dem ehemaligen Staatsgebiet der DDR nach. Schneider ist Ostdeutscher, aber auch Seeheimer, also SPD-Konservativer. Sein Nachdenken über Ostdeutschlands Zukunft klingt daher nach Wirtschafts- und Industriepolitik einer älteren Schule, die Angst hat, etwas Großes zu verpassen. Jedenfalls in einem Interview in der *tageszeitung,* mit dem er mein eigenes, sehr anderes Nachdenken über – nicht nur ostdeutsche – Zukunftsfähigkeit kurz unterbrach (Schulz und Gottschalk 2022).

Schneider blickt auf Ostdeutschland und sieht: jede Menge Arbeitslose und jede Menge leere Fläche. Noch, denn zumindest Letztere zählt er als echtes Pfund im gerade startenden Wettbewerb der Regionen um die sich postpandemisch dezentraler aufstellenden Großunternehmen. Schon mit der giga Tesla-Ansiedlung in Grünheide – Brandenburg bei Berlin – kam die „Zukunft" ins Land, geht es, wie für Schneider, nach Aktienkurs und Marktkapitalisierung des E-Autobauers. Weitere Kernindustrien müssten folgen und daher weist man einem Großinvestor nicht die Tür, sondern die Flächen aus.

Und die Arbeitslosen? In den vollautomatisierten Hochtechnologiefabriken werden sie wohl nur begrenzt unterkommen. Aber auch als „ungelernter" Lagerarbeiter im wachsenden Online-Versandhandel ließe sich ja Arbeiter-

J. Gebauer (✉)
Berlin, Deutschland
E-Mail: gebauer@die-wirtschaft-der-anderen.org

stolz gewinnen und arbeitsgesellschaftliche Anerkennung gleich mit. Und wenn
dann alle noch ihr abgelaufenes Klassenbewusstsein erneuerten, könnten starke
Gewerkschaften tarifgebundene Preise für die auf den Markt getragene Arbeitskraft erkämpfen. Ist Ostdeutschlands Wachstumsbremse erst gelöst, kämpft der
Ostbeauftragte auch persönlich vor den neuen Werkstoren.

> „Hard times are coming, when we'll be wanting the voices of writers who can see
> alternatives to how we live now." (Ursula K. Le Guin)

Nicht wenige verbinden mit der Re/Industrialisierung „4.0" eine gute alte
Zukunftsvorstellung, die in einer gewerkschaftlich begleiteten Transformation
Wege für Wachstum und Beschäftigung weist. Nicht weniger andere sehen hierin
eher eine Zukunfts*ver*stellung, die jede Fantasie für einen echten Wandel ver-
missen lässt. Fehlende Fantasie ist nun leider nichts, was Menschen bekümmert,
die sich realpolitisch v/erwachsen fühlen. Erwünscht ist die Kraft der Vorstellung
eigentlich nur bei Kindern für die Selbstbeschäftigung und bei (Tech-)Unter-
nehmern für die großen Visionen. Alle anderen sollen sich produktiv der Kraft
des Geschaffenen stellen; der Rest ist Eskapismus.

Dieser „Eskapismus" – oder vielmehr: das starke Bedürfnis, die Dinge anders
denken zu wollen – bricht sich aber besonders dann Bahn, wenn sozusagen deren
Weichen gestellt werden müssen. Etwa in Krisen. Clara Zetkin erklärte die große
Popularität des utopischen Romans „Looking Backward 2000–1887" von Edward
Bellamy (1949/1887) weniger mit dessen künstlerischer Bedeutung oder wissenschaftlicher Fundierung. Beides sprach sie ihm im Vorwort ihrer eigenen Übersetzung klar ab, wie er ohnehin viel kritisiert und auch parodiert wurde. Aber er
bildete für Zetkin etwas ab, das in den krassen Verwerfungen und Krisen, die die
kapitalistische Industrialisierung begleiteten, vielen Menschen bewusst geworden
war, nämlich „daß an der gesellschaftlichen Organisation, daß in der Organisation
der Arbeit ‚etwas' zu bessern sein müsse." (Zetkin 1949, S. 9) Seine vielen Leser_
innen suchten also keine Ausflüchte, sondern echte Auswege in ein besseres Leben –
und der Roman war dafür „reich an Anregungen, kritischen und fruchtbaren
Gedanken über das Heute und Morgen der Gesellschaft", so Zetkin (ebd., S. 10).

Bellamy war damals auch als Autor nicht allein mit dem Bedürfnis, andere
Zukünfte erzählerisch zu entwickeln und auszumalen. William Morris (2009)
reagierte 1890 mit „News from Nowhere" unmittelbar auf den „Rückblick".
Er stieß sich an der bloß staatssozialistisch gewendeten Industriegesellschaft
Bellamys. In seiner Utopie deindustrialisierte und dezentralisierte Morris lieber
und verband die Ästhetik konvivialer Handwerkskünste mit gelingender Selbst-
versorgung auf dem Land und in rückgebauten Gartenstädten. Charlotte Perkins

Gilman (2015) entwarf 1915 in ihrer Fortsetzungsgeschichte „Herland", die erst 1979 in Buchform herauskam, die erste feministische Utopie. Sie beschreibt eine Art regenerative *steady-state economy* einer Frauengesellschaft, die aufgrund geologischer Besonderheiten isoliert ist und so über Generationen frei von externer Bedrängnis ein suffizientes Leben in kollektiv sorgender Fülle aufbauen kann.[1]

Zentraler Gegenstand der drei Texte – und vieler weiterer davor und danach – ist die Frage, wie sich Arbeit in den Gesellschaften verändert und wie diese Veränderungen im Sinne der Menschen und ihrer Gemeinschaften wirken. Einiges davon lässt sich in heutigen Zukunftsentwürfen wiederfinden, die sich umsichtig und vorsorgend auf die vielfachen, sich immer weiter zuspitzenden Krisendynamiken des nunmehr globalisierten Industriekapitalismus beziehen. Es ist eine kollektive Suche nach dem guten Leben für alle – und auch schlicht nach einem gerechten Überleben in der Vielfachkrise. Mit einem sozial-ökologischen Umbruch sollen tiefgreifende Veränderungen solidarisch gestaltet, aber auch solidarisch „ausgehalten" werden können.

„The point is not for utopia [...] to assign 'true' or 'just' goals to desire but rather to educate desire, [...] to open a path for it. Desire must be taught to desire, to desire better, to desire more, and above all to desire otherwise." (Miguel Abensour)

Ganz bewusst geht es bei dieser Suche nicht darum, Utopien als abgeschlossene und sowieso nicht erreichbare oder auf Dauer nicht für alle wünschbare Idealgesellschaften zu entwerfen. Stattdessen wird in kollektiven Prozessen geübt, wozu Ruth Levitas (2013) Zukunftsdenker_innen anregt: „Utopie als Methode" zu nutzen. In dem Bedürfnis, anderen als den vorgegebenen Wegen zu folgen, Zukünfte neu normativ herzuleiten, über sie zu spekulieren, sie zu fiktionalisieren – und neue Wege anzulegen, fließen in solchen Prozessen heute die Ideen, Erfahrungen und Kenntnisse von Menschen aus Wissenschaft, Bewegung und Praxis bunt, wertschätzend und bereichernd ineinander.

---

[1] „Looking Backward" und „News from Nowhere" sind in gender-emanzipatorischer Hinsicht heute kaum zu ertragen, obwohl sie eine Art Gleicherberechtigung mitdenken und dafür auch scharf kritisiert wurden. Aber auch „Herland", die Geschichte der isolierten *weißen* Frauengesellschaft, bietet mit ihrer mangelnden Intersektionalität und der Überhöhung der (parthenogenetischen) Mutterschaft ins Religiöse einiges Anstrengende für heutige Leser_innen. Der Wert der Texte besteht so auch darin, sie ja immer emanzipatorischer denken zu können – und zu sollen. Das gilt für alle utopischen (und dystopischen) Entwürfe und Erzählungen.

Einfach ist es allerdings nicht, unser Leben „aus der Perspektive der Ver-
änderbarkeit" zu betrachten, wozu Eva von Redecker uns in ihrer „Revolution
für das Leben" (2020) dringlich einlädt. Wir klammern uns an die immer-
gleiche Erzählung von einer Art FOMO[2]-Ökonomie, in der wir als Unter-
nehmende keine Gelegenheit des Verwertens, als Konsumierende keine
Gelegenheit des Verbrauchens und als Arbeitende keine Gelegenheit des Ver-
wertet- und Verbrauchtwerdens auszulassen hätten. Da ist es verwirrend und auch
anstrengend, uns in erster Linie als *Menschen* und „die Natur" (gar „Fläche") als
Räume voller *Leben* wahrzunehmen, mit Bedürfnissen, Verbundenheiten und Ver-
letzlichkeiten, für die Ausbeutung keine gelingende Beziehungsweise ist. Um
zu verändern, was geworden ist, müssen wir also vorstellbar machen, was kaum
noch vorstellbar ist. Wir brauchen Sand im mentalen Getriebe, müssen lernen,
anders zu wünschen, und verstehen, dass wir das dürfen. Und dann müssen wir
anders erzählen.

Olivia Golde (2020) hat in ihrem Buch „Karstadt waren wir" so eine andere
Erzählung versucht. Sie wollte sie von ihren Protagonistinnen bestimmen lassen,
Karstadt-Verkäuferinnen einer Leipziger Filiale, die geschlossen wurde. Würden
sie gern weiterarbeiten und wie würden sie ihre Arbeit gestalten, was wünschen
sie sich für die Zukunft? Die Verkäuferinnen taten sich schwer damit, ihren
eigenen Bedürfnissen und Wünschen überhaupt Gewicht und Legitimität beizu-
messen. Sie erlaubten sich erst, über ihre Zukunftsvorstellungen nachzudenken,
nachdem Golde *für sie* eine utopische Erzählung gewagt hatte. Erst das fertige,
manifeste Buch, das doch bloß von ihnen handelte, öffnete den Verkäuferinnen
einen Raum, in dem sie und ihre Geschichten wie auch ihr gemeinsames
Zukunftsdenken wichtig wurden.

*„Radical Imagination is not just about dreaming alternative futures. It lures us into
embodying alternatives in practices, actions, and thinking." (Radical Imagination
Conference)*

Aber auch in einem solchen Raum ist radikales Imaginieren kein Selbstläufer.
Gewohnt, immer realistisch und anschlussfähig bleiben zu sollen, kalkulieren
wir in Wandelprozessen vorauseilend mit Sachzwängen, Mehrheiten und Mach-
barkeiten. Unser Fantasiemuskel, der uns über reine Szenarien hinaus zu Vorstellungen davon tragen könnte, *wie* es wäre, wenn es *wirklich anders* wäre, ist
daher maximal untrainiert, geradezu verkrampft. Viele Prozesse des Utopisierens

---

[2] Fear of missing out, die zwanghafte Angst, etwas zu verpassen

starten daher mit Lockerungsübungen: Die Zukunftsdenker_innen begeben sich auf Traumreisen, um ihre Gedanken ganz von Raum und Zeit, vom Hier und Jetzt zu lösen; sie befragen Figuren spekulativer Literatur, um mit deren Ideen und Kräften ihre eigenen, anderen Zukunftsgeschichten zu schreiben.[3]

Und wenn wir unsere Vorstellungskraft trainiert haben, was folgt daraus? Wir können weiter entwerfen, können das Andere immer radikaler und das Eine immer seltener denken, bis wir es vergessen. Wir können breiter entwerfen, uns darin mit Vielen verbinden, denn gute Zukünfte finden wir nur *mit* denen, die wo/anders im Leben stehen als „wir". Wir können mehr probieren und schon im Gehen umsichtig umsetzen, was nicht erst im Ankommen gut werden soll. Wir können in den Utopien leben, sie miteinander lebbar machen, sie ver-orten. Und weil auch Utopier_innen von besseren Welten träumen, wie Peter Seyferth (2015) betont, hören wir mit all dem nie auf. Wir gehen vor, zurück und zur Seite, drehen uns zwei-, drei-, viele Male und einander zu. In guten Welten können alle tanzen und die Zeiten verbinden sich im Kreis.[4]

So könnte ein „Wir" der Vielen in gleicher Freiheit zu moralischem Ent-scheiden das wünschbare Gute im Gestern, Heute und Morgen er/finden, das Eine verwerfen, das Andere bestärken, alles verhandeln und offen gestalten: Im Wechselspiel von imaginierendem und schaffendem Weltenbauen, im solidarischen Ringen um gute Vorstellungen des Zusammenlebens, des einander Versorgens, des miteinander Wirkens lernen wir, „unser Leben selbst zu erfinden", wozu uns Ursula K. Le Guin eindringlich rät. Denn andernfalls, so Le Guin (2020, S. 25), „wird unser Leben von anderen Menschen für uns erfunden werden".

> *„Die Befreiung von der Herrschaft der Arbeit war ein revolutionärer Moment. Es war ein Tag der Freiheit, der Tag, an dem wir die Arbeit verlernten. Wir feiern ihn heute und sagen: „Happy After Work Day". Den Tag, an dem wir die Arbeit über-wunden haben." (Tobi Rosswog).*

---

[3] „Stories from the Future – Our 2030", ein kollaboratives Projekt von ACUD MACHT NEU (2020) in Berlin, zog etwa Werke und Ideen von Edward Abbay, Donna Haraway, Ursula K. Le Guin, Kevin Reynolds, Nora Roberts, Dr. Seuss, Olga Tokarczuk und Sylvia Wynter heran, um ein klimaneutrales, gerechtes und wünschbares 2030 zu imaginieren.

[4] In "Living My Life" von 1934 streitet Emma Goldman mit Verve dafür, so ausgelassen zu tanzen, wie sie es will, und wirft sich damit einem absurd archistischen Vorwurf aus der eigenen Bewegung entgegen, dass dies der anarchistischen Sache in irgendeiner Weise schaden könnte. (Shulman 1991).

„Ein Leben in Arbeit" wurde von anderen für uns erfunden. Oder gegen uns. Erniedrigt zur Ausbeutung oder überhöht zum Fetisch bestimmt Erwerbsarbeit, was wir gelten und woran wir teilhaben können. Die Arbeitsgesellschaft begreift Leben als Ressource und verwertet es in Leistung. Schaffen wir sie ab. Die Postarbeitsgesellschaft begreift Leben als Sinn und verwirklicht es durch *Care*. Legen wir sie an.

„Ein Leben in *Care*" erfinden wir selbst. Das I.L.A. Kollektiv fängt direkt damit an und erzählt in „Das Gute Leben für Alle" eine „neue Geschichte [...]. Die Geschichte von einer Gesellschaft, in der Wohlstand mit Lebensqualität und Zeit, Verbundenheit und Kooperation von Menschen und Mitwelt, Genuss und Muße sowie sozialer Gerechtigkeit und Freiheit gleichgesetzt ist. Die Geschichte eines Guten Lebens für Alle." (2019, S. 11) Diese Geschichte erzählt von wünschbaren Zukünften und realen Utopien, die von der Logik wechselseitigen Sorgens durchzogen sind.[5] Sorge – *Care* – solidarisiert die Beziehungsweisen von Menschen mit Menschen, mit anderen Lebewesen und mit den natürlichen Lebensgrundlagen. Sie bindet so unser Entscheiden, Re/Produzieren und Arbeiten zurück an die gesellschaftlichen, menschlichen und nicht-menschlichen Bedürfnisse und an unsere „shared dependence on an earthbound existence", wie Anna Yeatman (2015, S. 124) es benennt.

In der Sorgelogik wird der bisherige enge Arbeitsbegriff aufgebrochen und zum solidarischen Tätigsein erweitert: Erwerbsarbeit, sofern sie weiter besteht, ist darin nur noch eine unter vielen möglichen Formen des Tätigseins und wird auf ein unmittelbar versorgungsnotwendiges Maß zurückgeführt. In „Zukunft für Alle. Eine Vision für 2048" vom Konzeptwerk Neue Ökonomie (KNÖ 2020b) reichen dafür 20 h in der Woche. Denn die Grundversorgung an Bildung, Gesundheit und Pflege, Mobilität und Kommunikation, Wasser, Energie, Wärme und Wohnraum sichern öffentliche Infrastrukturen und Dienstleistungen. Und ein bedingungsloses Grundeinkommen sorgt darüber hinaus für eine „finanzielle Freiheitsgarantie" (ebd., S. 27).

Die Care-Perspektive verwirft die Idee von „Jobs" – wir müssen unsere Arbeitskraft nicht „auf den Markt tragen", weil wir Geld brauchen, um damit unsere Bedürfnisse zu befriedigen. Sondern unser direktes Bedürfnis ist es, „etwas Sinnvolles zu tun, beizutragen zur Herstellung von Produkten, und diese zu nutzen", wie es Friederike Habermann beschreibt (2011, o. S.). Und

---

[5] Das I.L.A. Kollektiv folgt im gemeinsamen Zukunftsdenken der Sorge-Utopie des Netzwerks Care Revolution, siehe etwa Werkstatt Care Revolution (2017).

deshalb wollen wir arbeiten – aber auf eine Weise, „in der die Bedürfnisse der Arbeitenden gemeinsam mit den Bedürfnissen der auf diese Arbeit Angewiesenen an erste Stelle treten", so Eva von Redecker (2020, S. 206).

In der „Zukunft für Alle" können wir neben oder statt der reduzierten Erwerbsarbeit unser Leben je nach unseren Interessen, Bedarfen und Lebensphasen verbringen – uns bilden, ver/sorgen und politisch engagieren. „Die Umgestaltung der Gesellschaft ohne Arbeitszwang, die Schaffung vieler sinnvoller Tätigkeiten mit attraktiven Arbeitsbedingungen und Gestaltungsmöglichkeiten haben dazu geführt, dass Menschen meist tätig sein wollen. Manche sind es vielleicht nicht im Erwerbsbereich, übernehmen dafür aber andere Aufgaben. Heute sind Menschen eher bereit, von sich aus beizutragen, weil es sinnvoll scheint und sie selbstbestimmt entscheiden können." (KNÖ 2020b, S. 37) Das heißt, wir teilen die Arbeit und sind nicht mehr durch Arbeit – oder Arbeitslosigkeit – geteilt.

Die Sorgelogik beendet die Verwertung und reduziert den Verbrauch. An die Stelle der Angst, uns etwas entgehen zu lassen oder etwas zu erbringen, das dann andere abschöpfen, rücken Kooperation und Suffizienz – wir entspannen uns jeweils im Genug, denn unsere Fülle entsteht im Sozialen. Weniger Überfluss-Güter, die sinnlos in den Markt gepresst werden, nur noch Produkte und Leistungen, die gesellschaftlich wie ökologisch nützlich und gerecht sind – das verwandelt unsere Berufswelt. Tobi Rosswog (2018, S. 65) fordert uns in „After Work" auf, selbst den Test zu machen: „Was würde sich in unserer Gesellschaft ändern, wenn es folgende Berufsgruppen nicht mehr gäbe? […] Und jetzt überlege, welche Aufgabenfelder es hingegen unbedingt braucht."

Für die Audioutopistas (2020, S. 11 f.) fallen zum Beispiel Autobauer weg: In „2048 – Szenen aus einer Welt von morgen" ist Mobilität kaum noch individuell motorisiert. Die wenigen verbliebenen Autos und Transporter werden geteilt, überregional fahren Züge und Wasserstoff-Busse eng getaktet und koordiniert – und über „die blöde Idee vom Elektroauto" lernt mensch nur noch „in Technikgeschichte, […] gleich nach Kohle und vor Kernkraft." Ganze Industrien, nämlich die ressourcenintensiven und ökologisch schädigenden, werden also um- oder rückgebaut. Die sozial-ökologische Industriekonversion kommt in keinem Zukunftsentwurf ohne Gewerkschaften aus, die ökologisch radikal umdenken und Perspektiven für gerechte Übergänge mitentwickeln. Die Industriegewerkschaft Bergbau Chemie Energie nimmt diese Rolle zumindest in „Neuland", einem von vier Szenarien eines umfassenden Prozesses der IG BCE zu „Perspektiven 2030+", gedanklich an und sieht dort künftig Gewerkschaften und Betriebsräte, die an einer ökologisch tragfähigen Struktur- und Industriepolitik, regionalen Strukturwandel-Projekten und guten, sicheren und qualifizierten Perspektiven der

Beschäftigten mitwirken – in Anerkennung der notwendigen „Verringerung von Industrieproduktion und Ressourcenverbrauch" (IG BCE 2019, S. 40).

Apropos qualifiziert: Sonja Hermeneit (2021) erzählt in „JobXChange" vom überraschend naheliegenden Wechsel einer Bibliothekarin in die medizinische Diagnostik. Sie zeigt damit, wie wir in einer gewandelten Zukunft – oder: im Wandel selbst – unsere Befähigungen entdecken, schulen und für unterschiedliche wichtige Tätigkeiten einsetzen können. In Leah Zaidis (2019) „Job Ads from the Future" sind zum Teil sehr andere Befähigungen oder Bereitschaften gefordert, wenn wir in Zukunft auch gänzlich neue Dinge tun werden müssen, um gerechtere Gesellschaften zu gestalten und mit ökologischen Krisen umzugehen: Als „Forest Feeder" dienen wir zum Beispiel als Wirte für Nano-Bakterien, die Plastik und Giftstoffe abbauen können. Wir tragen sie in geschädigte Ökosysteme, damit sie bei deren Regeneration helfen, während wir selbst dort sterben: „die reviving the earth". Zaidi pointiert und provoziert mit ihren „Job Ads" – zum Beispiel darüber zu diskutieren, was unsere existenzielle Verbundenheit mit diversen Lebensformen und -räumen erfordert und was wir jenseits ökologischer Kipppunkte bereit sein müssen zu tun, wenn wir jetzt nicht deutlich mehr leisten als bisher.

Um zu breit wünschbaren Zukunftsvorstellungen zu kommen, die neuen Wege anzulegen und die erforderlichen Praktiken einzuüben, ist eins in allen Entwürfen entscheidend: die direkt-demokratische Teilhabe auf allen Ebenen der Gesellschaftsgestaltung. Das I.L.A. Kollektiv (2019, S. 67) nennt es „Den Rat neu erfinden". Und tatsächlich sind für öko-solidarische Zukunftsdenker_innen häufig Räte-Strukturen das Mittel vor der Wahl. Am Beispiel der Produktion übersetzt es das KNÖ (2020b, S. 30) so: „Heute sind alle Betriebe demokratisch organisiert und kontrolliert, das heißt mindestens alle Arbeiter*innen entscheiden gemeinsam, was und wie produziert wird. Gleichzeitig sind diese Entscheidungen aber auch gesellschaftlich eingebettet – über Rätestrukturen wird der Rahmen festgelegt, innerhalb dessen die Betriebe über ihre Produktion entscheiden können." Die IG BCE sieht im Szenario einer stärker demokratisierten Wirtschaft auch eine neue Rolle für Gewerkschaften – als Trägerinnen von Genossenschaften oder regionalen Entwicklungsgesellschaften, „wenn etwa Betriebsstätten geschlossen werden sollten und die Beschäftigten sie mit neuen Nutzungskonzepten und gewerkschaftlicher Unterstützung selbst übernommen haben" (IG BCE 2019, S. 42).

Solidarische Versorgungszusammenhänge sind durch Nähe und Wechselseitigkeit bestimmt. Es ist ein „Handel der kurzen Wege", den das I.L.A. Kollektiv (2019, S. 53) beschreibt und der Herstellung und Gebrauch der Güter konkret ver-ortet, in die Regionen einbettet, auf die – menschlichen wie nicht-menschlichen – Bedürfnisse und Bedingungen dort bezieht. „Ein utopischer Ausblick auf Pödelwitz [Landkreis Leipzig] im Jahr 2025" enthält für das KNÖ und das Bündnis „Alle Dörfer bleiben!" vor allem eine vielfältige, selbstorganisierte Beitrags-ökonomie, öffentliche Betriebe und viele alte und neue Kleinunternehmen und Händler_innen, insbesondere Kollektivbetriebe. Sie bestimmen den regionalen Strukturwandel aus der Kohle, der eine klare Bedingung hat: „Die Ansiedlung großer Konzerne soll weiterhin vermieden werden – aus der Vergangenheit wurde gelernt!" (KNÖ 2020a, S. 27) Die werden auch nicht gebraucht: Je nach Produkt und Ressourcenanspruch sind die kooperativ organisierten Betriebe beim KNÖ von der lokalen bis zur globalen Ebene in unterschiedlich komplexe Produktions-netzwerke eingebunden. Im regionalisierten, regenerativen Wirtschaften der Sorge-Utopie tragen alle nach ihren Möglichkeiten zur gesellschaftlichen Fülle bei und sie kommt allen nach ihren Bedürfnissen zugute. Für J.K. Gibson-Graham und Ethan Miller (2015, S. 14) vom Community Economies Collective schließt dies ausdrücklich "plants, animals, bacteria, fungi and dynamic energetic systems" ein. Hier ist keine Fläche „leer".

„Das Unentwickelte, dessen Form wir nicht kennen, nur ahnen, ist noch keine Alternative zum Bestehenden, sondern ein Defizit, aber kein Defizit zum Realen, sondern ein Defizit zum Möglichen." (Jutta Brückner)

Gute Zukunftsvorstellungen sind vielfach herausfordernd und müssen (fort-laufend) situiert diskutiert werden. Aber sie entstehen eben nicht dadurch, dass wir es einfach an andere delegieren, ihre Visionen völlig kontextfrei und unver-bunden zu entfalten. An Tech-Unternehmer und Großinvestoren zum Bei-spiel. Die Tesla Autofabrik in Grünheide war schneller hochgezogen, als wir Versteppung sagen konnten, und die gerade verkündete Intel Chipfabrik in Magdeburg wird jetzt schon für die vielen Pendler_innen gefeiert, die sich bald auf einen neuen fremdbestimmten Arbeitsweg machen. In beiden Fällen wird wohl wenig für die Bedürfnisse der Menschen vor Ort produziert, wird nicht regenerativ mit den Gegebenheiten gearbeitet, sondern absehbar gegen sie. So werden sich soziale Probleme kaum verringern, ökologische aber sicher ver-schärfen. Das so wenig visionäre – und wenig demokratische – Befeuern des alten Wirtschafts- und Arbeitsmodells, das allein auf Wachstum und Verwertung setzt, verbrennt leider genau die „Flächen", auf denen wir der Vielfachkrise begegnen und das gute Leben für alle anlegen müssen.

Unser starkes Bedürfnis, die Dinge anders denken zu wollen, verbrennt es nicht. „Es ist kein menschlicher Fehlgriff, die Welt zu verändern. Man kann sie schließlich auch verschönern", ruft uns Eva von Redecker zu (2020, S. 291).

Und so bauen wir weiter am wünschbaren Möglichen – und verringern zugleich den Abstand dahin. Dabei hilft uns, auch diesen Abstand nochmal ganz anders zu betrachten: Welche der solidarischen Praktiken, die wir in einem guten Leben für alle sehen wollen, sind denn schon da und können von uns jetzt gestärkt und verbreitet werden? Auch dafür müssen wir unsere Vorstellungskraft trainieren: um die vielen bunten Ansätze zu einer Form, einer echten Alternative zum Bestehenden zusammenwachsen zu sehen, um ihre Tragkraft auch dann zu erkennen, wenn die allgemeine Erzählung von etwas Unzureichendem spricht, um unsere eigene Befähigung dafür zu entdecken, bessere Wirtschafts- und Gesellschaftsentwürfe zu verwirklichen. Wofür wir unsere Energie und unseren Ideenreichtum nicht aufwenden sollten: die Defizite im Bestehenden zu erhalten.

Literatur

Die Links wurden am 14.Juni 2022 zuletzt überprüft

ACUD MACHT NEU (2020). *Stories from the Future – Our 2030*. Online-Ausstellung http://collectivepractices.acudmachtneu.de/2021/01/17/stories-from-the-future-our-2030/

Audioutopistas (2020). *2048 – Szenen aus einer Welt von morgen*, Hörspiel. Online https://www.attac.de/audioutopistas, finale Fassung vom 17.8.2020

Bellamy, E. (1949/1887). *Looking Backward 2000—1887/Ein Rückblick aus dem Jahre 2000*. Berlin: Dietz

Gibson-Graham, J.K., & Miller, E. (2015). Economy as Ecological Livelihood. In K. Gibson, D. B. Rose, & R. Fincher (eds.), *Manifesto for Living in the Anthropocene* (pp. 7–16). Brooklyn, NY: punctum books

Gilman, C. P. (2015/1915). Herland. London: Vintage Books

Golde, O. (2020). *KARSTADT WAREN WIR/chronik einer angekündigten leerstelle*. Leipzig: Trottoir Noir

Habermann, F. (2011). Solidarität wär' eine prima Alternative. Oder: Brot, Schoki und Freiheit für alle. *Papers der Rosa Luxemburg-Stiftung*. https://demonetize.it/2011/solidaritaet-waer-eine-prima-alternative-oder-brot-schoki-und-freiheit-fuer-alle/

Hermeneit, S. (2021). JobXChange. In L. Schmeink, & R. H. Schneider (Hrsg.), *Future Work – Die Arbeit von übermorgen. 15 Kurzgeschichten aus der Zukunft* (S. 67–74). Karlsruher Institut für Technologie (KIT) – KIT Scientific Publishing. https://publikationen.bibliothek.kit.edu/1000134596/128264764

IG BCE (2019). *Change|Chance. Perspektiven 2030+. Die IG BCE Szenarie*n. https://zukunftsgewerkschaft.de/wp-content/uploads/RZ_191115_Arbeitsbuch_.pdf

I.L.A. Kollektiv (Hrsg) (2019). *Das Gute Leben für Alle. Wege in die solidarische Lebensweise*. München: oekom Verlag

KNÖ – Konzeptwerk Neue Ökonomie (Hrsg.) (2020a). *Zukunft für Alle. Eine Vision für 2048: gerecht, ökologisch, machbar.* München: oekom Verlag

KNÖ – Konzeptwerk Neue Ökonomie (Hrsg) (2020b). *Solidarisch, klimagerecht und selbstbestimmt. Ein utopischer Ausblick auf Pödelwitz im Jahr 2025.* https://konzeptwerk-neue-oekonomie.org/wp-content/uploads/2020b/07/Brosch%C3%BCre_Solidarisch_Klimagerecht_Selbstbestimmt.pdf

Le Guin, U. K. (2020). Die Gebrauchsanweisung. In Dies., *Am Anfang war der Beutel. Warum uns Fortschritts-Utopien an den Rand des Abgrunds führten und wie Denken in Rundungen die Grundlage für gutes Leben schafft* (S. 22–28). Klein Jasedow: thinkOya

Levitas, R. (2013). *Utopia as method: The imaginary reconstitution of society.* London: Palgrave Macmillan

Morris, W. (2009/1890). *News from Nowhere: Or an epoch of rest.* Oxford: Oxford University Press

Redecker, E. von (2020). *Revolution für das Leben. Philosophie der neuen Protestformen.* Frankfurt a. M.: S. Fischer

Rosswog, T. (2018). *After Work. Radikale Ideen für eine Gesellschaft jenseits der Arbeit.* München: oekom Verlag

Schulz, D., & Gottschalk, K. (2022, 10. Februar). Neuer Ostbeauftragter Carsten Schneider: „Wir brauchen Klassenbewusstsein". *die tageszeitung.* https://taz.de/Neuer-Ostbeauftragter-Carsten-Schneider/!5830879/

Seyferth, P. (2015). San Francisco nach der Ökonomie: After the Deluge. Die anarchokommunistische Öko-Utopie Chris Carlssons. In S. Ebert, & J. Glaeser (Hrsg), *Ökonomische Utopien* (S. 21–35). Berlin: Neofelis

Shulman, A. K. (1991). Dances with Feminists. *Women's Review of Books*, Vol. IX, no. 3, December 1991. https://www.lib.berkeley.edu/goldman/Features/danceswithfeminists.html

Werkstatt Care Revolution (2017). *Sorge ins Zentrum einer Alternative zum Kapitalismus.* https://care-revolution.org/wp-content/uploads/2017/08/Care_Utopie_Kollektiv.pdf

Yeatman, A. (2015). The Human Condition in the Anthropocene. In K. Gibson, D. B. Rose, & R. Fincher (eds.): *Manifesto for Living in the Anthropocene.* (pp. 123–126). Brooklyn, NY: punctum books

Zaidi, L. (2019). Job Ads from the Future. https://www.leahzaidi.com/job-ads-from-the-future

Zetkin, C. (1949). Einleitung. In E. Bellamy, *Ein Rückblick aus dem Jahre 2000.* (S. 9–11). Berlin: Dietz Verlag

Jana Gebauer forscht, spricht und schreibt unter dem Label „Die Wirtschaft der Anderen" zu öko-solidarischen Zukünften jenseits des Wachstums und verknüpft gesellschaftliche Debatten um Transformationen und Utopien mit kollektivem Erzählen, Spekulation und Aktivismus, um von bisherigen Umbruchprozessen zu lernen und alternative Zukünfte zu entwerfen. Diese Herangehensweise findet sich zum Beispiel in der Publikation mit Philipp P. Thapa (2021): Utopisieren. Zukunftsfähige Ökonomien denken und verwirklichen. Schwerpunkt in *ÖkologischesWirtschaften*, 3/2021.

Zivilgesellschaftliche Wasserstände und ein alternder Meeresspiegel

Kathrin Röggla

Um es vorwegzunehmen: Es ist kein Überblick zu bekommen. Danach fragten Sie doch. Danach fragen wir alle. Kompakt, analytisch, meinungsstark, wie der *Spiegel* (Spiegel Online o. J.) das anbietet. Das ist aber schwierig. Schließlich leben wir in einer Situation der toxischen Debatten, der Symbolpolitik und der ausgelagerten Katastrophen. In einer Zeit der geschickt eingefädelten Intransparenz von Eigentumsverhältnissen, der Algorithmendominanz, der Börsenblasen und Krypto-Schneeballsysteme. Allein zu fassen, wo die Grenzen eines Wirtschaftskrieges verliefen, überstiege mein Vermögen. Ich fürchte, eine Beschreibung unserer Gegenwart würde heute immer unzureichend sein. Dazu ist der Begriff von Gegenwart mittlerweile auch zu ungenau gefasst. Sie stellt nicht mehr den Moment zwischen gestern und morgen dar, sie hat sich lange schon ausgedehnt zur *breiten Gegenwart*[1], die immer mehr Jahrhundertsuperlativen Platz machen musste, vom Jahrhunderthochwasser zur Jahrhundertdürre, und seit kürzestem ist sie der Ort, an dem jederzeit Epochenwenden stattfinden können.

Ganz plötzlich, wie am 24. Februar 2022, kann man in einer neuen Welt aufwachen. Plötzlich müssen auch wir Menschen der Literatur qua Medien mit Militarisierung und Kriegslogiken umgehen, und lassen uns kriegsbedingte

---

[1] Ein Begriff, den der Literaturwissenschaftler Hans Ulrich Gumbrecht geprägt hat.

K. Röggla (✉)
Köln, Deutschland
E-Mail: roeggla@gmx.de

Energie- und Lebensmittelknappheiten ankündigen, hören zu, wie die Bundesregierung ein Statement verlautbart, dass jeder in die Ukraine fahren dürfe, um
dort an welcher Seite auch immer zu kämpfen, und es lange Zeit zugelassen
wurde, dass rechtsradikale Schläger loszogen, um sich in einer realen Kriegs-
situation mit dem Umgang mit Waffen vertraut zu machen (Litschko 2022; Heine
2022). Dies ist eines der Details einer allgemeinen Lage, in der wieder über
Atomkrieg spekuliert wird, fern von jener prometheischen Scham, die der Philosoph Günther Anders (2002) in den späten 50ern diagnostizierte. Es liegt mir auf
der Zunge, von einer neuen Realität zu sprechen, wüsste ich es nicht besser, es
wäre auch vollkommen unhistorisch gedacht. Aber wenn Deutschland von einer
Wirklichkeit überrollt werden kann, wie der *Spiegel* im März 2022 titelt (Spiegel
Online 2022), ist die Frage, wer diese Wirklichkeit bestimmt, wer der Direktor
der Wirklichkeit ist, wie es der Schriftsteller Rolf Dieter Brinkmann formuliert
hat, irgendwie schal geworden.

Die Vermutung, dass es in weiten Teilen schon Algorithmen sind, die jeg-
liches Kollektiv ausmachen und über uns entscheiden, gerade, wo wir uns
so individualistisch wähnen, wurde schon in zahlreichen Publikationen ausgesprochen, ob über den Plattformkapitalismus oder über die Philosophie des
Silicon Valley. Der öffentlich-rechtliche Rundfunk kämpft derzeit mit seiner
Reichweite und antwortet diesem Befund mit einer Digitalisierungskampagne,
die eher zeigt, dass er Influencer:innen und social media alles zugetraut, sich
selbst aber nichts. In einer mittleren und jüngeren Generation sieht man die
Deutungshoheit über das Weltgeschehen mehr bei Facebook und Tiktok als im
veritablen Journalismus. Deregulierung ist längst ein Begriff aus den Neunzigern,
und dereguliert hat sich auch der Aufklärungsimpetus, das heißt wir sind
abhängig von der prekären Arbeit der Whistleblower:innen. Bei bestimmtem
Geheimnisverrat droht ihnen mittlerweile, wie man am Beispiel von Julian
Assange sehen kann, Verhaftung und Auslieferung in die USA und 175 Jahre
Gefängnis nach einem aus den Jahren des ersten Weltkriegs stammendem Gesetz.
Und das, unabhängig, wo man verhaftet worden ist oder seine Arbeit getan hat.
So viel zur Lage der Informationspolitik.

Ich gebe zu, dass dies ein weiterer halbherziger Versuch eines Panoramas
war und wenig den Überblick bietet, den Sie jetzt gerne hätten. Und nicht nur
Sie, auch ich möchte mich ja orientieren, sehe es als eine Hauptaufgabe als
Schriftstellerin zu verstehen, in welcher Welt ich lebe, und das verlangt einen
gewissen Sinn für eine vertikale und horizontale Ordnung, selbst wenn ich
sie theoretisch infrage stelle und gerne von Verflechtung und neuen Wissens-
formen spreche. Zentral darin ist die Frage des Handelns. Wer entscheidet noch?
Es hat sich in der großen Perspektive eine Gegenüberstellung eines techno-

kratischen Nichthandelns, einer Rhetorik der Sachzwänge und einer rechts-
populistischen Handlungsbehauptungsrhetorik ergeben, ein Grundstrom von
Verohnmächtigungsdiskursen, die von spontaneistischen, impulsiven und
voluntaristischen Handlungsvorstellungen durchkreuzt werden, was sich nicht
selten in merkwürdigen Verdrehungen äußert, zum Beispiel von Opfer- und Täter-
zuschreibung. Dabei bleiben die Verohnmächtigungsdiskurse dominant, vor allem
in den Hinterzimmern, in den Zusammenhangsräumen.

Meine Arbeit als Schriftstellerin beginnt meist auf der Ebene der Begegnung
im Gespräch. Ich recherchiere am liebsten mit dem Aufnahmegerät in der Hand,
höre Menschen zu, die ich als Expert:innen in ihrem Feld erachte, und ich
betrachte selbst theoretisches Wissen immer unter dem Aspekt des Erfahrungs-
wissens. Und so habe ich Gespräche mit Menschen aus der Ökonomie,
Dolmetscher:innen, Schuldnerberater:innen, NGO-Mitarbeitenden, Flughafen-
angestellten und Anwält:innen gesucht, in den letzten Jahren zunehmend mit
solchen aus der Zivilgesellschaft. Warum? Geht man auf eine konkrete soziale
Verortung der eben beschriebenen Handlungsrhetorik ein, wird diese Frage, wer
oder was über unsere Gegenwart entscheidet, heute am ehesten von Akteur:innen
aus der Zivilgesellschaft mit einem stolzen „Wir" beantwortet, sicherlich im
Sinne einer kämpferischen Rhetorik. Schön und gut, werden Sie sagen, aber wer
ist da überhaupt das symbolische Subjekt der Handlung? Schon lange sind es
zumindest im Mediendiskurs nicht mehr so sehr Großparteien, alte Machtblöcke
und gewerkschaftliche Zusammenschlüsse, die als Triebkräfte einer Veränderung
gesehen werden, auch wenn letztere doch Ansprechpartner:innen von Initiativen
sind. Es ist diese ausdifferenzierte Landschaft aus zivilgesellschaftlichem,
themenbezogenem Engagement, die die alte Parteienzugehörigkeit bis zu einem
bestimmten Grad symbolisch ersetzt hat. Auch das Lobbysystem der DAX-Unter-
nehmen wurde mit einer sich zusehends professionalisierenden zivilgesellschaftlichen Lobbyarbeit beantwortet.

Wer ist überhaupt diese Zivilgesellschaft? Das ist gar nicht so einfach zu
beschreiben. Institutionen, NGOs, fluide Zusammenschlüsse, Bürgerinitiativen,
kleine und große Online-Plattformen, die sich da oder dort gründen. In meiner
Gesprächsreihe „Welt verändern" im Schauspiel Köln, zu der ich Menschen ein-
lade, die außergewöhnliche und nachhaltige Wege in dieser Zivilgesellschaft
nehmen, um aus der Welt einen besseren Ort zu machen, einen solidarischen,
nachhaltigen, ressourcenschonenden, gerechten, friedliebenden, oder schlicht ein
sozial annehmbares Miteinander am Laufen halten, höre ich von Biographien,
die meist mit einer Vielzahl dieser Zusammenschlüsse zu tun haben, niemals nur
in einer aktiv sind. Denn so viel ist allen klar: Eine NGO besteht nicht für sich
alleine, sondern agiert in einem Feld aus medialen und institutionellen Ansprech-

partnern. Die sehr unterschiedlichen Akteur:innen mit denen ich seit Jahren zu tun habe, arbeiten in international agierenden Instituten wie dem European Center for Constitutional and Human Rights (ECCHR) in Berlin, das Hunderte von jungen Jurist:innen anzieht, um sich gegen Menschenrechtsverletzungen aller Art zu wehren, in parteinahen Stiftungen, die Plattformen schaffen, an denen sich unterschiedliche Positionen begegnen können, oder sind Teil einer Selbsthilfegruppe in Neukölln in Vereinsstruktur, die mehr nach innen gerichtet ist, leben in studentischen AGs oder partizipieren in den Bürgerinitiativen aus dem Rhein-Main-Gebiet, die sich gegen die Flughafenerweiterung gewehrt haben. Alle sind sie gewissermaßen Expert:innen in ihrem Feld und versuchen, die Situation von Betroffenen zu verbessern.

Aber wie, fragen Sie, bewegt man nun etwas? Indem man großflächige Allianzen eingeht, eine breite Diskussion anstößt, sich mit an „runde Tische" setzt? Gerade in den letzten Jahren hat diese Form der Verständigung zugenommen. So wurde nicht nur die Hambacher-Forst-Aktivistin Antje Grothus Teil der Kohlekommission, seit langem werden im Grunde in jedem heiklen politischen Moment zivilgesellschaftliche Akteur:innen an runde Tische gebeten, und Planfeststellungsverfahren, die alle Beteiligten einbinden sollten, gehören sowieso schon länger zum politischen Repertoire. Und ebenso lange hören wir die Klage, dass sie eher zu Informationsveranstaltungen für interessierte Bürger:innen verkommen sind, die beruhigt werden müssen, wenn der neue Flughafen, die neue Bahntrasse durch ihr Dorf gebaut werden soll, gegen ihre ureigensten Interessen zum vermeintlichen Wohl für die Allgemeinheit.

Dennoch ist es den politischen Vertreter:innen nicht abzusprechen, dass sie wirklich glauben, sie beteiligten sich alle an dem Prozess. Volksbegehren werden durchgeführt wie das der „Deutsche Wohnen enteignen" in Berlin, an dem sich eine Million Menschen beteiligt haben und 59,1 % für eine Enteignung stimmten. Doch wie so ein Volksbegehren umsetzen? Da muss eine Fachkommission ran, die vermutlich die verfassungsrechtlichen Folgen prüft und zu dem Schluss kommen wird, dass es nicht so einfach geht. Und natürlich gibt es tausende, heute auch pandemiebedingte Bremsfaktoren, bis es zu so einer Kommission kommt. Es wird auf beiden Seiten im Sinne der Stadt, der Allgemeinheit und des Wohls der Bürger:innenschaft argumentiert, und die sich geprellt fühlende aktivistische Gruppe beginnt sich zu radikalisieren. Nicht selten wird mit Mitteln der Einschüchterung gearbeitet, ob durch Hate Posts oder Protestformen, die längst ihre Harmlosigkeit eingebüßt haben, seit sie von gewaltbereiten Rechtsextremen gekapert wurden. Die Mahnwachen vor den Häusern von Politiker:innen, die ich schon 2012 im Rahmen der Flughafenerweiterung in Frankfurt wahrgenommen habe, wirken im Zeitalter der Coronaspaziergänge einfach anders.

Und dennoch fühlt sich die grüne Aktivistin und Bürgerrechtsbewegte Antje Grothus (2020) nur noch „verkohlt" von der Kohlekommission, und die zahlreichen Bürgerinitiativen, die ich im Jahr 2012 im Rhein-Maingebiet gesprochen habe, sehen sich betrogen von ihren Landesregierungen. Sie erzählten alle von Symbolpolitik und Scheinbeteiligung. Damals als Mainzer Stadtschreiberin wurde mir klar, dass die alten Machtblöcke durchaus noch existieren, jene Verbindung von Konzernen und Regierungen. Lufthansa hat nicht umsonst seine Brüsseler Vertretung direkt an die der hessischen Landesregierung gebaut. RWE ist mit Nordrhein-Westfalen verheiratet, und wir erleben es in diesen Tagen, wie der kriegsbedingte Gedanke eines Umschwungs in der Energiepolitik wieder in einer Verlängerung der Braunkohletagebauabbauzeiten verschwindet, nur mit dem Unterschied, dass das Versorgungsargument das Arbeitsplatzargument ablöst.

Die Lieferkettenpanik ist Teil der großen Angstkulisse, in die wir ständig hineingeraten, und die sich als Handlungshemmung tief in unsere Köpfe senkt. Die Wachstumsgesellschaft tut ihren Teil dazu, und alle Versuche, alternative Ökonomien in Gang zu setzen, werden im Mediendiskurs nur halbherzig vorgeschlagen. Immer wieder kommt hier das politische Vorstellungsvermögen an seine Grenzen. Wird zu wenig über Erfolge kommuniziert? Ist es ein hartnäckiges Festhalten aus identitätspolitischen Gründen, weil man zu viel verlieren würde, wenn man den Lebensplan ändert? Oder sind wir am Ende wieder bei den wirkmächtigen Narrativen angelangt, denen auch ich in meinen literarischen Weltentwürfen oft genug auf den Leim gehe?

Ja, die Narrative. Von ihnen war bis jetzt noch nicht wirklich die Rede, dabei haben sie das abgelöst, was man einmal früher als Ideologiekritik bezeichnet hat. Heute gilt es, sehr genau sich zu Narrativen zu verhalten, sie zu bestärken, ihnen etwas entgegenzusetzen. Der größte Unterschied zum Ideologiebegriff ist, dass sie keinen verbindlichen Zusammenhang ergeben, sondern pluraler, flexibler und in unterschiedlichen Abstraktionsgraden vorhanden sind. Es gibt keinen gezwungenen Zusammenhang. Man kann einem Verschwörungsnarrativ aufsitzen oder dem rassistischen Narrativ des „weiße-Frauen-vergewaltigenden-POC-Mannes". Die Verohnmächtigungserzählung, das dystopische Narrativ der Ausweglosigkeit ist nur eines von vielen, auch wenn sie auf einer größeren Abstraktionsebene funktioniert, oftmals viele kleine Narrative verbindet.

Es ist ja so, dass wir Schriftsteller:innen besonders angstbegabte Wesen sind und uns gerne Szenarien aller Art vorstellen, wobei wir zunehmend zu Verohnmächtigungserzählungen greifen. Warum? Es sind die Welterzählungen, die noch zu erzählen sind, ob in der Dystopie oder im Gegenwartsbefund, in ihnen stellt sich noch ein Zusammenhang her, die Verknüpfung unseres sozialen Miteinanders. Denn indirekt verweisen sie immer auf die reale Komplexität, multilaterale politische Strukturen und Unübersichtlichkeit. Und dennoch wirkt in ihnen ein Gift, das mir ausgerechnet eine Netflixserie, *Black Mirror*, vor Augen geführt hat.

Die auf wohligen Konsum angelegte dystopische Serienform ließ mich nämlich fragen, wie weit ich von diesem Narrativ wirklich entfernt bin. Dem kultivierten Gefühl der Unausweichlichkeit und der Vergeblichkeit mit der Ausrede des Vorführens des Kritisierten, um es anzuprangern, ist keine Zukünftigkeit mehr zu entlocken. Im Grunde wird immer suggeriert, dass in Wirklichkeit niemand mehr entscheidet, dass die Gegenwart der reinste Selbstläufer ist und in eine Zukunft hineinläuft, die merkwürdig geschlossen ist. Niemand kann noch eine wirkliche Entscheidung treffen, einen Unterschied machen. Und doch werden ja real Unterschiede gemacht – Protestbewegungen setzen Themen, lassen Entscheidungen unumgänglich werden, private Initiativen wie die jetzt deutlich werdende Geflüchtetenunterstützung zeigen eine durchaus positive Weltsicht. Und in der Frage nach den Narrativen ist heute klipp und klar, dass es politisch nicht unschuldig ist, welche Erzählung man bedient.

Ergebnis aus dieser Erkenntnis, sind zum Beispiel die Publikationen des Sozialpsychologen Harald Welzer, der seit einigen Jahren im S. Fischerverlag Erfolgsgeschichten der Nachhaltigkeit und Resilienz sammelt, auch die Kuratorin und ehemalige Berliner Senatorin für Wissenschaft, Forschung und Kultur Adrienne Göhler, verfolgt die Strategie „Zur Nachahmung empfohlen", so der gleichnamige Titel ihrer seit zehn Jahren global tourenden Ausstellung, in der Ideen weitergegeben werden, Lösungsansätze kursieren. Es wird eben nicht mehr das Untergangsbild alleine beschworen, wenn wir von ökologischen Krisen sprechen. Nicht mehr die Drohkulisse aufgerufen, die tickende Zeit, Bilder, die ohnehin bekannt sind und eine gewisse Abwehr erzeugen. Das ist eingängig und für mich war die Frage, in welcher Form ich mich dem anschließen könnte. Heldenerzählungen sind nur meine Sache nicht. Gerade das Erfolgsgesicht der Organisationen wirkte wie eine PR-Maßnahme, die mich nur zu gerne in den Dienst genommen hätte. Literatur als Hagiographie des zivilgesellschaftlichen Widerstands? Kommt da nicht die reale Machtfrage zu kurz?

Meine Recherchen sind bestimmt davon, ein Aktionsfeld dynamisch zu verstehen, weniger darum, dies Feld sauber abzustecken. Also jetzt nicht Gesprächspartner:innen ideal auszusuchen, sondern immer ein Plus, ein Drumherum zu erzeugen. Es ist letztendlich eine sehr einfache Vorgehensweise. Ich werde mir zu einem Problem, das zugleich immer schon auch ein ästhetisches Problem ist, Fragen stellen. Wie gehen wir damit um? Wie ist dieses Problem gelagert? Wie verbindet es sich mit anderen Krisenlagen? Wer ist beteiligt? Und mit welchen Sprachen wird darüber gesprochen? In welcher Form zeigt es sich, und vielleicht ist sogar diese Form mein erster Bezugspunkt. Ziemlich schnell werde ich feststellen, dass mein Verständnis vom Problem nicht ganz richtig ist und meine Fragestellung revidieren und erweitern, neu justieren, um erneut loszulegen. Literarisches Schreiben ist im Grunde der Prozess zu lernen, die Fragen richtig zu stellen. Es ist sowohl eine Kontaktnahme nach innen, und ein sozialer Potlatch nach außen, eben ästhetische Grundlagenforschung. Niemals gibt es eine rein angewandte Literatur.

Mein neuestes Stück „Das Wasser" ließ dieses Forschungsfeld breit ausdifferenzieren. Von den bewusst lokal agierenden Gruppen, den unsicher wirkenden lokalen Vernetzern zu den selbstbewusst agierenden Anwält:innen der großen NGOs wie Greenpeace und Germanwatch ist es ja ein weiter Weg. Und so habe ich mich in Dresden sowohl mit Cradle to Cradle, als auch der TU-Umweltinitiative Dresden, den Fridays for Future, Ende Gelände, German Watch, einer Pastorin der evangelischen Kirche, Greenpeace, einem Wasserstoffunternehmer, dem Umweltzentrum Dresden, einem Streuobstwiesenbetreiber und dem Umweltamt unterhalten. Ach, da wären noch Vertreter:innen der „Woche des guten Lebens", ein Gentrifizierungsaktivist, die Grüne Liga und eine Bewässerungsbeauftragte einer rheinischen Stadt, sowie Vertreterinnen der Ökologie-AG im sächsischen Staatstheater. Es ging mir um eine Multiperspektive zivilgesellschaftlicher Organisationen zu einer Krisenfrage, und es war klar, dass diese nicht nur lokal oder regional zu beantworten ist. Wer handelt? Wie ist noch zu handeln? Was bremst einen? Was ist überhaupt die Krise? Wie wird sie gefasst (beispielsweise leidet ein Drittel der Fläche Deutschlands unter Trockenstress)? Schnell wurde mir klar, dass sie allerdings thematisch ebenfalls nicht wirklich abzuschließen ist, denn auch die Wohnungsfrage ist eine Umweltfrage, auch die Diskussion um ein bedingungsloses Grundeinkommen ist eine. Selbst verwaltungstechnische Fragen oder die nach Rechtssystemen könnte man stellen und die nach Kolonialismus, dem heteronormativen Patriachat. Und schließlich sind so was wie zivilgesellschaftliche Handlungen ohne die sie umgebenden staatlichen Behörden und politischen Kräfte nicht denkbar.

Erstaunlicherweise hörte ich in den sehr unterschiedlichen Gesprächen viel von Blockaden, Hindernissen, Bremsfaktoren, ja, kaum ging ich ins Detail, kam ich von dem stolzen „Wir", das etwas verändert, schnell zu einem „Wir leider nicht" und landete bei Vergeblichkeitserzählungen. Sicherlich habe ich dieses wiederkehrende Erzählmuster meiner Gesprächspartner:innen durch meine Fragen provoziert, aber es zeigte sich auch, dass diese Organisationsform nicht nur eine Verschiebung im sozialen Zusammenschluss von Akteur:innen bedeutet, sondern auch die der zeitlichen Handlungsstruktur, was wiederum zur Folge hat, dass viele der zivilgesellschaftlichen Verbünde flüchtig und zeitlich begrenzt funktionieren, man arbeitet mal in der einen, trifft sich womöglich in einer anderen wieder, aber sicher ist es nicht. Die eigene Meinung zu diesem oder jenem Thema löst eine grundsätzliche Genossenschaft ab. Vieles hängt an einzelnen Menschen, und insofern ist heute mehr von der Burnoutfalle von Graswurzel-NGOs zu hören, als von dem realpolitischen Ausbrennen in großen Strukturen. Und vor allem große Organisationen wie zum Beispiel Greenpeace, Amnesty International oder Germanwatch zeigen sich resilienter gegenüber diesen Flüchtigkeitsgefahren als eine lokale Bürger:inneninitiative, die sich gegen einen Autobahnanschluss wehrt.

Die einzigen, die nicht von Burnout und Bremswirkung erzählten, waren durch die Bank die Jurist:innen größerer NGOs, und es kam nicht von ungefähr, dass sie derart souverän auftraten. Sie hatten gerade den Durchbruch in Karlsruhe erlebt, die Entscheidung des Bundesverfassungsgericht Ende April 2021, der von Germanwatch und Greenpeace mit unterstützten Klage Recht zu geben. Dies hat einen großen Impuls in die Szene getragen. In jeder Demonstration der Fridays for Future oder im nordrheinwestfälischen Braunkohlerevier im letzten Jahr wurde erwähnt, wie sich endlich, nach Jahren der Arbeit, dieser Etappensieg ereignen konnte, der die Bundesregierung dazu zwingt, in ihrer Gesetzgebung nochmal in Hinblick auf Generationengerechtigkeit nachzuarbeiten. Das Urteil, das die Freiheit künftiger Generationen in die Waagschale wirft, spricht von der hohen Wirksamkeit dieser von zivilgesellschaftlichen Organisationen unterstützten Klagen, wie sie in den letzten Jahren als politisches Instrument sich erwiesen haben, ob im Menschenrechtsbereich oder als Verfassungsbeschwerde. Gerade der Freiheitsbegriff öffnet hier die Tür. Aber ob sich diese sich veränderte Rechtsprechung in Realpolitik umsetzen lässt, steht noch zur Disposition. Hier beginnt erneut, Sie werden es bereits ahnen, schon wieder das „Ja, aber" meiner Erzählung.

Wir kommen schon wieder zur Begrenztheit, der fragilen Struktur und Anfälligkeit für Burnout der zivilgesellschaftlichen Organisation, schließlich hängt die Schlagmacht oft an ganz konkreten Personen. Auch sehen sie sich einem sehr mächtigen politischen und ökonomischen Gegner gegenüber, der sich ganz anders organisieren kann. Aber man soll sich nicht täuschen, auch das sind nicht festsitzende Blöcke. Nicht nur in der Politik, auch in den Vorständen von Unternehmen gibt es mittlerweile Einsicht, dass anders gehandelt werden muss, und oftmals wird eine Zusammenarbeit auch versucht. Der größte Feind ist dabei wiederum nicht alleine das ökonomische und machtpolitische Interesse, sondern die fehlende politische Imagination. Man kann sich Veränderung einfach nicht vorstellen. Es gibt eine persistierende Unvorstellbarkeit von Veränderung, aus der wiederum eine fehlende Selbstwirksamkeitserfahrung resultiert, in dem Gefühl von zu geringer Handlungsmacht, egal, wo wir uns befinden. Beißt sich die Katze hier in den Schwanz? Aber natürlich – dieser Essay folgt der Kreisförmigkeit, die sich in meinen Gesprächen so deutlich ergeben hat.

Darin fand sich ein weiterer Aspekt: Die strukturelle Angleichung an das woanders Erlebte. „Ich mache doch nicht in meiner Freizeit bei denselben autoritären Strukturen mit wie auf Arbeit!", so äußerte sich ein Bekannter, der sich neben seiner Arbeit rundfunkpolitisch engagieren wollte. Er machte seiner Enttäuschung darüber Luft, dass sich in der freigewählten Struktur genau das wieder herstellte, was er bei seinem Arbeitgeber, einer großen öffentlich-rechtlichen Institution, erlebt – das Einziehen von Hierarchien und eine Kultur der Angst. Im Umbau unserer Medienlandschaft als Antwort auf die rasanten Digitalisierungsschübe in der Gesellschaft entsteht daraufhin ein rasendes Mitläufertum vor der Angstkulisse des Verlusts von Reichweiten, und es werden Hierarchien eingezogen, wo vorher keine waren. Und wie wir alle wissen, ist hierarchisches Denken rasant ansteckend, denken Sie nicht?

Aber ich sehe, Sie sind ganz woanders. Sie würden an dieser Stelle gerne mal grundsätzlich einwenden, dass mein Politikverständnis einem bürgerlichen Blick unterliegt. Wie sehen Schulterschlüsse und Repräsentationsvorgänge derer aus, die nicht für sich sprechen können, das heißt, wer kann das wirklich? Und wieso begegne ich nicht dem Vorwurf, dass manches bürgerschaftliche Engagement gar nicht so allgemeinwohlorientiert ist, sondern einzig den eigenen Interessen verpflichtet – das berühmte Windrad vor dem eigenen Haus? Aber bevor ich Ihnen nun genügend Gegenbeispiele des sehr wohl am Gemeinwohl Interessiertseins vorführe, möchte ich eine ganz einfache Sache sagen, jenseits einer moralischen Bewertung: Die Zivilgesellschaft ist in der politischen Arbeit überhaupt nicht mehr wegzudenken. Sie mag sich symbolisch etwas verbraucht haben, aber in der realen Situation durchaus nicht. Ob daraus etwas erwächst, was wirklich einen Unterschied macht, lässt sich schwer abschätzen, es wundert jedenfalls nicht, dass dieses Engagement auch von zahlreichen Institutionen und Verbänden, parteinahen Stiftungen und einzelnen Politiker:innen unterstützt wird. Sie ist ein Ort der Aushandlungen, wie sie für demokratische Prozesse notwendig sind. Zu fordern bleibt, ebenso kreisförmig, dass die Beteiligung der Bürger:innen nicht nur scheinhaft ist, dass sie im Dialog mit Wissenschaft und Politik, auch mit der Kunst in Kontakt bleibt, weil die politische Imaginationskraft dringend Stärkung braucht.

An diesem Punkt angekommen, fällt mir auf, Sie haben interessanterweise noch immer nicht gefragt, woher die Gelder für diesen Text kommen? Das ist typisch für Ihre Generation (oder die Generationen, die Sie umgeben.) An gewissen Stellen wird einfach nicht nach dem Geld gefragt. Also dieser Text wurde von der Brenner-Stiftung teilfinanziert, quer durch die Hochschule für Kunst und Medien und die Akademie der Künste. Könnte man sagen, und man würde einem gewissen Transparenzbegriff Genüge tun. Man kann es aber ganz anders darstellen, und von jeder Menge Zwischenfinanzierungen, sowie sehr unklaren Ressourcengeber:innen sprechen. Auch darin läge ein Reiz.

Literatur

Die Links wurden am 18. Juli 2020 zuletzt überprüft

Anders, G. (2002). *Die Antiquiertheit des Menschen 2. Über die Zerstörung des Lebens im Zeitalter der dritten industriellen Revolution.* München: C.H.Beck
Grothus, A. (2020). *Tweet vom 16. Dezember 2020, 11:38 Uhr.* https://twitter.com/antjegrothus/status/1339157953379782656
Heine, H. (2022, 02. März). Deutsche dürfen an Ukraine-Krieg teilnehmen – auch für Russland. *Tagesspiegel.* https://www.tagesspiegel.de/politik/nach-aufruf-fuer-internationale-legion-deutsche-duerften-an-ukraine-krieg-teilnehmen-auch-fuer-russland/28121508.html
Litschko, K. (2022, 03. März). Neonazis wollen an die Front. *taz.* https://taz.de/Krieg-in-der-Ukraine/!5835674/
Spiegel Online (o. J.). Die Lage am Morgen. https://www.spiegel.de/thema/morningbriefing/?sara_icid=targ_own_DMhsOEVMbIaLryIOlHaE3sLgaCfdMU
Spiegel Online (2022, 04. März). Wie Deutschland von der Wirklichkeit überrollt wurde. https://www.spiegel.de/politik/deutschland/ukraine-krieg-wie-deutschland-von-der-wirklichkeit-ueberrollt-wurde-a-f688c75a-ac04-4c7d-8dfb-827f296c67ea

Kathrin Röggla ist eine vielfach ausgezeichnete Schriftstellerin, zuletzt (2022) erhielt sie den Else-Lasker-Schüler-Dramatikpreis. Sie schreibt Prosa, Hörspiele und Theaterstücke. Seit 2015 ist sie Vizepräsidentin der Berliner Akademie der Künste.

„We should all be feminists" – Kapitalismuskritik als sozial-emanzipatorisches Projekt

Ingrid Kurz-Scherf

„We should all be feminists!"

… spätestens seit der Modeschöpfer *Dior* T-Shirts mit dem Schriftzug dieses Aufrufs der Nigerianerin Chimamanda Ngozi Adichie kreierte, die dann von Luxusmodels über die Laufstege der Haute Couture getragen und im Internet für 650 € zum Kauf angeboten wurden, wissen wir: Feminismus ist *en vogue*. Dass es sich dabei um einen eher oberflächlichen Hype handeln könnte, hatten wir 2008/9 schon vorausgeahnt angesichts der Tendenzen zur Bewältigung der weltweiten Wirtschafts- und Finanzkrise „auf Kosten von Frauen". Diesen Tendenzen folgte und folgt das Krisenmanagement in der Corona-Pandemie in noch ausgeprägterer Weise. Seit dem 24. Februar 2022, also seit dem Beginn des Krieges in der Ukraine, sind wir nicht nur mit dem furchtbaren Leid, das der Krieg über die ukrainische und die russische Bevölkerung gebracht hat, konfrontiert. Wir erleben auch eine – dieses neuerliche Scheitern der Zivilisation „nebenbei" begleitende – Inszenierung tradierter Geschlechterstereotypen mit der darin enthaltenen hegemonialen Männlichkeit in ihrer archaischen Form des Kriegers und der damit korrespondierenden „subalternen Weiblichkeit" in der Form des Opfers. Dennoch: Vielleicht ist der *gender code* dieses Krieges und seiner medialen Vermittlung wirklich nur ein „Nebenwiderspruch" des furchtbaren Geschehens, denn wir wissen spätestens seit der Studie von Margarete Mitscherlich aus 1985 über „die friedfertige Frau", dass es sich dabei um einen Mythos handelt.

Andererseits zeugt die Prominenz des Slogans von Chimamanda Ngozi Adichie tatsächlich auch von einem seit Jahren zu beobachtenden weltweiten

---

I. Kurz-Scherf (✉)
Konz, Deutschland
E-Mail: kurz-scherf@staff.uni-marburg.de

© Der/die Autor(en) 2023
J. Legrand et al. (Hrsg.), *Transformation und Emanzipation,*
https://doi.org/10.1007/978-3-658-39911-5_4

Aufschwung von Frauenbewegungen, wie er sich nicht nur durch #Metoo, sondern auch in vielfältigen mehr oder minder eindrucksvollen Kämpfen und Aktivitäten manifestiert – wie zum Beispiel in anhaltenden Protesten und Frauen*Streiks gegen sexistische Gewalt, gegen die Diskriminierung von Frauen beim Zugang zu Macht, gesellschaftlicher Teilhabe und Einkommen. Der Aufschwung lässt sich nicht zuletzt auch an der exponierten Rolle von Frauen in ganz unterschiedlichen sozialen Konflikten wie aber auch auf vielen anderen Feldern der Innovation und Transformation ablesen. Feminismus gilt schon seit einiger Zeit in der Kunst und im Kulturbetrieb als weithin akzeptierte Avantgarde. In Teilen der Wissenschaft und der Politik fungieren Feminismus und kritische Genderkompetenz längst als Gütesiegel von Progressivität – wie z.B. aktuell im Iran und den dortigen Bürgerbewegungen.

In der Bundesrepublik Deutschland hat Feminismus neuerdings laut Koalitionsvertrag der amtierenden Regierungsparteien sogar den Status einer neuen Staatsräson in der Außenpolitik. Die zuständige Ministerin begründete das Konzept mit einem erweiterten Sicherheitsbegriff, der gegenüber militaristischen Sicherheitskonzepten den „Blick weite für alle Opfer in Kriegen" und an den auch der internationale Diskurs um *human security* anknüpfe. Dabei handele es sich keineswegs um „Gedöns", wie einige ewig Gestrige immer noch glaubten. Feministische Außenpolitik sei vielmehr „auf der Höhe der Zeit, auf der Höhe der Verantwortung" (Baerbock 2022). Ob nun allerdings die deutsche Außenpolitik tatsächlich ein feministisches Profil – auch im Sinn der weit überwiegend strikt pazifistischen, über 100jährigen Tradition feministischer Friedenspolitik – entwickelt oder ob das Prädikat „feministisch" nicht eher als Legitimationsressource genau jener neuen, durch den Ukraine-Krieg provozierten Militarisierung der Außen- und Sicherheitspolitik instrumentalisiert wird, gegen die es sich eigentlich richtet, erscheint aktuell (Anfang 2023) noch durchaus fraglich. Dabei könnte eine Außenpolitik mit feministischer Orientierung nicht nur eine umfassende Perspektive auf die Opfer und die Kosten von Krieg und Gewalt gewinnen, es könnte sich ihr auch ein zivilgesellschaftlich erweiterter Politikbegriff erschließen (vgl. Harders 2008). Ich meine hier u.a. die Möglichkeit einer von Frauenbewegungen angestoßenen Neubelebung der Friedensbewegungen, die – vielleicht im Verbund mit gleichgerichteter Regierungspolitik – einer dauerhaften Remilitarisierung der Außen- und Sicherheitspolitik wirksam entgegenwirken. Tatsächlich gibt es Indizien für ein allmähliches Erstarken von Friedensinitiativen in Russland und in der Ukraine mit starker Beteiligung von Frauen. Überwiegend scheint der russische Krieg gegen die Ukraine nicht nur die Friedens- sondern auch die Frauenbewegung in tiefe Verunsicherung gestürzt zu haben. Auch auf anderen Feldern hat es den Anschein, dass unterschiedliche Dimensionen gesellschaftlicher Dissiziation eher in die Frauenbewegungen verlängerten, teils sogar von feministischen Diskursen befördert würden, als dass sie der Erosion des Sozialen ebenso wie des Politischen noch wirksam entgegentreten könnten.

In Memoriam Otto Brenner: (feministische) Gesellschafts- und Friedenspolitik als gewerkschaftliche Aufgabe

Eines der grundlegenden Dilemmata feministischer Theorie und Praxis ist die personelle und institutionelle Einbindung in gesellschaftliche Verhältnisse, die in ihren Grundstrukturen und kulturellen Fundamenten auf dem Prinzip der „hegemonialen Männlichkeit" (Connell 2005) bzw. der „männlichen Herrschaft" (Bourdieu 2005) basieren. Die feministische Soziologie hat für diese Situation den Begriff der „dissidenten Partizipation" (Hark 2005) geprägt und diese als strukturell subaltern und mit dem Risiko fragwürdiger „Mittäterschaft" behaftet analysiert. Die Erfahrung der „dissidenten Partizipation" ist nun aber keineswegs ein „Privileg" feministisch orientierter Frauenbewegungen, sondern ein strukturelles, systemisch verankertes Moment moderner Gesellschaften westlicher Prägung, dem sie einerseits ihre Stabilität andererseits aber auch ihre Flexibilität gegenüber dem von sozialen Bewegungen und politischer Opposition entfalteten Veränderungsdruck verdanken. Für die Gewerkschaften manifestiert sich dieser Tatbestand in ihrer Doppelfunktion als Ordnungsfaktor und Gegenmacht in der Konfliktpartnerschaft zwischen „Kapital" und „Arbeit". Besondere Bedeutung haben in diesem Kontext Widersprüche und Kämpfe sowohl *in* verschiedenen wie auch *zwischen* unterschiedlichen sozialen Bewegungen und oppositionellen Strömungen.

Ein Beispiel mit einer langen historischen Tradition und vielfältigen Varianten ist das Verhältnis zwischen Frauenbewegungen und Arbeiterbewegungen, zwischen feministischen und sozialistischen Optionen auf Weltverbesserung. Otto Brenner, der Namensgeber der Stiftung, deren Jubiläum der Anlass für diese Publikation war, repräsentiert in besonderer Weise das Ringen der Gewerkschaften um eine konstruktive Bewältigung des Konflikts zwischen unterschiedlichen Horizonten gewerkschaftlicher Politik. Er sei sich – so schrieb Werner Thönnessen (1972) in einem Nachruf im SPIEGEL – „des tragischen Widerspruchs" sehr bewusst gewesen, „in den die Gewerkschaften sich verwickeln, wenn sie, notwendigerweise auf dem Boden der von ihnen bekämpften Wirtschaftsordnung, Verbesserungen durchsetzen, die einerseits den Arbeitnehmern zugekommen, andererseits die Lebensfähigkeit des Kapitalismus verlängern". Wahrscheinlich war Otto Brenner sich auch des Problems bewusst, dass Gewerkschaften einerseits soziale Ungleichheit unter „Lohnabhängigen" korrigieren, weil und insoweit ihre Erfolge auch denen zugutekommen, die über eine vergleichsweise schwache Kampfkraft verfügen. Dass sie aber andererseits – vor allem unter Krisen-bedingungen – auch als Motor der Bewältigung von Konflikten zwischen „Kapital und Arbeit" zum Beispiel „auf Kosten von Frauen", auf Kosten der sogenannten Randbelegschaften oder auch auf Kosten der sogenannten Dritten Welt fungieren. Unter anderem deshalb beharrte Brenner trotz der von ihm maßgeblich selbst bewirkten Integration der Gewerkschaften in die kapitalistische Gesellschaft bis zu seiner letzten Wortmeldung auf einer grundlegenden „Gesellschaftsreform als gewerkschaftliche Aufgabe" (Brenner 1971).

Zielmarke war und blieb für Otto Brenner der demokratische Sozialismus. Er hat sich nie von den konkreten Projekten einer Neuordnung von Staat und Gesellschaft nach dem 2. Weltkrieg – wie zum Beispiel die Verstaatlichung der Schlüsselindustrien, die Etablierung einer demokratischen Planwirtschaft und Investitionslenkung – distanziert. „Noch vom Sterbelager" – so berichtet Gerhard Beier – übermittelte Brenner einer internationalen Arbeitstagung der IGM die Botschaft: „Unser Ziel bleibt unverrückbar dasselbe: eine von materieller und geistiger Ausbeutung befreite internationale Gesellschaft des Friedens, der Völkerverständigung, der sozialen Gleichberechtigung und der vollen demo-kratischen Teilhabe am gesellschaftlichen Leben" (zitiert nach Beier 1999, S. 65).

Welche Bedeutung Otto Brenner dabei der sogenannten Frauenfrage beimaß, ist mir leider nicht bekannt. Er gehörte jedenfalls zu den ersten Verfechtern des Prinzips der Lohngleichheit zwischen Männern und Frauen, mit dem sich viele Gewerkschafter bekanntlich durchaus schwer taten. Einer der engsten Mitarbeiter und Berater von Otto Brenner war der bereits oben zitierte „linkssozialistische Intellektuelle" Werner Thönnessen, der 1957 bei Theodor W. Adorno zu dem Thema „Die Frauenemanzipation in Politik und Literatur der deutschen Sozial-demokratie" (Thönnessen 1969) promoviert hatte. Werner Thönnessen hat in dieser Promotion den Begriff des „proletarischen Antifeminismus" geprägt, den er als der „bürgerliche Frauenfeindlichkeit" durchaus ebenbürtig analysierte.

Er hat in diesem Kontext eine These vertreten, die für das hier behandelte Thema der dissidenten Integration der Gewerkschaften bzw. der dissidenten Partizipation feministischer Frauenbewegungen eine zentrale Bedeutung hat und bis heute in beiden Diskursen, insoweit sie überhaupt aufeinander Bezug nehmen, debattiert wird. Demnach besteht bei den Gewerkschaften und im Feminismus ein enger Zusammenhang zwischen der Radikalität der jeweiligen Gesellschafts-kritik und dem Stellenwert der sogenannten Frauenfrage bei den Gewerkschaften bzw. der sozialen Frage in Frauenkämpfen und -initiativen. Praktisch bedeutet das, dass Gewerkschaften und Frauenbewegung partiell durchaus miteinander in Konflikt stehen können, wenn aber der Diskurs abreißt oder gar nicht erst zustande kommt, dann liegt darin zumindest die Gefahr einer Schwächung auch der jeweils eigenen Handlungspotentiale.

Es gab von Anfang an sowohl in der Frauenbewegung wie auch in der Arbeiterbewegung Bemühungen um wechselseitige Anerkennung und Unterstützung auch und insbesondere in grundsätzlichen Fragen, aber das Ringen um eine Verbindung zwischen den jeweiligen Kämpfen um Anerkennung und Teilhabe führte in der Praxis nur zur Spaltung der Frauenbewegung, die aber der Arbeiterbewegung und ihren Vordenkern auch in ihren sozialistisch-klassenkämpferischen Strömungen suspekt blieb.

Jenseits der falschen Konfrontation zwischen System-, Sozial- und Kulturkritik

Konflikte ebenso wie Überschneidungen zwischen feministischen und gewerkschaftlichen Diskursen betreffen auf beiden(!) Seiten sowohl immaterielle, kulturelle wie auch materielle und politische Dimensionen und Komponenten von Ungleichheitskonstellationen. Die soziale Frage ist verwoben mit Geschlechterstereotypen und -hierarchien ebenso wie umgekehrt Klassenverhältnisse, Rassismus, Antisemitismus, Behindertenfeindlichkeit oder Altersdiskriminierung auch in den Geschlechterverhältnissen wirksam werden. Es geht dabei zum Beispiel

- um anthropologische Grundannahmen mit habituellen Befestigungen in Geschlechterstereotypen und heteronormativen Verhaltenskodizes bei Gewerkschaften, die sich u.a. als geschlechtsspezifische Lohnunterschiede materialisieren;
- oder um den wachsenden Einfluss von queer-feministischen Entwürfen der Geschlechterpluralität jenseits des Dualismus von Männlichkeit und Weiblichkeit, die strukturelle Verankerung der Geschlechterhierarchie in der politischen Ökonomie moderner Gesellschaften aber weitgehend ignorieren.

Die Dynamiken im Verhältnis zwischen der sogenannten Frauen- und der sogenannten sozialen Frage haben insofern eine besondere Relevanz, als sie besonders tief in den Grundkonstruktionen des Politischen Systems *und* der politischen Kultur moderner Gesellschaften verankert und maßgeblich an den Verschränkungen der objektiven und der subjektiven Seite von Herrschafts- und Ungleichheitsverhältnissen und damit auch an den gesellschaftlichen und individuellen Dimension und Potentialen von Dominanz und Emanzipation beteiligt sind. Die Überlagerung der materiellen und immateriellen Dimensionen von Herrschafts- und Ungleichheitsverhältnissen verweist unmittelbar auf die Politische Ökonomie moderner Gesellschaften. Wenn sich große Teile „der Wirtschaft", der Wirtschaftspolitik wie auch der Wirtschaftswissenschaften (ähnlich wie die Außen- und Sicherheitspolitik) immer noch als bestens gesicherte Reservate „hegemonialer Männlichkeit" präsentieren, dann geht es sowohl um Macht und Reichtum wie aber auch um die Kodifizierung und Normativierung von Arbeit, Sprache, Verhalten, Kleidung, Sexualität, Freizeit, Hobbies etc. Dabei ist durchaus offen, welche Seite der Befestigung von Ungleichheits- und Herrschaftsverhältnissen – die materielle oder die immaterielle, die systemische oder die symbolische, die soziale oder die kulturelle – diesen zu mehr Stabilität und Immunität gegen Veränderungsdruck verhilft.

Auch die Kritik der Politischen Ökonomie in ihren vielfältigen Varianten ist längst nicht frei von androzentrischen Verkürzungen und Verzerrungen. Zwar haben sich die wechselseitig durchaus aggressiven Spannungen zwischen feministischen und nicht-feministischen Forschungs- und Politikansätzen mittlerweile deutlich abgeschwächt. Die Tonlage ist freundlicher, einzelne Autoren, Kollegen und Genossen sind offener und gesprächsbereiter. Allerdings beschränkt sich die Anerkennung feministischer Ansätze in der Politischen Ökonomie und ihrer Kritik weitgehend darauf, Mindeststandards der personellen Repräsentation feministischer Forschung und Politik auf zu beachten. Dabei lösen sich Geschlechterhierarchien aber keineswegs auf. Sie unterliegen vielmehr einem ständigen Formwandel und verschieben sich gleichsam nur „nach oben" insofern als sich die Spitzen der sozialen Hierarchien als besonders resistent gegen die feministische Herausforderung erweisen. Vielfach bestätigt sich die feministische Erwartung, dass sich der Zuwachs an personeller Repräsentanz von Frauen an einer gleichsam nach oben verschobenen „gläsernen Decke" bricht und keineswegs automatisch mit einer inhaltlichen Revision androzentrischer Konzepte einhergeht. Insbesondere was paradigmatische Grundannahmen dominanten Denkens und Handelns betrifft, befindet sich der feministische Diskurs weiterhin häufig in der Situation dissidenter und subalterner Partizipation (Hark 2005).

Die Gewerkschaften präsentieren sich beispielsweise dank einer lebendigen gewerkschaftlichen Frauenbewegung in ihrer Personalstruktur längst nicht mehr als unangefochtenes „Arbeitnehmerpatriarchat" (Pinl 1977). Ob sie sich allerdings auch programmatisch von jenem „proletarischen Antifeminismus" gelöst haben, der sich traditionell mit der Verankerung eines spezifisch gewerkschaftlichen Habitus hegemonialer Männlichkeit paart, erscheint (noch?) einigermaßen fraglich. Im Hintergrund der – traditionell das gewerkschaftliche Verständnis der Politischen Ökonomie moderner Gesellschaften westlicher Prägung kennzeichnenden – zentralen Konflikte zwischen „Kapital" und „Arbeit" oder auch zwischen „Staat" und „Markt" sichern androzentrische Arrangements und strukturelle Befestigungen „männlicher Herrschaft" auf beiden Konfliktseiten immer noch eine stabile „Konfliktpartnerschaft". Die oft nicht leicht erkennbaren „fraternal contracts" (Pateman 1988) im Hintergrund der Politischen Ökonomie moderner Gesellschaften drosseln nicht nur das Tempo der Fortschritte von Gleichberechtigung und Emanzipation auf zermürbende Langsamkeit, sondern lenken sie zum Teil auch in problematische Richtungen. Beispielsweise in Form einer Universalisierung „hegemonialer Männlichkeit" als Verhaltenscodex in Führungspositionen, der auch gegenüber der durchaus wachsenden Anzahl von Frauen in Leitungsfunktionen wirksam wird.

Immerhin wird mehr und mehr akzeptiert, dass feministisches Denken und Handeln gegenüber den Herausforderungen des 21. Jahrhunderts insofern einen gewissen Erkenntnisvorsprung hat, weil es Probleme und Anliegen von Personen und Gruppen adressiert, die von den mainstreams in den jeweiligen Abteilungen, Ressorts und Disziplinen üblicherweise vernachlässigt oder auch ganz übersehen werden. Denn diese mainstreams orientieren sich vorrangig an der Lebensrealität von Männern und an Politikstilen und -mustern, die mehr oder minder stark geprägt sind von der „Dominanzkultur" (Rommelspacher 1995) hegemonialer Männlichkeit mit ihrer multiplen Distinktionslogik *gegenüber* Frauen, *unter* Männern und in der theoretischen und praktischen Auseinandersetzung um Heteronormativität. In zunehmendem Maße erfassen nun aber ehemals marginalisierte oder externalisierte Probleme und Anliegen auch Bevölkerungsgruppen, die davon bislang weitgehend verschont blieben – wie etwa die sich immer weiter ausbreitende Prekarität von Arbeits- und Lebensbedingungen, die mangelnde Vereinbarkeit von Familie und Beruf oder auch die Stigmatisierung von nicht oder nur eingeschränkt erwerbstätigen „LeistungsempfängerInnen" als im Grunde überflüssige und parasitäre „KostgängerInnen der LeistungsträgerInnen". Chauvinistische Züge entfalten die modernen Arbeitsgesellschaften traditionell vor allem gegenüber Tätigkeiten, die außerhalb oder am unteren Rand der beruflichen Statushierarchien verrichtet werden – eine Stigmatisierung, die sich in Krisensituationen, wenn sich vermeintlich unproduktive Arbeit als besonders „systemrelevant" offenbart, oft als eine absurde Umkehr der tatsächlichen Verhältnisse erweist. Dass die neue Begrifflichkeit der „Basisarbeit" (vgl. denkfabrik-bmas.de), die die offizielle Arbeits- und Arbeitsmarktpolitik neuerdings in den Arbeitsdiskurs eingebracht hat, wirklich zu einer Korrektur verfehlter Werthierarchien in der Politischen Ökonomie beitragen kann, ist eher unwahrscheinlich - zumal der Gendercode der Wertschätzung von Arbeit in dieser Initiative bislang nur eher oberflächlich beachtet wird.

Kapitalismuskritik als sozial-emanzipatorisches Projekt

Die Frage nach dem Zusammenhang zwischen den System- und Subjektkomponenten der sozialen Konstruktion von Gesellschaft, das Ineinandergreifen unterschiedlicher Komponenten gesellschaftlichen Kooperation und Reproduktion wird seit jeher kontrovers diskutiert. Dabei überwiegt allerdings eine Tendenz zur Verselbständigung und zur Ablösung der gesellschaftlichen Teilsystem von den Zusammenhängen, in denen sie sich entwickeln und funktionieren. Dies gilt in besonderer Weise für die Befassung mit der Ökonomie des modernen Lebenszusammenhangs, die in ihren Strukturen und Funktionsweisen überwiegend geradezu als ein „geschlossenes System" betrachtet wird, das allerdings die Funktionsbedingungen und Handlungsoptionen in anderen gesellschaftlichen Teilbereichen weitgehend determiniert.

Feministische Konzepte der Politischen Ökonomie gehen demgegenüber davon aus, dass sich „europäische Gesellschaften auf ungleichzeitige Weise als sich industrialisierende, kapitalistische, moderne, bürgerlich-patriarchale, nationalstaatlich (bzw. imperial) verfasste und in unterschiedlichem Ausmaß ethnisierte Gesellschaften" (Knapp 2012, S. 432) entwickeln. Dabei gehört „die Erkenntnis, dass und in welcher Weise weite Teile des Lebens und der Sorge [...] im Verlauf der Geschichte unter (markt- und privat)wirtschaftliche Belange untergeordnet worden sind und wie dies die Funktionsweise des Kapitalismus überhaupt erst ermöglicht [hat]" (Aulenbacher et al. 2015, S. 150) zu den Essentials feministischer Kapitalismuskritik. Sie basiert auf dem Wissen, dass es sich bei den modernen Gesellschaften westlicher Prägung „um herrschaftsförmige Konstellationen handelt, in denen mindestens drei Herrschaftslogiken und -verhältnisse zusammenwirken: der Androzentrismus und geschlechtsbasierte Herrschaft, der Eurozentrismus und ethnizitätsbasierte Herrschaft, der Kapitalismus und klassenbasierte Herrschaft, entlang derer Markt- und Verwertungsimperative Vorrang erhalten und zur Entfaltung gelangen, die Care-Ökonomie hintangestellt und der Raubbau an der Natur vollzogen werden" (ebd.).

Aulenbacher et al. betonen, dass aus ihrer Sicht „feministische Kapitalismuskritiken [...] keine überlegene Geltung beanspruchen können – und dies [...] auch nicht tun" (ebd., S. 154). Der Geltungsanspruch der vom Geschlechterverhältnis ausgehenden und auf das Geschlechterverhältnis bezogenen feministischen Theorie hat zwar durchaus auch die Totalität der gesellschaftlichen Verhältnisse im Blick, erhebt aber nicht den Anspruch, diese aus der Analyse der Geschlechterverhältnisse heraus in ihren Grundstrukturen erfassen und erklären zu können; behauptet wird lediglich, dass die Kategorie Geschlecht in allen Herrschaftsverhältnissen und Emanzipationsbewegungen eine Rolle spielt – und zwar analytisch ebenso wie praktisch.

Theoretisch könnte die Kapitalismuskritik in ihren vielfältigen Varianten ihren Anspruch analog begrenzen, also nur noch behaupten, dass das Kapitalverhältnis und die sich daraus begründenden Klassenverhältnisse in allen gesellschaftlichen Phänomenen und Entwicklungen wirksam sind, sich aber dennoch nicht allein vom Kapitalverhältnis und den Klassenverhältnissen her begreifen lassen. Eine solche Revision tangiert allerdings einen neuralgischenden Punkt linker Theorie und Praxis, nämlich den ursprünglich in der marxistischen Kapitalismuskritik theoriesystematisch verankerten Anspruch auf überlegene Geltung – und zwar sowohl theoretisch wie auch politisch-praktisch: Die „Perspektivierung" des gesellschaftlichen Strukturzusammenhangs „vom Kapitalverhältnis ausgehend" hierarchisiert auch die politischen Kräfte, Gruppierungen, Institutionen, Theorien und Personen, die verschiedene Herrschaftsverhältnisse und Emanzipationsansprüche repräsentieren. Die Perspektivierung des gesellschaftlchen Stukturzusammenhangs vom Geschlechterverhältnis ausgehend verweist in feministischer Akzentuierung demgegenüber auf die Interferenz verschiedener Dimensionen gesellschaftlichen Realität und auf Vermittlung und Kooperation zwischen unterschiedlichen Strömungen des sozialen Protests und politischer Opposition.

Die relative Dominanz der verschiedenen Herrschaftslogiken unterliegt dem historischen Wandel – nicht zuletzt je nach den sich an ihnen entfachenden sozialen Kämpfen. Vor dem Hintergrund der zunehmenden Brisanz sozialer Ungleichheit auch unter Frauen und der Zuspitzung ökonomisch induzierter Risiken und Probleme, die Frauen oft in besonderer Weise und in besonderem Ausmaß betreffen und des sich parallel dazu neuerdings wieder verschärfenden Antifeminismus, gewinnt die Kapitalismuskritik dementsprechend auch in feministischen Milieus (wieder) eine systematische Priorität, obwohl die „Ehe" zwischen Feminismus und Marxismus doch schon als unwiderruflich gescheitert galt (vgl. Klinger 1998).

„Der Kapitalismus" gerät dann allerdings auch in feministischen Diskursen manchmal zur Quelle allen Übels schlechthin: Es wird so getan, als ob sich die Lage und Stellung von Frauen unter den Bedingungen einer entwickelten kapitalistischen Wirtschaftsweise gegenüber mittelalterlichen Verhältnissen verschlechtert habe; als ob die zunehmende Berufstätigkeit von Frauen nur oder in erster Linie dem kapitalistischen Zwang zur Vermarktung aller Arbeitskraft und nicht auch der fortschreitenden Emanzipation von der Beschränkung auf die häusliche Sphäre folge; als ob die Erweiterung des Spektrums der Möglichkeiten der Lebensgestaltung von Frauen nur oder vorrangig ihrer Assimilation an männliche Vorgaben und nicht auch ihrer Selbstbefreiung aus Abhängigkeit und „Magdseligkeit" (Hedwig Dohm) gefolgt wäre; als ob es den Ausbau sozialstaatlicher Vorsorge im Bereich der Kinderbetreuung und der Altenversorgung im Zeitalter der Hegemonie des Neoliberalismus gar nicht gegeben habe oder nur der Tendenz zur Vermarktlichung alles menschlichen Tuns, nicht aber auch dem Druck der Frauenbewegung, Rechnung getragen habe. Auch die Frauenbewegung, die nicht all ihr Streben und Trachten „irgendwie" auf den Kapitalismus bezieht und sich auch noch mit anderem befasst als der sozialen Frage, gerät in den Verdacht, damit genau das zu tun, was sie aus Sicht des „proletarischen Antifeminismus" schon immer getan hat, nämlich: Verrat an der „Sache der sozialen Sicherheit, des Wohlstands, und der Würde der Arbeiterklasse zugunsten falsch verstandener Emanzipationsvorstellungen in Sachen Meritokratie, Vielfalt und Empowerment" (Fraser 2017, S. 76).

Dennoch folgt auch die neuere, wieder unmittelbar an Karl Marx anschließende feministische Kapitalismuskritik keineswegs dem imperialen, ins Totalitäre tendierenden Gestus androzentrischer Kapitalismuskonzepte. Care-Debatten übertragen teilweise die marxistische Begrifflichkeit von Produktion und Reproduktion auf damit bislang nicht erfasste Felder bezahlter und unbezahlter Sorgetätigkeiten; sie verändern damit aber zugleich nicht nur den Inhalt dieser Kategorien, sondern auch ihren gesellschafts- und kapitalismustheoretischen Status. Frigga Haug greift zur Auseinandersetzung mit den Geschlechterverhältnissen auf das Marx'sche Konzept der Produktionsverhältnisse zurück, dabei geht es ihr aber auch um einen „Umbau des Begriffs der Produktionsverhältnisse derart, dass die Produktion des Lebens wie der Lebensmittel gleichermaßen inbegriffen ist" (Haug 2015, S. 1897).

Unterschiedliche Perspektiven auf den gesellschaftlichen Zusammenhang zwischen verschiedenen „Achsen der Differenz" im Sinn sozialer Ungleichheit ebenso wie im Sinn kultureller Vielfalt fasst der feministische Diskurs mit dem Konzept der *Intersektionalität*. Der diesbezügliche Diskurs bezieht sich vorrangig auf die mit den modernen Herrschaftsfomationen Kapitalismus, (Post-) Kolonialismus und Patriarchat (bzw. Androzentrismus und Heteronormativität) verbundenen Ungleichheitsachsen *class, race* und *gender*. Mit diesem Konzept hat die Überwindung von Diskurssperren zwischen Gewerkschaften und Frauenbewegungen im feministischen Diskurs ein theoretisches Fundament, das durchaus offen ist für die kritische Adoption im gewerkschaftlichen Diskurs. Mit der intersektionalen Kommunikation und Kooperation zwischen Frauenbewegungen und Gewerkschaften könnte dann auch die „transsektionale" Perspektive auf die gesellschaftliche Realität „als Ganzes", also auf Herausforderungen, die den Horizont spezialisierter Teilperspektiven sprengen, gestärkt werden.

Politische Ökonomie der Ermöglichung guten Lebens in Freiheit und Gerechtigkeit

Feministische Konzepte der Kritik der Politischen Ökonomie verfolgen gegen-über anderen Ansätzen (insbesondere auf der Grundlage eines umfassenden Arbeitsbegriffs) einerseits ein erweitertes Verständnis von Ökonomie, deren All-macht sie gleichzeitig widersprechen. So plädiert beispielsweise Nancy Fraser auf der Grundlage eines – nach eigener Einschätzung – „orthodoxen", eng an Karl Marx angelehnten Konzepts der Politischen Ökonomie und ihrer Kritik für eine systematische, praktisch und theoretisch abgestützte Integration anderer Kritik-perspektiven: „We must connect the Marxian perspective to feminist, ecological and political-theoretical perspectives – state-theoretical, colonial/post colonial and transnational." (Fraser 2014, S. 66)

Nancy Fraser und Rahel Jaeggi verweisen auf die oft nicht hinlänglich reflektierten Kriterien der Kapitalismuskritik, und deren daraus resultierenden politischen, moralischen und ethischen Defizite. Mit Jaeggi und Fraser lassen sich drei „Dimensionen der Kritik" unterscheiden:

- Analytische Kritik an der Struktur und Entwicklungsdynamik der kapitalistischen Wirtschaftsweise einschließlich der darin enthaltenen inneren Widersprüche und Funktionsdefizite.
- Normative Kritik, die sich unterteilt in moralische Kritik nach Kriterien der sozialen Gerechtigkeit sowie ethische Kritik nach Kriterien der Qualität, Authentizität und Sinnhaftigkeit des Lebens und der Arbeit.
- Politische Kritik „des Potentials für emanzipatorische gesellschaftliche Transformation", das sich bei Marx in der Form des Klassenkampfs und einer gewaltsamen Revolution realisiert, in einer feministisch erweiterten Perspektive aber auch andere Formen sozialer Bewegung und politischen Handelns (mit einer potentiell ebenfalls durchaus revolutionären Qualität) annehmen kann.

Einen zentralen Stellenwert für die Integration feministischer Theorie und Praxis in die Kritik der Politischen Ökonomie hat der Gesichtspunkt der Care Öko-nomie. Dabei geht es keineswegs nur um eine angemessene Berücksichtigung des Dienstleistungssektors und der privaten Haushaltsökonomie, die nicht nach den gleichen Logiken wie die Industrie- und Finanzkonzerne zu begreifen sind. Es geht vielmehr um einen grundlegenden Paradigmenwechsel der Politischen

Ökonomie moderner Gesellschaften nach Maßgabe des „Prinzips der Lebenssorge" (Klinger 2022) und der Ermöglichung von Lebensfreude. Politische Ökonomie und ihre Kritik enthalten mindestens implizit normative Setzungen und basieren auf mehr oder weniger vagen oder konkreten Vorstellungen von Ökonomie als einer notwendigen Bedingung und Form der Ermöglichung eines guten Lebens. Diese Vorstellungen haben allerdings oft die Qualität von „Heile-Welt-Phantasien", die es erst in die Form und den Inhalt einer konkreten Utopie zu übersetzen gilt, die dem Handeln im Hier und Jetzt Orientierung geben kann.

Ich möchte abschließend eine Strategie der Kritik der Politischen Ökonomie moderner Gesellschaften vorschlagen, die auch die kapitalistische Wirtschaftsweise in den Zusammenhang des „ewigen" Strebens – mit den zwei, in ihrem konkreten Inhalt immer wieder neu auszuhandelnden Seiten des Guten, also einerseits im Sinn von Wohlstand und Wohlergehen und andererseits im Sinn von Ethik und Moral – nach einem möglichst „guten Leben" stellt. In den Zusammenhang also der historisch und systematisch widersprüchlichen Dynamik von Herrschaft und Emanzipation, des widersprüchlichen Ineinandergreifens von Ökonomie, Politik, Ethik und Moral, von Vergangenheit und Zukunft in der Gegenwart, von Bedürfnissen und der zu ihrer Befriedigung notwendigen Arbeit bzw. zur Verfügung stehenden Ressourcen.

Die kapitalistische Ökonomie in ihren komplexen Zusammenhängen zu begreifen, heißt nicht, dass man sich diese Zusammenhänge aus der Analyse der inneren Logik der Ökonomie erschließen kann. Wenn Arbeit und Individualität, Leben, Politik, Kultur etc. als vollständig bestimmt von der kapitalistischen Wirtschaftsweise betrachtet werden, so verkehrt sich Kritik in Affirmation. Arbeit ist nicht nur Lohnarbeit und sie dient nicht nur der Kapitalverwertung: Obwohl Arbeit nie ganz unabhängig von der kapitalistischen Wirtschaftsweise ist, ist sie auch Berufstätigkeit, Teil der Selbstverwirklichung, Bedingung und Form der Befriedigung von Bedürfnissen, Grundlage des Lebensunterhalts etc. Die kapitalistische Ökonomie tendiert zur Konzentration. Dennoch können dauerhaft kleinbetriebliche Wirtschaftseinheiten ihr nicht umstandslos zugeordnet werden – obwohl auch Kleinbetriebe und (Allein)Selbständige auf mannigfache Weise in die kapitalistische Wirtschaftsweise einbezogen sind.

Die kapitalistische Ökonomie ist auch nicht identisch mit dem gesamten Geschehen in Großbetrieben, Großkonzernen und Finanzinstitutionen. Zwar dominiert der Zweck der Kapitalakkumulation das betriebliche Geschehen, gleichwohl fließen auch andere Zwecke in dieses Geschehen ein. Dazu zählen etwa die Interessen von Beschäftigten und (potentiellen) KundInnen, die durch Gesetze, Verordnungen, Auflagen, Steuern und Abgaben repräsentierten öffentlichen Belange sowie nicht zuletzt die Ansprüche des zivilgesellschaftlichen Umfelds, denen Großunternehmen mittlerweile durch ein aufwendiges Reputationsmanagement Rechnung tragen. Kapitalismus als Bereicherungs- und Herrschaftsprojekt wird in seinen Metropolen von der Zustimmung, Nachahmung und Mittäterschaft großer Teile der Bevölkerung getragen. Die kapitalistische Wirtschaftsweise fungiert weltweit als Hoffnungsträger für Wohlstand und Demokratie. Wahrscheinlich müsste die Kapitalismuskritik diese Tatsache erst einmal akzeptieren, um sie wirkungsvoll kritisieren zu können – sei es auf dem Wege der Ideologiekritik, der Dekonstruktion falscher Vorstellungen und Hoffnungen oder auch als offene Frage danach, wovon wir eigentlich reden, wenn wir von Kapitalismus reden und was am Kapitalismus oder an unserer Vorstellung von Kapitalismus eigentlich falsch ist – auch und insbesondere unter Berücksichtigung denkbarer und machbarer Alternativen.

Es gilt, dem in der Politischen Ökonomie und insbesondere in ihrer Kritik bei Karl Marx traditionell enthaltenen „emanzipatorischen Versprechen" nicht nur gegen alle teleologischen Verheißungen und Gewissheiten, sondern auch gegen alle Sehnsüchte nach einer heilen Welt und einer konfliktfreien, aller Notwendigkeit und aller Mühsal enthobenen Gesellschaft die Treue zu halten. Und es gilt, das emanzipatorische Versprechen der Moderne von seinen androzentrischen Verzerrungen und Verkürzungen zu befreien – allerdings ohne die Notwendigkeit von Arbeitskämpfen, Sozialpolitik, Verteilungskonflikten sowie armuts-, geschlechts- und ethnizitätssensiblen Aktualisierungen der sozialen Frage zu verleugnen. Die feministische Kapitalismuskritik beinhaltet – teils explizit, teils implizit, teils schon ausgearbeitet, teils erst angedeutet – Öffnungen des Selbstverständnisses und des Horizonts der Kritik der politischen Ökonomie. Dies gilt *erstens* im Sinn einer systematischen Integration von analytischen, normativen (ethischen und moralischen) und politischen Dimensionen der Kritik, *zweitens* im Sinn einer Vermittlung zwischen Geschichte und Utopie in der Gegenwart, *drittens* im Sinn einer Verbindung zwischen systemischen und lebensweltlichen bzw. subjektbezogenen Facetten, *viertens* im Sinn einer Verknüpfung von materiellen und immateriellen Aspekten und von ganz unterschiedlichen Formen und Inhalten der politischen Ökonomie des ganzen Lebens; *fünftens* schließlich stellt sie die politische Ökonomie moderner Gesellschaften in den Gesamtzusammenhang der diese Gesellschaften prägenden Herrschaftsverhältnisse und Emanzipationsbewegungen.

Literatur

Die Links wurden am 23. Juni 2022 zuletzt überprüft

Aulenbacher, B., Riegraf, B., & Völker, S. (2015). *Feministische Kapitalismuskritik.*
    München: Beck
Baerbock, A. (2022, 23. März). *Außenministerin Annalena Baerbock bei der Einbringung
    des Bundeshaushalts 2022 zum Einzelplan 05, Auswärtiges Amt, im Deutschen
    Bundestag.* Auswärtiges Amt. www.auswaertiges-amt.de/de/newsroom/baerbock-
    epl-05/2519008
Beier, G. (1999). Vergleichende Lebensbeschreibung von Metallern, Holzern und Textilern.
    In H. O. Hemmer (Hrsg.), *Bilanz mit Aussichten* (S. 45–66). Opladen [u. a.]: West-
    deutscher Verlag
Bourdieu, P. (2005). *Die männliche Herrschaft.* Frankfurt a. M.: Suhrkamp
Brenner, O. (1971). *Gesellschaftsreform als gewerkschaftliche Aufgabe: Grundsatzreferat
    und Schlussrede, gehalten am 30. Sept. und am 2. Okt. 1971 vor dem 10. ordentlichen
    Gewerkschaftstag der Industriegewerkschaft Metall.* Frankfurt am Main: IG Metall (Der
    Gewerkschafter, Sonderdruck).
Connell, R. (2005). *Masculinities.* Berkely: University of California Press
Fraser, N. (2014). Behind Marx's Hidden Abode. *New Left Review, 86,* 55–72
Fraser, N. (2017). Für eine neue Linke. Oder: Das Ende des progressiven Neoliberalismus.
    Blätter für deutsche und internationale Politik, Heft 2, 71–76
Harders, C. (2008). Krieg und Frieden. Feministische Positionen. In R. Becker, & B.
    Kortendiek (Hrsg.): *Handbuch Frauen- und Geschlechterforschung. Theorie, Methoden,
    Empirie* (S. 524–529). Wiesbaden: VS Verlag für Sozialwissenschaften, 2., erweiterte
    und aktualisierte Auflage
Hark, S. (2005). *Dissidente Partizipation.* Frankfurt a. M.: Suhrkamp
Haug, F. (2015). Marxismus-Feminismus. In W.F. Haug u.a. (Hrsg.), *Historisch-Kritisches
    Wörterbuch des Marxismus* (Spalte 1892–1900). Berlin: Argument
Klinger, C. (1998). Liberalismus, Marxismus, Postmoderne. Der Feminismus und seine
    glücklichen und unglücklichen „Ehen" mit verschiedenen Theorieströmungen im 20.
    Jahrhundert. In E. Kreisky, & B. Sauer (Hrsg.), *Geschlechterverhältnisse im Kontext
    politischer Transformation* (S. 177–193). PVS Sonderband 28. Opladen & Wiesbaden:
    Westdeutscher Verlag
Klinger, C. (2022). *Die andere Seite der Liebe. Das Prinzip Lebenssorge in der Moderne.*
    Frankfurt a. M. & New York: Campus (im Erscheinen)
Knapp, G.-A. (2012). *Im Widerstreit. Feministische Theorie in Bewegung.* Wiesbaden:
    Springer VS
Pateman, C. (1988). Der Geschlechtervertrag (Orig.: The sexual contract). In E. Appelt, G.,
    & Neyer (Hrsg.), *Feministische Politikwissenschaft.* Wien: Verlag für Gesellschaftskritik
Pinl, C. (1977). *Das Arbeitnehmerpatriarchat. Die Frauenpolitik der Gewerkschaften.*
    Köln: Kiepenheuer & Witsch

Rommelspacher, B. (1995). *Dominanzkultur. Texte zu Fremdheit und Macht*. Berlin: Orlanda

Thönnessen, W. (1969). *Frauenemanzipation, Politik und Literatur der deutschen Sozialdemokratie zur Frauenbewegung 1863–1933*. Frankfurt a. M.: Europäische Verlagsanstalt

Thönnessen, W. (1972, 23. April). „Was folgen wird, liegt noch im dunkeln". *Der Spiegel*. https://www.spiegel.de/wirtschaft/was-folgen-wird-liegt-noch-im-dunkeln-a-fc58 bbb9-0002-0001-0000-000042953633

Prof. Dr. Ingrid Kurz-Scherf ist Politikwissenschaftlerin. Sie war Staatssekretärin des Saarlandes sowie des Landes Brandenburg und Hochschullehrerin in Marburg. In den 1980er Jahren war sie zunächst wissenschaftliche Referentin für Tarifpolitik (Leitung des Tatifarchivs) im Wirtschafts- und Sozialwissenschaftlichen Institut des DGB (WSI) und danach Abteilungsleiterin Tarifpolitik beim Bundesvorstand des Deutschen Gewerkschaftsbundes. Von 2002 bis 2005 leitete sie das *Projekt GendA – Netzwerk feministische Arbeitsforschung*. Schwerpunkte ihrer Arbeit sind Geschlechterpolitik, Politischer Feminismus, Arbeits- und Sozialpolitik, Politische Ökonomie der Demokratie und der Gewerkschaften.

Wirtschaft wird von Menschen gemacht – warum merkt man so wenig davon?

Kathrin Gerlof

Höhere Mächte, Gesetze, die ewig gelten, unentrinnbare Sachzwänge

Olaf Scholz, im Sommer 2021 noch Kanzlerkandidat, hat in seinen Wahlkampf-reden dem Begriff »Klimawandel« konsequent das Adjektiv »menschengemacht« beigestellt. In Abgrenzung zu jenen, die das Gegenteil behaupten, und zu denen, die gleich ganz leugnen, dass es einen Klimawandel gibt. Der Vollständigkeit halber hätte er stets dazu sagen können, dass die vorherrschende Art und Weise des Wirtschaftens am Klimawandel schuld ist. Dann hätte er allerdings der Frage nicht ausweichen können, welche Art Wirtschaft er denn im Sinn hat, wenn diese gegenwärtige uns im schlimmsten Fall ein Grab schaufelt.

Wird der Klimawandel von Menschen gemacht und liegt die wesentliche Ursache dafür in einer Wirtschaftsweise, die auf stetige Vernutzung des nicht Ver-mehrbaren setzt, lautet die logische Schlussfolgerung: Wir bekommen sehr deut-lich zu spüren, dass Wirtschaft von Menschen gemacht wird. Aber zwischen dem, was Wirtschaft macht und ausmacht, und dem, was wir im Alltag lustvoll oder gelangweilt verkonsumieren, worunter wir zu leiden haben, wovon wir profitieren und womit wir uns vergnügen, ist die Welt opak geworden. Nicht nur, aber auch, weil zwischen uns und jenen Orten, an denen »Wirtschaft gemacht« wird, aus unterschiedlichen Ecken und ähnlichen Motiven heraus Nebelkerzen geworfen werden, die vor allem dazu dienen, uns wieder und wieder zu erklären, dass es

K. Gerlof (✉)
Berlin, Deutschland
E-Mail: textbuero@posteo.de

nur so und nicht anders geht. Vor allem aber, dass unsere größte Freiheit darin besteht, dies nicht nur zu glauben, sondern darin auch einen Platz für uns zu finden, an dem wir unseren Beitrag dazu leisten können, dass alles im Fluss und am Laufen bleibt. Und zwar nur und ewig im Rahmen des Bestehenden.

Das Bestehende heißt Anthropozän. Die Zeitschrift *The Economist* hieß uns im Mai 2011 in diesem Zeitalter willkommen. Aus Jäger- und Sammler-Horden sind Herren geworden, die sich einen ganzen Planeten untertan gemacht haben. Wir haben diesen Planeten in der Hand. Aus heutiger Sicht könnte der neolithische Übergang zur Sesshaftigkeit unsere größte Leistung und zugleich unser größter Fehler gewesen sein. Denn gleichzeitig will uns die erst wenige hundert Jahre alte Geschichte des Kapitalismus erzählen, dass wir nur noch nach seinen Regeln handeln, also nicht allzu viel selbst bestimmen können.

1997 formulierte eine „Kommission für Zukunftsfragen der Freistaaten Bayern und Sachsen": „Das Leitbild der Zukunft ist das Individuum als Unternehmer seiner Arbeitskraft und Daseinsvorsorge." Womit noch das letzte Stück Ehrlichkeit verstoffwechselt wurde, das nur darin besteht, anzuerkennen, dass den meisten Menschen keine andere Möglichkeit bleibt, als ihre Arbeitskraft zu verkaufen. Mit dem Bild des Arbeitskraftunternehmers werden Abhängigkeiten ausgeblendet und Entscheidungsfreiheiten ins Licht gerückt: Wer als Unternehmer seiner Arbeitskraft versagt, kann nicht länger Opfer einer Wirtschaftsweise sein, ist stattdessen einfach nur unfähig, durch unternehmerisches Handeln Daseinsvorsorge zu gewährleisten. Hat also nicht verstanden, wie Wirtschaft funktioniert.

Höhere Mächte, Gesetze, die ewig gelten, Zwänge, denen nicht zu entkommen ist – aus all dem wird uns und haben wir uns eine Geschichte gewebt, die darauf hinausläuft, dass Wirtschaft zwar auf menschlichem Handeln basiert, dieses Handeln aber Regeln folgt, die nicht der Mensch aufgestellt hat und die er deshalb auch nicht wird ändern können. Ein ganz großartiger Zirkelschluss. Der noch durch die Erzählung ergänzt wird, dass es Männer wie Elon Musk, Jeff Bezos, Bill Gates sein werden, die uns erlösen, weil sie für alles, was als Problem erscheint, eine Lösung kennen, mehr noch, Lösungen für Probleme bieten, die vorher niemand hatte, und vor allem verstanden haben, wie das System funktioniert.

Die Eindringlichkeit dieses Sirenengesangs hat sich mit der durchs Digitale ausgelösten technischen Revolution und der damit einhergehenden Ablösung der Industriegesellschaft, wie sie vor rund 200 Jahren entstand, verstärkt. Noch bevor wir zu Ende gedacht haben, lässt uns ein Algorithmus wissen, was wir tun müssen oder nimmt uns gar das Denken ab. »Alexa, wer ist Schuld am Klimawandel?« Ehe wir uns die Frage stellen können, ob die herrschende Wirtschaftsweise auf lange Sicht unserem Wohlbefinden zu- oder abträglich sein wird, haben uns Ökonomen[1] erklärt, dass es sowieso nicht anders geht. Der Markt habe seine eigenen Gesetze, und Schieflagen entstünden nur, wenn wir den Markt missachten. In dem Moment, da uns vielleicht das eine und andere Licht aufgeht, verdunkelt die Politik in Gestalt von Regierungserklärungen und Sachverständigen unseren Verstand mit der Versicherung, Alternativen gäbe es kaum, und wenn es welche gibt, dann müsse man der damit einhergehenden Transformation sehr viel Zeit geben. Und vergisst zu sagen, dass zwischenzeitlich auch der kleinste Schritt in die falsche Richtung erheblich schlechte Auswirkungen auf das Wohlbefinden unserer Nachkommen haben wird.

Das Faszinierende an der kapitalistischen Wirtschaftsweise ist, wie sehr sie das Arbeiten und das Leben permanent verändert und wie gründlich sie dabei ein und dieselbe bleibt und sich als alternativloses Optimum zu präsentieren weiß. Genügt es, den Erklärungen der federführenden Ökonomen und Politiker:innen zu vertrauen und den zweiten Teil des berühmten Marxschen Satzes über die Philosophen, der von der großen Transformation spricht, ad acta zu legen?

In dem 2017 erschienenen Roman »Kraft« von Jonas Lüscher müht sich der finanziell in Schieflage geratene Tübinger Rhetorikprofessor Richard Kraft, eine Million Dollar zu verdienen, indem er für einen Digitalmogul des Silicon Valley einen 18-minütigen Vortrag darüber schreibt, warum das, was ist, gut ist, und warum wir es noch weiter verbessern können. In der Theodizee geht es bei dieser Frage um die Rechtfertigung Gottes, indem sie postuliert, dass gut ist, was ist, weil ER es uns in nur sechs Tagen geschaffen hat. Und zugleich ein wenig Spielraum gibt, weil vielleicht auch ER wusste, dass wir anfangen uns zu langweilen, wenn überhaupt nichts mehr beeinflusst werden kann, oder gar die Frage zu stellen, warum, wenn gut ist, was ist, so viel Schreckliches geschieht. Das eine mag zu Abtrünnigkeit führen, das andere im schlimmsten Fall zur Revolte.

Wie sind wir hierher geraten? Zu glauben, dass nur das Bestehende zugleich die Alternative ist?

Auf jeden Fall auf unterschiedlichen Wegen, die am Anfang nicht verkündeten, dass sie alle auf das Gleiche hinauslaufen werden.

---

[1] Die Autorin wählt vor allem bei Ökonomen die rein männliche Form, weil die Wirtschaftswissenschaft noch immer von Männern dominiert wird.

Die Kronkorken der Bierflaschen machten leise „plopp"

Viele Jahre versuchte die Baustelle vor meinem Haus, eine Schule mit angrenzender Turn- und Schwimmhalle zu werden. Nie zuvor habe ich über einen solch langen Zeitraum zuschauen können, wie etwas entsteht. Als Wirtschaftssubjekt, ich könnte mich auch Wirtschaftseinheit nennen, saß ich mit Blick auf die Baustelle im pandemiebedingten Homeoffice, als Privatperson hin und wieder auf dem Balkon.

Morgens um sieben wurden die Maschinen in Gang gesetzt. Selten sah ich mehr als zwei oder drei Arbeiter (es waren immer Männer) auf dem Gelände. Aber ich sah und hörte Maschinen. Nennen wir es Lärm. Turmdrehkräne, die mein Vorstellungsvermögen überstiegen, Bagger, Laderaupen, Kipper, Tieflader, Betonmischer und -sägen, Walzenzüge, Kompressoren. Die Baustelle war ein Suchbild, in dem sich irgendwo Menschen versteckten. Es musste sie geben, eigens für sie war ein DIXI-WC aufgestellt worden, in den Baucontainern brannte abends Licht und es gab eine Baustellenleitung, mit der ich Kontakt aufnahm, wenn die Baustelle nachts wie ein Fußballstadion beleuchtet wurde. Eine Antwort bekam ich nie, aber einen digitalen Beweis via Mail, dass meine Frage irgendwo angekommen war.

Ich bin in einem Alter, das Kindheitserinnerungen von Baustellen abrufbar hält, auf denen es vor Menschen nur so wimmelte. Ich habe als Studentin in den Semesterferien selbst an solchen Orten gearbeitet und mich mit Betonarmierungen geplagt. Wenn die Materialzufuhr ins Stocken geriet, was im real existierenden Sozialismus andauernd passierte, saßen viele Menschen einträchtig auf irgendeinem noch nicht montierten Plattenelement rum. Dann machten die Kronkorken der Bierflaschen leise »plopp« und die ausgepackten Leberwurstbrote rochen nach morgendlicher Fürsorge.

Ich bin Jahrgang 62. Meine Großmutter, Jahrgang 22, erzählte mir von einem Typus Mensch, den sie als »ehrlichen Arbeiter« krönte und von dem sie behauptete, er trüge das Herz am rechten Fleck. Meine ewig arbeitende Großmutter wusste und gab an mich weiter, dass ein Haus nicht gebaut werden kann ohne Menschen. Dass die Maschinen, derer sich die Arbeitenden bedienen auch nur von Menschenhand gemacht waren. Und dass die Leberwurst-Bierpausen aufgrund von Materialmangel auf der Baustelle das Ergebnis menschengemachter Misswirtschaft oder die Folge einer noch nicht ausgereiften, von Menschen erdachten Planwirtschaft waren. Meine Großmutter wäre niemals auf die Idee gekommen, zu sagen, der Schnellkochtopf habe die Suppe gemacht. Es war ihre Suppe und der Topf nur nützliches Beiwerk. Von Menschen erfunden und produziert.

Beim Studium der Politischen Ökonomie des Sozialismus und Kapitalismus, das nicht von ungefähr, sondern infolge einer verordnet eingeschränkten Sichtweise marxistisch-leninistisches Grundlagenstudium hieß, gerieten die großmütterlichen Postulate etwas ins Wanken. Unwiderlegbare Gesetzmäßigkeiten, denen wie Naturgesetzen objektiver Charakter bescheinigt wurde, also eine Existenz unabhängig vom Willen und Bewusstsein des Menschen, ließen die Frage entstehen, was den Produktivkräften dann noch als Spielraum blieb. Was konnte der ehrliche Arbeiter mit dem Herzen auf dem rechten Fleck über die Tatsache hinaus, dass er auch im Sozialismus seine Arbeitskraft zur Verfügung stellte und so Dinge schuf, beeinflussen?

Den Menschen wurde auferlegt, die Gesetze zu kennen, anzuwenden und somit einer Wirtschaftsweise zum Sieg zu verhelfen, die sich durch Veränderung der Eigentumsverhältnisse von den Fesseln einer auf stets steigende Profite bedachten, ausbeuterischen Maschinerie befreit. Der objektive Charakter der Gesetze ließ das Subjekt klein und unbedeutend wirken. Wenn dem Kapitalisten geweissagt wurde, dass es ihm auf Dauer nicht gelänge, das Gesetz des tendenziellen Falls der Profitrate auszutricksen, geriet er zur Marionette höherer Gewalt. Das gefiel uns. Die von Marx bescheinigte Naturgeschichtlichkeit bei der Ablösung einer ökonomischen Gesellschaftsformation durch die nächste gefiel uns. Und dass wir nicht für alles verantwortlich waren, gefiel uns ebenfalls. Vielleicht genügte es, den Gesetzen ihren Lauf zu lassen und uns nach ihnen zu richten.

Das Lächeln der Kassiererin im Supermarkt

Die Ökonomen Um den Gesetzmäßigkeiten, wie sie durch Marx und Lenin erklärt worden waren, nicht den Verve und die Glaubwürdigkeit zu nehmen, führte die »arbeiterliche Gesellschaft« (Engler 1999, S. 173) gute Gründe an: Den Kampf der Systeme Kapitalismus-Sozialismus, den menschlichen Faktor sozialistische Persönlichkeit, die noch nicht ausreichend sozialistisch war und zu langsam Persönlichkeit wurde, die Trägheit der Produktivkräfte, obwohl die Produktionsverhältnisse doch nun mal schon fast waren, wie sie sein sollten. Aber Produktivkräfte und Produktionsverhältnisse stimmten noch nicht ganz überein. Der Beweis, dass es trotzdem funktionieren und werden kann, wurde nicht erbracht. Ökonomisch wurden genau die Gesetzmäßigkeiten missachtet, die man zu kennen behauptete, politisch wurde ein Herrschaftssystem der ewigen Wahrheiten und gegenwärtigen Unterdrückung geschaffen, die Misswirtschaft war eindeutig eine menschengemachte Katastrophe. Die Ökonomen sagten entweder, was Sache ist und sein wird, und wurden kaltgestellt, oder sie redeten zu Munde der Herrschenden und verzapften notwendigerweise höllischen Unsinn. Wenn Fragen nicht beantwortet werden konnten oder die Antwort so hätte ausfallen müssen, dass sie mit Sanktionen belegt wird, verwies man auf objektive Gesetze, wie das der notwendigen Periode der revolutionären Umwandlung der kapitalistischen in eine kommunistische Gesellschaft, und erklärte, das würde halt auch seine Zeit brauchen. Die dauerte dann bis 1989 und hat offensichtlich nicht ausgereicht. Reich an Witzen über Ökonomen (schick einen DDR-Ökonomen in die Wüste und der Sand wird knapp) ließen die meisten Menschen in der arbeiterlichen Gesellschaft keinen Zweifel daran, dass man ihnen zwar viel erzählen könne über Gesetzmäßigkeiten, die sich unabhängig von und außerhalb ihres Bewusstseins Bahn brächen, sie aber trotzdem wissen, dass die Wirtschaft von Menschenhand nach und nach runtergerockt wird.

In gewisser Weise kam man dann vom Regen in die Traufe, nur dass die Ökonomen der freien Marktwirtschaft die besseren Argumente zu haben schienen. Schließlich waren die einen untergegangen und die anderen ohne nennenswerten Gegenpart. Auch sie erklärten, dass der Mensch zwar über einen Willen und Möglichkeiten verfüge, jedoch einer Vorlage folge, die unabhängig von und außerhalb seines Bewusstseins auf Ewigkeiten gälte. Der Homo oeconomicus ist ein Kunstwesen und noch immer Bestandteil der orthodoxen Volkswirtschaftslehre. Rational, vernunftgesteuert, mit mathematischen Formeln in Beweis gestellt, tut er nichts, was er nicht als nützlich und gewinnbringend empfindet. Ökonomen rechnen uns vor, wie sich der Homo oeconomicus verhalten wird, bekommt er fußläufig sein Sixpack Bier für zehn Euro und in zwei Kilometern Entfernung für neun Euro. Er rechnet Wegstrecke, Benzinverbrauch, Abnutzung des Autos, Zeitaufwand gegen die Einsparung eines Euros und kommt zu einem schlüssigen Ergebnis. Und wer zwei Kilometer fährt, obwohl die Rechnung ihm anderes nahelegt, aber weil ihm das Lächeln der Kassiererin im Supermarkt so gut gefällt, ist die Ausnahme und stellt die Regel nicht infrage.

Generationen von Ökonomen erklären uns den menschlichen Faktor als Kostenfaktor namens Arbeit und erzählen das grimmige Märchen von der unsichtbaren Hand des Marktes – eines Wesens, das unabhängig von und außerhalb unseres Bewusstseins existiert und ein Eigenleben führt, das wir nur durch Gehorsam und staatliche Zurückhaltung ordentlich am Laufen halten können. Und »wenn es so ist, dass die sachliche Herrschaft uns unerkannt bleibt, weil wir den Wert als dingliche Eigenschaft der Waren betrachten und nicht als Effekt des gesellschaftlichen Gesamtzusammenhangs, dann kann sich der Hass auf diese Herrschaft immer nur auf Stellvertreter entladen« (Redecker 2020, S. 63).

Die vermeintliche Macht der Dinge, das postulierte Eigenleben des Marktes, der wie eine göttliche Instanz Dinge lenkt, die damit verbundene Sachherrschaft – gegen wen opponieren, wenn es kein Mensch ist? – lässt vergessen, dass noch jedes Arbeitszeug, das wir in den Händen halten, und noch jeder Algorithmus, der unsere täglichen Schritte zählt, oder bei der Telearbeit registriert, wann wir dösen, anstatt zu arbeiten, von Menschen gemacht ist. Und noch gibt es die andere Erzählung nur in Bruchstücken. Das bessere Leben, das andere Wirtschaften, die Commons, das Solidarische, das im Kleinen funktionierende, im Ganzen nicht erprobte, die Ideen für eine partizipatorische Ökonomie: So viel Kluges und noch kein Beweis erbracht. Wie auch, wenn die Sach- zugleich Weltherrschaft ist?

»Das vorherrschende Dogma von den entfesselten Marktkräften, denen eine innewohnende Krisenanfälligkeit abgesprochen, gleichzeitig aber die Kraft zur optimalen Beseitigung exogener Schocks unterstellt wird, schottet sich gegen Kritik ab. Im Zweifelsfall trifft Friedrich Hegels Charakterisierung auf diese weltfremde Wirtschaftswissenschaft zu: ‚Wenn die Tatsachen nicht mit der Theorie übereinstimmen – umso schlimmer für die Tatsachen.‘ Dieser Realitätsverlust, der auch noch autoritär als Marktfundamentalismus daherkommt, firmiert mit seinen vielen Verästelungen heute unter dem Kampfbegriff des Neoliberalismus. In der Ökonomenzunft ist die vornehme Übersetzung Neoklassik üblich, die je doch dasselbe meint.« (Hickel 2021, S. V)

Auch wenn die herrschend gelehrte VWL mit den ewig gleichen Formeln und Erklärungen eine veraltete Glaubenslehre ist, nehmen deren Vertreter an Tischen Platz, die sich biegen unter den Ewigkeitsklauseln und an denen Gläubige sitzen, die das Ganze in Politik umwandeln.

»[S]eit Manipulation mit Hilfe naturgegebener Mittel durch die unberechenbaren Möglichkeiten unserer Vorstellungsfreiheit, unseres baren Selbst, der Manipulation durch Berechenbares gewichen ist, seit kommerzialisierte Zweigwissenschaften mehr öffentlichen Reiz darstellen als ihre exakten Stammschulen, Zombiologie und Technomagie wirtschaften und wüten, Statistik als adäquate Beschreibung von Realität gilt und das Geräusch der Spülmaschine sich anhört, als atme da wer zuverlässig in unsere Gottverlassenheit, sind wir auf dem Abweg, uns selber um uns selbst zu bringen, uns der Struktur des Formalen anzupassen und als ‚Maschine der Natur‘ berechenbar zu werden. Müssen wir, wie Erwin Schrödinger, der Quantenheilige, in weiser Voraussicht schrieb, fürchten, ‚daß wir uns entwicklungsmechanisch dem Ende einer Sackgasse nähern‘?« (Berkévicz 2018, S. 11)

Erst Gerhard Schröder, nicht Helmut Kohl, hat meiner Großmutter mit ihrem
Faible für den ehrlichen Arbeiter posthum Recht gegeben. Denn die hatte mit
stets gleich gestanzten, aber großem Verve vorgetragenen Sätzen immer wieder
erklärt, dass der Mensch im Kapitalismus wenig zähle. Und aussortiert werde,
brächte er keinen Nutzen mehr. Mit der Agenda 2010 der rot-grünen Regierung
Schröder bekam die großmütterliche Wiederholungsschleife einen ganz anderen
Dreh. Die trat aber in gewisser Weise auch den Gegenbeweis zu dem Eindruck
an, man merke so wenig davon, dass Wirtschaft von Menschen gemacht werde.
Schröder packte alle, die das Wirtschaftssystem auf die eine und andere Art und
Weise aussortiert hatte, in einen Topf und ließ sie spüren, dass sie zu nichts mehr
Nutze waren.

Sie hätte sich besinnen können. Tat es aber nicht

Die Politik Hört auf die Ökonomen, aber nur auf bestimmte. Wir sind
inzwischen bereit, schon ganz großartig zu finden, wenn im Sachverständigen-
rat der Bundesregierung jemand sitzt, die oder der abweicht vom orthodoxen
Mainstream, ohne gleich heterodox zu sein. Es ist Meldungen wert, schaut da
jemand ein wenig anders auf die vermeintlichen Ewigkeitsklauseln. Gehört aber
inzwischen zumindest zum guten Ton.

2021 mahnte eine Gruppe namhafter Orthodoxer die Politik zur »Rück-
kehr zur Marktwirtschaft«. Der Aufruf wurde gedruckt, die Besorgnis ernst
genommen. Die Ökonomen konstatierten auch in der Krise, dass Unternehmen
über eine hohe Anpassungsfähigkeit verfügen (nicht die Arbeitenden natürlich, sondern die Unternehmensführungen), während sich staatliche Akteure
schwer täten mit der Anpassung an die pandemischen Umstände. Staatliche
Akteure, so viel ist in den Augen der Orthodoxen klar, machen keine Wirtschaft. Sie behindern Wirtschaft. Wenn sie sich zu sehr einmischen. Sie stören
die marktwirtschaftliche Dynamik, die unabhängig von und außerhalb unseres
Bewusstseins segensreich wirkt. Lässt man sie nur machen. Dieses »Finger weg
und zurück ins Körbchen«, nachdem die Corona-Hilfen vor allem in Richtung
großer Unternehmen geflossen waren, berief sich auf eine kluge Instanz namens
Markt und verwies den menschlichen Faktor auf seinen Platz. Es kam mit
mathematischen Modellen daher – sehr beliebt, wenn es darum geht, die Politik
auf dem Gleis zu halten – und erklärte, dass von nun an und unterm Rettungs-
schirm wieder die freien Kräfte zu walten hätten, sonst passiere Schlimmes.

In einem kurzen Zeitfenster hatte »die Wirtschaft« Gesichter bekommen,
weil klar war, dass noch jedes mathematische Modell würde scheitern müssen,

wenn das überlastete Pflegepersonal die Arbeit verweigert. Applaus, Applaus! Die menschengemachte Pandemie würde nur durch Menschen in den Griff zu bekommen sein. Die freien, unsichtbaren Kräfte des Marktes hatten für einen Moment keine Konjunktur, die Politik bekam ein kurzes Zeitfenster zur Verfügung gestellt, in dem sie sich hätte darauf besinnen können, dass Wirtschaft vor allem von jenen Menschen gemacht wird, die nicht an ihren Konferenztischen, in ihren Hinterzimmern und Expertenkommissionen sitzen.

»Das Bild des Kapitalismus als frei schwebender Jongleur, der stets noch mit einem Ball mehr zu jonglieren weiß, ist zu schmeichelhaft. Man soll dem Kapitalismus nicht durchgehen lassen, sich als Ekstase, als unstillbares Verlangen, als schlaflose Nacht zu inszenieren. Er lässt nicht alle Puppen tanzen, selbst wenn er die Gebeine der Vergangenheit aufwirbelt. Das, was funkelt, wie ein Karussell, ist nur die wacklige Spitze eines riesigen Bergs aus Müll, Langeweile und Leichenteilen. Es ist die lebendige Natur, die Zyklen schafft, in denen alle Teile in Bewegung bleiben und sich immer wieder neu in regenerierende Kreisläufe einspeisen. Der Kapitalismus zapft daraus nur partiell etwas ab und schert sich nicht um den Gesamtzusammenhang. Sein Ziel ist schließlich ein anderes: schneller, konkurrenzgejagter Profit.« (Redecker 2020, S. 64 f.)

Die Politik hätte sich besinnen können. Und tat es nicht. Stattdessen hört sie weiterhin auf eine orthodoxe Wirtschaftswissenschaft, die sich selbst nie und niemals als Gesellschaftstheorie begreift. Was ehrlich ist, denn die Gesellschaft hat sie wahrlich nicht im Blick.

Der Paketbote sieht aus, als könnte er jeden Augenblick tot umfallen. Der vorgestern hatte nicht besser ausgesehen. Im Teeladen am Alexanderplatz, wo Pakete manchmal landen, wenn der Paketbote aufgrund der Arbeitsverdichtung keine Zeit hatte, mich trotz meiner Anwesenheit in der Wohnung anzutreffen, bittet mich die Ladeninhaberin um Nachsicht mit »den Jungs«. Die schufteten am Limit sagt sie und das sei alles nicht zu schaffen. Ich verspreche ihr, niemals auf den Boten zu schimpfen, weil ich ja auch wisse, dass es am System liegt. »Ausbeutung« sage ich und die Teeverkäuferin nickt. »Und dann noch Scheiße bezahlt«, antwortet sie. Für einen Moment fühlt es sich an, als gäbe es ein Morgen. Wir müssen nur zu den richtigen Erkenntnissen gelangen.

Ich frage beim Paketdienstleister nach – nur zum Spaß –, warum der seine Angestellten so sehr hetzt, dass ihnen nicht mal mehr meine Anwesenheit in der Wohnung zum Vorteil gereicht. Eine Mail lässt mich wissen, dass die Frage angekommen ist und warnt: No reply! Als hätte ich wirklich Lust, mit einem Algorithmus zu kommunizieren. Später bekomme ich noch eine Automatenantwort, die sinngemäß lautet, dass man meine Frage nicht verstanden habe. Vielleicht ist der Paketbote inzwischen tot umgefallen vor lauter Stress.

Die Algorithmen »Im Grunde seines Wesens ist der Überwachungskapitalismus parasitär und selbstreferenziell. Er haucht der alten Vorstellung vom Kapitalismus als sich von der Arbeit nährendem Vampir neues Leben ein – wenn auch mit einem von Marx nicht vorhergesehenen Dreh: Anstatt von Arbeit nährt der Überwachungskapitalismus sich von jeder Art menschlicher Erfahrung.« (Zuboff 2018, S. 24). Das ist tatsächlich ein gewaltiger Dreh, der in unseren Köpfen spukt. Weil wir nicht mehr wissen können, ob unsere Arbeit den Reichtum der Megamaschine schafft oder ob es nicht einfach nur die Datenspuren sind, die wir zur profitablen Verwertung hinterlassen. Die werden gesammelt, sortiert, auf Tauglichkeit geprüft, ausgeschlachtet und später verkauft oder verkaufsfördernd in Marketing und andere Überzeugungswerkzeuge übersetzt. Ökonomen verweisen auf mathematische Modelle, von denen sie behaupten, dass die nicht nur die Welt erklären, sondern auch die Zukunft und die Wachstumsraten voraussagen. Unternehmen machen uns glauben, das Kapital könne ohne Arbeit akkumulieren. Im Finanzkapitalismus vermehre sich Geld doch in Millisekunden. Da wird gewettet, nicht produziert. Erst die mit Hilfe der Politik entfesselten Finanzmärkte haben uns die Erzählung vervollständigt, Wirtschaft komme ohne Menschen aus. Kryptowährungen laden ein, es auch mal ohne Arbeit zu versuchen. Und es wird noch immer geglaubt, was Thomas Robert Malthus postulierte: Die Gesetze der Menschennatur führten dazu, dass die einen auf ewig der Not ausgesetzt sind und die anderen gewinnen. Aber auch Nieten und Verlorene hinterlassen nützliche Daten, aus denen sich was machen lässt. Brauchen allerdings dafür ein digitales Endgerät und das Internet. Das ist die neue Qualität dieser vierten technischen Revolution. Es scheint so einfach, zu vergessen, dass noch jede Technik und jeder Algorithmus das Ergebnis von Beziehungen ist, die Menschen eingegangen sind. Denn der vermeintliche Reichtum in Gestalt ungeheurer Warenansammlungen scheint mehr und mehr von menschlicher Arbeitskraft entkoppelt.

Die Frage ist, ob sich unser Verhältnis zum I-Phone änderte, ploppte bei jedem Öffnen des Zaubergerätes ein Bild auf, das chinesische Arbeiter:innen zeigt, die in riesigen Hallen Geräte wie dieses zusammenfügen. Ist ja doch von Menschenhand gemacht, staunten wir vielleicht und schickten ein »Gefällt mir!« in den Orbit.

»Wenn das Recht der Ausgebeuteten auf Umsturz, aufs Verjagen der Herren sich nur daraus ableiten soll, daß sie für diese Schweiß vergießen, wäre der Appell zur

Revolte spätestens mit der Dampfmaschine fragwürdig geworden. Dieses Gerät, das Energie und Arbeit spendet, hat, das war allen sichtbar (auch den nichtlesenden Arbeitern), Schiffe betrieben, den Verkehr auf Straßen und Schienen verwandelt, die Förderung von Steinkohle mittels Hochpumpen von Wasser aus der Erde erleichtert, die Herstellung von Eisen beschleunigt, Stahl im Schmelztiegel gekocht und später gewalzt und damit sowie mit anderen Erzeugnissen die Konstruktion von Brücken revolutioniert.

Wichtiger noch: Diese Maschine war eine der ersten, die, weil sie etwa den Zylinderbau vereinfachte, im großen Maßstab die Fertigung von Maschinen selbst voranbrachte.« (Dath 2008, S. 51)

Zum vorläufigen Ende gedacht: Egal, ob es gesagt, verschwiegen oder nur verschwurbelt wird. Menschen machen Wirtschaft. Demzufolge ließe sich an der Art und Weise, wie sie gemacht wird, jederzeit und überall, auch hier und jetzt etwas ändern.

Literatur

Berkévicz, U. (2018). *Über die Schrift hinaus*. Berlin: Suhrkamp

Dath, D. (2008). *Maschinenwinter. Wissen, Technik, Sozialismus. Eine Streitschrift*. Frankfurt a. M.: Suhrkamp.

Engler, W. (1999). *Die Ostdeutschen: Kunde von einem verlorenen Land*. Berlin: Aufbau Verlag

Hickel, R. (2021). Wertschätzung des hier vorgelegten Lehrbuchs: Von der system-konformen Orthodoxie zur pluralen Ökonomik. In H.-J. Bontrup, & R.-M. Marquardt (Hrsg.), *Volkswirtschaftslehre aus orthodoxer und heterodoxer Sicht. Eine Einführung*. (S. V–IX). Oldenburg: de Gruyter

Kommission für Zukunftsfragen der Freistaaten Bayern und Sachsen (1997). *Erwerbs-tätigkeit und Arbeitslosigkeit in Deutschland. Entwicklung, Ursachen und Maßnahmen. Leitsätze, Zusammenfassung und Schlussfolgerungen der Teile I, II und III des Kommissionsberichts*. Bonn: Kommission

Redecker, E. v. (2020). *Revolution für das Leben*. Frankfurt a. M.: S. Fischer

Zuboff, S. (2018). *Das Zeitalter des Überwachungskapitalismus*. Frankfurt a. M. u. a.: Campus

Weiterführende Literatur

Diefenbacher H., Foltin, O., Held, B., Rodenhäuser, D., Schweizer, R., & Teichert, V. (2016). *Zwischen den Arbeitswelten. Der Übergang in die Postwachstumsgesellschaft*. Frankfurt a. M.: S. Fischer

Glaubrecht, M. (2019). *Das Ende der Evolution. Der Mensch und die Vernichtung der Arten*. München: C. Bertelsmann
Gorz, A. (1989). *Kritik der ökonomischen Vernunft*. Berlin: Rotbuch
Lowenhaupt Tsing, A. (2018). *Der Pilz am Ende der Welt. Über das Leben in den Ruinen des Kapitalismus*. Berlin: Matthes & Seitz
Mason, P. (2016). *Postkapitalismus. Grundrisse einer kommenden Ökonomie*. Berlin: Suhrkamp
Ötsch, W. O. (2019). *Mythos Markt. Mythos Neoklassik*. Marburg: Metropolis
Politische Ökonomie des Kapitalismus und des Sozialismus. Lehrbuch für das marxistisch-leninistische Grundlagenstudium (1974). Berlin: Dietz

Kathrin Gerlof ist Chefredakteurin der Wirtschaftszeitung OXI, Filmemacherin, Texterin und Schriftstellerin. „Nenn mich November" ist der Titel ihres jüngsten, im Aufbau-Verlag erschienenen Romans. Als freie Journalistin schreibt sie für verschiedene Medien.

Bürger 4.0

Dirk Baecker

Eine Einmalerfindung

Auch der Bürger ist eine Einmalerfindung der menschlichen Gesellschaft, Name und historische Gestalt mögen sich ändern, die Funktion wird beibehalten. Zwar erhebt erst die moderne, die bürgerliche Gesellschaft ihn zum Prinzip der Selbstbeschreibung der Gesellschaft, aber das schließt nicht aus, dass es ihn vorher schon gab (oft tatsächlich nur als Maskulinum) und dass er die Transformation der modernen in eine nächste Gesellschaft überlebt. Zu prüfen und zu würdigen ist dies allerdings nur dann, wenn man genauer angeben kann, worum es sich bei diesem Bürger handelt. Der Versuch lohnt sich, denn offenbar ist mit dem Bürger, männlich wie weiblich, ein bestimmtes Politikverständnis verbunden. Dieses Politikverständnis befindet sich zusammen mit dem Bürger gegenwärtig in einer Krise. Es steht daher in Frage, mit welcher Art von Politik wir es zu tun bekommen, wenn der Bürger seine zentrale Stellung im Selbstverständnis der Gesellschaft verliert.

Hegel

Im Rahmen seiner Auseinandersetzung mit der bürgerlichen Gesellschaft hat Hegel ein Verständnis von Individuum, Familie und Staat entwickelt, das sich dafür eignet, genauer einzukreisen, worum es sich bei einem Bürger handelt. Der Bürger, so lässt sich im Anschluss an Hegels Rechtsphilosophie formulieren,

D. Baecker (✉)
Dresden, Deutschland
E-Mail: Dirk.Baecker@zu.de

© Der/die Autor(en) 2023   63
J. Legrand et al. (Hrsg.), *Transformation und Emanzipation*,
https://doi.org/10.1007/978-3-658-39911-5_6

ist ein Individuum, das seine Selbständigkeit im Verhältnis zu einer Familie und einem Staat erwirbt und behauptet und in der Gesellschaft, dem „System der Bedürfnisse", aus Eigennutz seine Interessen verfolgt. Brisanz erhält dieses Verständnis des Bürgers daraus, dass Familie und Staat nicht einfach Kontextbedingungen für die Entwicklung eines selbständigen Individuums sind, sondern ihrerseits als selbständig gewürdigt werden. Selbständigkeit bestimmt sich für Hegel als Gewinn des Besonderen gegenüber dem Allgemeinen derart, dass das Allgemeine das Besondere im Widerspruch zu ihm selbst bestimmt. Familie, Individuum, Staat und Gesellschaft werden als „Stufe(n) der *Differenz*" verstanden (Hegel 1970, § 181, S. 338).[1]

Das spezifisch bürgerliche Element an dieser Konstellation ist die Substanz der Sittlichkeit, die mit der Familie, das heißt mit der Ehe, der Liebe und dem Verhältnis der Eltern zu den Kindern entsteht, mit der Auflösung der Familie, sobald die Kinder sie verlassen und die Eltern sterben, vergeht und nur im Staat, der die Möglichkeit einer neuen Gründung der Familie durch die Kinder sicherstellt, aufrechterhalten und gleichsam stellvertretend, jetzt nicht mehr als „Naturzustand", sondern als Gesetz, verwirklicht werden kann. Bürger ist, wer sich selbständig als Individuum auf eine selbständige Familie und einen selbständigen Staat bezieht und in diesem Verhältnis sein Selbstbewusstsein und seine Sittlichkeit verwirklicht.

Man sieht, wie politisch diese Figur gedacht ist. Politisch ist der Anspruch an die Selbständigkeit des Individuums; politisch ist die Anerkennung der Selbständigkeit der Familie; und politisch ist das Verständnis eines Staats, der seine Selbständigkeit seinerseits nur dadurch verdient, dass er Individuum und Familie in ihrer Besonderung anerkennt und schützt. An eben diesem dritten Element scheitert die „ideale" Vorstellung des Staates bei Platon, der nur das Allgemeine kennt und zugunsten des Schönen und Wahren das Risiko der Zufälligkeit und Willkür, wenn nicht sogar des Elends und des sittlichen Verderbens, das mit jeder Besonderheit einhergeht, nicht eingeht (Hegel 1970, § 185, S. 341 f.). Hegels Ausgangspunkt hingegen sind die Differenz, die Entzweiung, der Gegensatz zur Vernunft, aus der ein Selbstbewusstsein und seine Reflexion gewonnen werden, ohne die die Kraft und Stärke einer Einheit nicht gedacht werden können. Der Bürger ist jene politische Figur, die sich aus der Familie in die Familie bewegt und vielleicht weniger für sich als für alle anderen den Staat als Garant der Möglichkeit des Übergangs zwischen untergehender und wieder entstehender

---

[1] Eine bündige Nacherzählung des Dramas der Differenz von der Familie über das Individuum und den Staat bis zur Gesellschaft findet sich in Hegel (1983, S. 122 ff.).

Sittlichkeit anerkennt. Bürger ist, wer jederzeit bereit ist, Individualität, Familie und Staat gegeneinander auszuspielen und dennoch ihren Bezug aufeinander nicht aufzugeben.

Man ahnt, welche Konstellation von Eigennutz, Sentimentalität und Vernunft im Bürger zur Deckung kommt und doch jederzeit verraten werden kann. Bürger ist die im Individuum sich selbst gefährdende und verwirklichende Sittlichkeit. Und "Sittlichkeit" ist nicht etwa die Fähigkeit, sich entsprechend Sitte, Brauch und Gewohnheit zu verhalten, sondern ist identisch mit der „Idee der Freiheit", deren Begriff identisch ist mit der Natur des Selbstbewusstseins (Hegel 1970, § 141, S. 292).

Selbständigkeit, Freiheit und Selbstbewusstsein

Wir können daher auch sagen: Bürger ist, wer seine Individualität einer Familie und einem Staat verdankt, die ihr beide widersprechen und sie doch beide, als Naturzustand und als Gesetz, garantieren. Erst dann, wenn diese Bedingungen der Möglichkeit von Selbständigkeit, Freiheit und Selbstbewusstsein gegeben sind, tummelt sich der Bürger in einer Gesellschaft, in der er seine Interessen verfolgt und für die Verfolgung seiner Interessen davon abhängig ist, dass alle anderen ebenfalls ihre Interessen verfolgen (ebd., § 183, S. 340). Hegel verdankt diese Einsicht Adam Smith (1978).

Bürger ist, wer seine Freiheit als Abhängigkeit vom Naturzustand und vom Gesetz des menschlichen Lebens weiß und in dieser Modalität verwirklicht. Bürger ist, wer das Gesetz in den Dienst des Naturzustands und den Naturzustand in den Dienst des Gesetzes stellen kann, ohne sich dabei zum Knecht des einen oder anderen machen zu lassen. Der „Naturzustand" ist hier nichts anderes als ein Argument. Er schützt die Selbständigkeit individuellen und familiären Lebens, wohl wissend, dass hier und in der Auseinandersetzung mit dem Staat eine Sittlichkeit geboren wird, die alles andere als natürlich, sondern in hohem Maße kulturell und gesellschaftlich ist. Diese Bestimmung der Begriffe „Kultur" und „Gesellschaft" stand Hegel jedoch noch nicht zur Verfügung.

Eine Medienarchäologie

Es liegt auf der Hand, dass die dialektische Konstellation von Individualität, Familie und Staat keine Erfindung der bürgerlichen Gesellschaft ist. Die bürgerliche Gesellschaft erhebt sie jedoch zum Prinzip, weil sie auf diese Dialektik grundsätzlicher angewiesen ist als noch die steinzeitliche und die antike Gesellschaft und möglicherweise auch die nächste Gesellschaft.

Diese Vermutung kann nur im Rahmen einer Medienarchäologie der Gesellschaft geprüft werden. Diese Medienarchäologie unterscheidet im Anschluss an Marshall McLuhan und seine Schule vier Medienepochen der menschlichen Gesellschaft, die Epochen der Mündlichkeit, der Schriftlichkeit, des Buchdrucks und der elektronischen Medien und nimmt an, dass mit jedem Auftreten dieser dominant werdenden Medien der Maßstab, das Tempo und das Schema der Situation des Menschen verändert werden (McLuhan 1968, S. 14, 1986). Einmalerfindungen kann man mit Bronisław Malinowski (2005) jene Institutionen der Gesellschaft nennen, deren Funktion in jeder Medienepoche beibehalten wird, während sich ihr Name und ihre historische Gestalt laufend ändert. So findet man in der steinzeitlichen Gesellschaft keine Bürger im Wortsinn, sehr wohl aber ein Handeln und Erleben, das als bürgerlich im hier mithilfe von Hegel bestimmten funktionalen Sinn zu verstehen ist. Man ist Individuum, man erlebt eine Familie, man muss sich mit irgendeiner Art des organisierten Gemeinwesens auseinandersetzen – und alle drei Momente in ein Verhältnis zueinander bringen.

Eine Medienarchäologie fragt danach, wie sich mit jedem neuen Medium – man denkt vor allem an Verbreitungsmedien der Kommunikation, eben Sprache, Schrift, Buchdruck, Elektronik, weniger an Erfolgsmedien der Kommunikation wie Macht, Geld, Wahrheit, Glaube, Recht und Kunst – die Struktur und die Kultur einer Gesellschaft ändern, um den erwarteten Sinn der Kommunikation besser zu verteilen und die gesellschaftsweite Einheit dieses Sinns zu sichern (vgl. Luhmann 1997, S. 405 ff.; Baecker 2007; Baecker 2018). Für jede Medienepoche der Gesellschaft muss der Sinn möglicher Kommunikation sowohl verteilt („strukturiert") als auch auf eine wiedererkennbare Einheit des Sinns hin verdichtet („kultiviert") werden.

In unserem Fall läuft dies im Ergebnis auf eine Unterscheidung des steinzeitlichen Bürgers 1.0 vom Bürger 2.0 der antiken Hochkulturen, modernen Bürger 3.0 und nächsten Bürger 4.0 hinaus. Die Art der Zählung markiert die historische Grobkörnigkeit der Unterscheidung, die die tatsächliche Vielfalt „bürgerlicher" Existenzweisen in der Weltgeschichte auch nicht annähernd wiedergeben kann. Darum geht es auch nicht. Der Akzent liegt nicht auf einer Historiographie, sondern auf einer Archäologie. Man will wissen, ob ein bestimmtes Phänomen der Gesellschaft, im vorliegenden Fall der Bürger, als eine Institution und somit Einmalerfindung der Gesellschaft beschrieben werden kann und ob diese Beschreibung dazu dienen kann, dieses Phänomen sowohl zu historisieren als auch funktional zu stabilisieren. Besonders interessant ist diese Methode im Fall von Phänomenen, die für eine dieser Medienepochen für typisch gehalten werden. So wird der Bürger zwar zum Prinzip der Selbstbeschreibung der modernen Buchdruckgesellschaft, doch als dieser Bürger 3.0 ist er nur eine Variante seiner eigenen strukturellen Vielfalt. Es gab ihn vorher schon, als Bürger 2.0 und 1.0 und es wird ihn auch nachher noch geben, als Bürger 4.0.

Wenn sich die Beschreibung des Bürgers als Einmalerfindung bewährt, könnte man ihn von bestimmten kontingenten Merkmale seiner Existenz in der bürgerlichen, modernen Gesellschaft befreien, seine Funktion allgemeiner fassen und seine Anpassungsfähigkeit an andere Medienepochen der Gesellschaft beschreiben. Denn letztlich geht es darum, jedes Auftreten eines neuen Verbreitungsmediums der Kommunikation als einen Schock oder eine „Katastrophe", das heißt als einen Wechsel im Modus der Ausdifferenzierung und Reproduktion der Gesellschaft zu verstehen, denen sich alle Institutionen und Phänomene der Gesellschaft gleichermaßen anpassen müssen. Man kann es auch anders formulieren: Wenn es dem Bürger gelungen ist, sich über den Wechsel von der steinzeitlichen über die antike bis zur modernen Gesellschaft zu erhalten, stehen die Chancen nicht schlecht, dass er auch den Sprung in die nächste Gesellschaft schafft.

Gender

Man verzeihe mir im Übrigen die Rede vom Bürger im Maskulinum. Ich gehe davon aus, dass die Figur des Bürgers ihre männlichen und ihre weiblichen Seiten hat, und ich nehme nicht an, dass Teilhabechancen an der Gesellschaft symmetrisch verteilt waren und sind. Ich glaube im Gegenteil, dass die Differenzierung des Geschlechts, die sich bei Hegel äußerst biedermeierlich liest, eine wichtige Rolle im Umgang mit der Dialektik der Figur spielt. Man kann die Ansprüche auf Selbständigkeit und Bezug, auf Freiheit und Abhängigkeit je unterschiedlich akzentuieren, wenn es gelingt, das Selbst- und Fremdbild des männlichen Bürgers vom Selbst- und Fremdbild der weiblichen Bürgerin zu unterscheiden. Dabei können sich Strukturen der Ungleichheit einspielen, die umso hartnäckiger beibehalten und verteidigt werden, je geringer die Chance ist, den strukturellen Charakter dieser Figur und ihre Funktion innerhalb der Gestaltung der Gesellschaft zu durchschauen. Hier wie auch sonst ist die Struktur einer Unterscheidung, die nicht zur Disposition steht, ein Beleg für das Vorliegen einer kulturellen Gewalt (vgl. Galtung 1990).

Doch ist dies im Folgenden nicht mein Thema. Der Bürger ist weiblich wie männlich eine Figur der Gestaltung des Bezugs auf Individuum, Familie und Staat. Deswegen belasse ich es bei einem Fachterminus, „Bürger", der keine konkreten Personen bezeichnet, sondern eine Figur der Gestaltung sozialer Verhältnisse. Ich will jedoch nicht darauf verzichten zu unterstreichen, dass die weibliche Bürgerin mit ihrer Erfindung von Pflanzenkunde, Töpferei und Flechterei ebenso viel für die menschliche Zivilisation bewirkt hat wie der männliche Bürger mit seinen Netzen, Waffen und Pflügen (siehe Graeber und Wengrow 2021).

Probleme der Kommunikation

Jede Medienepoche überfordert die Struktur und Kultur der jeweils vorangegangenen Medienepoche. Jede Medienepoche geht auf ihre Weise mit dem Sinnüberschuss um, der durch neue Verbreitungsmedien für Handeln und Erleben der Gesellschaft bereitgestellt wird. Der Bürger, der nur spricht, kann seine Freiheit und Abhängigkeit im Verhältnis zu Familie und Staat anders gestalten als die Bürger, die auch schreiben, auch drucken und auch elektronische Medien benutzen. Aber auch der Bürger, der nur spricht, muss Probleme der Kommunikation bewältigen, die der Bürger, der keine Sprache hatte und sich ausschließlich im Medium der Wahrnehmung bewegte, nicht hatte.

Medienepochen werden daher des Näheren durch die Probleme der Kommunikation beschrieben, die sie im Verhältnis zur früheren Medienepoche hervorrufen. Kommunikation gilt soziologisch insgesamt als unwahrscheinlich (Luhmann 1981), sodass neue Kommunikationsmedien eben nicht ökonomisch als Formen der Senkung möglicher Transaktionskosten beschrieben werden, sondern als Formen der Erneuerung einer strukturell und kulturell unter anderen Umständen schon bewältigten Unwahrscheinlichkeit.

Affinität

Der Bürger 1.0 ist daher der Bürger, der aus dem Paradies einer Kommunikation im Reich evidenter Wahrnehmung vertrieben wird und es lernen muss, mit dem Referenzproblem der Sprache umzugehen. Sprache bezieht sich auf Abwesendes, dessen Status nicht überprüft werden kann. Mit Sprache kann man lügen. Und welche Worte und Sätze wie verstanden werden, lässt sich im Fluss der Kommunikation sprachlich kaum, sondern allenfalls durch die Beobachtung anschließenden Handelns überprüfen. Andererseits gewinnt man durch den Wechsel zwischen Reden und Schweigen eine Distanz (Picard 2009), die noch feiner moderiert werden kann als zuvor der Wechsel zwischen Annäherung und

Entfernung, Zuwendung und Abwendung. Man beginnt zu erzählen und muss Formen einer verdichteten Information bewältigen, an die zuvor nicht zu denken war (Schapp 1985).

Was bedeutet das für den Bürger 1.0? Wie gestaltet sich das Verhältnis zwischen Individuum, Familie und Staat im Fall der steinzeitlichen Gesellschaft? Diese Frage kann hier nur anekdotisch beantwortet werden. Für ein ausführliches Studium der ethnographischen und ethnologischen Quellen fehlt der Platz, ganz zu schweigen davon, dass Jäger- und Sammler- sowie Hirten- und Bauerngesellschaften, heroische Hügel- und arbeitsame Talgesellschaften nicht über einen Kamm zu scheren sind (vgl. Graeber und Wengrow 2021). Aber einiges spricht dafür, dass nach dem Verhältnis von Familie und Staat oder „Naturzustand" und Gesetz im Umkreis von Heirats- und Verwandtschaftsregeln gesucht werden muss und dass hier der Begriff der Affinität eine gewisse Bedeutung für die Ausgestaltung individueller Spielräume hat (Viveiros de Castro 2016). Die Affinen sind die nicht Verwandten, aber auch nicht Verfeindeten. Die Kategorie der Affinität belegt, dass die Grenzen des Stamms nicht scharf gezogen sind und man daher aus wirtschaftlichen und zeremoniellen Gründen nach Allianzen suchen kann, in denen das Individuum sich rituell neu bestimmt. Für Nordamerika ist belegt, dass Clanstrukturen es ermöglichen, den gesamten Kontinent zu erwandern und so eine Selbständigkeit zu praktizieren, die weit über die Grenzen der Familie und des Stamms hinausreicht.

Der Bürger 1.0 ist derjenige, der anhand der Kategorie der Affinität zwischen Verwandtschaft und Feindschaft einen Spielraum individueller Selbständigkeit findet. Der Bürger entsteht als „Raubtier", dem Gelegenheiten mehr gelten als Grenzen und der doch den Ritus auf seiner Seite weiß, um dem Gesetz zumindest im Nachhinein Genüge zu tun.[2] So bleibt auch die Selbständigkeit der Familie, die sich erweitert beziehungsweise reproduziert, ohne an allzu strikte Verwandtschaftsregeln gebunden zu sein, ebenso wie die Selbständigkeit des Staates, der sich im Gesetz des Ritus wiederfindet, gewahrt. Selbst wenn die Frequenz dieses Raubtierverhaltens im Verhältnis zur Frequenz anderer Verhaltensweisen des Stamms niedrig sein sollte, wäre damit doch die Vermutung plausibilisiert, dass sich schon in der steinzeitlichen Gesellschaft ein Verhalten findet, das man als „bürgerlich" im Sinne Hegels verstehen kann.

---

[2] Viveiros de Castro (2016, S. 147 f.) spricht von einem subjektivierenden Raubtierverhalten, einem Verhalten der wechselseitigen Einverleibung, im Extremfall des Kannibalismus, das mit der Gabe und dem Tausch andere soziale Beziehungen erschließt als die neutrale Beziehung der Arbeit.

Selbstbeherrschung

Mit der Einführung und Durchsetzung der Schrift in den Hochkulturen Meso-
potamiens, Ostasiens, Mittelamerikas, Afrikas und Europas treten neue
Kommunikationsprobleme auf. Symbole vertreten nicht mehr nur das Abwesende
und Täuschende, sondern auch das Vergangene und Zukünftige (vgl. Goody
et al. 1981). Musste die steinzeitliche Gesellschaft nur zwischen Ewigkeit
und Flüchtigkeit unterscheiden, so differenzieren sich in der antiken Gesellschaft die Zeithorizonte in Vergangenheit, Gegenwart und Zukunft. Die Sozialstruktur der Gesellschaft stellt um von strukturell ähnlichen Stämmen und Clans
auf strukturell ungleiche Schichten. Aristokratie und Klerus profitieren von
der Vergangenheit und planen für die Zukunft, während Jagd, Gewerbe, Handwerk, Landwirtschaft und Reproduktionsarbeit saisonal der Gegenwart verhaftet
bleiben.

Eine funktionale Entsprechung für die Figur des Bürgers findet sich in der
Antike nicht in der Stadtkultur, sondern in der Hauswirtschaft. Die Stadtkultur
markiert die Schärfe der Differenz sozialer Schichten einschließlich einer
Beschränkung „demokratischer" Tendenzen auf das Gespräch der männlichen
Aristokraten, während die Hauswirtschaft ein neues Gleichgewicht zwischen
Individualität, Naturzustand und Gesetz beziehungsweise Individuum, Familie
und Staat findet, das um den zentralen Topos der Selbstbeherrschung, der
sophrosyne, kreist (Xenophon 1956): Einen Oikos zu bewirtschaften, heißt für
den Hausherrn, seine Frau anzuweisen, Kinder und Gesinde anzuweisen, Verzicht
zu üben, um den Ertrag steigern zu können.

Das wird der bürgerliche Charakter schlechthin. Im Zentrum steht ein
Individuum, das seine Bedürfnisse kennt, in der Familie mit den Bedürfnissen
aller anderen konfrontiert ist und beginnt, die Gegenwart in eine Relation zur
Zukunft zu setzen. Der Aufschub wird zum Gesetz. Der zukünftige Ertrag
belohnt für den gegenwärtigen Verzicht. Das Individuum bestätigt seine Selbständigkeit, indem es auch mit der Zeit – und nicht nur mit den reziproken Ver-
pflichtungen unter Seinesgleichen – rechnen lernt und sich nur dort unterwirft,
wo es den eigenen Nutzen erhöht. Bürgerliche Individualität wird zu einer Frage
des Diskontierungsfaktors der Gegenwart im Verhältnis zur Zukunft, mit einem
Spielraum für die Verschwendung, wenn sie sich zum Beispiel als Gabe in einem
Sozialkalkül behauptet. Selbstbeherrschung hat eine Form, deren Außenseite den
Verzicht auf sie einschließt. Wichtig ist für den Bürger nur, dass er immer wieder
zu ihr zurückkehrt. Er bleibt ein Raubtier, doch nun im Umgang mit der eigenen
Bedürfnisstruktur. Seine Einverleibung gilt nun ihm selbst.

Der antike Bürger 2.0 profitiert nicht lesend und schreibend von der Schriftkultur, sondern indem er seine Lebensmaximen an deren Zeitverständnis
orientiert. Das wird von der Aristokratie als genussfeindlich und vom Volk
als geizig bezeichnet, aber der entscheidende Punkt ist der Gewinn von Entscheidungsfähigkeit im Umgang mit Gegenwart und Zukunft.

Urteilskraft

Mit der Einführung und Durchsetzung des Buchdrucks entsteht die moderne
Gesellschaft. Ab jetzt liest und schreibt zunehmend, wenn auch immer noch mit
Ausnahmen, fast die gesamte Bevölkerung. Zusätzlich zu den Referenzproblemen
der Sprache und zum Symbolüberschuss der Schrift bekommt die Gesellschaft
es jetzt mit einem Kritiküberschuss zu tun (McLuhan 1968; Giesecke 1991). Die
Bücher verbreiten Meinungen zu allem und jedem. Humanisten und Aufklärer
ermuntern zum Gebrauch der eigenen Vernunft. Man liest – und kritisiert, quer
durch die alten Schichten.

Die Gesellschaft wird dynamisch im Umgang mit ihrer eigenen Kontingenz.
Traditionelle Auffassungen von Politik und Wirtschaft, Recht und Religion,
Wissenschaft und Kunst werden nicht nur durch moderne Auffassungen überholt, sondern zunehmend differenziert sich, wie mit unterschiedlichen Themen
umgegangen wird. An die Stelle der sozialen Schichten, die nicht verschwinden,
aber zunehmend anachronistisch wirken, tritt eine funktionale Differenzierung
der Gesellschaft, die das Individuum nicht mehr an seiner Herkunft, sondern an
seiner Kompetenz im Umgang mit Macht und Geld, Liebe und Wahrheit, Glaube
und Kunst misst. Jedem Individuum wird Zugang zu allen Funktionsbereichen
der Gesellschaft in Aussicht gestellt. Das ist die eigentliche Revolution, die sich
in England, Frankreich und Russland je unterschiedlich vollzieht.

Der Bürger erhält erstmals seinen Namen. Der Bürger ist derjenige, der sich
mit seiner Burg, das heißt unter weiteren Bürgern, in einer Öffentlichkeit bewegt,
die bisher dem die Gesellschaft repräsentierenden Adel vorbehalten war, und sich
auf ein Urteil verlässt, das in privaten Räumen lesend und schreibend vorbereitet
wird (Koselleck 1973). Er ist derjenige, der sich in einer liberalisierten Gesellschaft seinen Interessen entsprechend verhält, aber nach wie vor sowohl an die
Familie als auch an den Staat, an den Naturzustand seines Lebens und an das
Gesetz, gebunden ist, die beide, ebenso wie er, als selbstständig gewertet werden.
Die funktionale Ausdifferenzierung aller Teilbereiche der Gesellschaft inklusive
des Individuums führt zu Entwicklungen, die den Abstimmungsbedarf untereinander auf Dauer stellen. Im Grunde genommen befindet sich die Gesellschaft

dauerhaft in der Krise, so sehr sie auch von einer vernünftigen Ordnung der Verhältnisse träumt, die entweder vom Fortschritt und der diesen Fortschritt ermöglichenden Technik erwartet wird oder auf eine noch in der Tradition gehaltene Vergangenheit projiziert wird.

Kritik und Krise sind die Formen, mit denen auf Kritik und Krise reagiert wird. Bürger ist, wer diese Formen als Garanten eines dynamischen Gleichgewichts durchschaut und sich ebenso raubtierhaft wie selbstbeherrscht in diesen Formen bewegt. Bürger ist außerdem, wer sich vom Staat den Schutz aller vor allen verspricht, aber einer jetzt sichtbar werdenden „bürgerlichen" Gesellschaft ein Eigenrecht zugesteht, das die Politik in ihre Schranken weist. An dieser Gesellschaft ist außer der Allgegenwart von Kritik und Krise nichts gewiss. Sie gleicht eher dem verlängerten Naturzustand der Familie als dem Gesetz des Staates. Der Bürger 3.0 findet sich darin zurecht, indem er auf seiner Selbständigkeit besteht und die Allgemeinheit aller anderen selbständigen Individuen als seine Voraussetzung reflektiert. Er rechnet. Er übt sich in einem politischen, wirtschaftlichen, rechtlichen, religiösen und kulturellen Gleichgewicht, das nichts ausschließt, solange es mit allem anderen vereinbar bleibt. Wer diese Bedingung verletzt, wird zum Außenseiter. Wer ihr nicht genügt, wird zu einer Unterschicht, die das eigentliche Skandalon der bürgerlichen Gesellschaft ist, weil dort jede Beweglichkeit verloren geht. Bürger ist, wer seine Urteilskraft nicht nur in der Schwebe halten kann, sondern sie in nahezu jedem Moment in ein Erleben und eine Handlung übersetzen kann, die die Verhältnisse ändert.

Erregung

Man muss sie durchzählen, um den Bürger 4.0 von allen früheren Versionen zu unterscheiden. Mit den elektronischen Medien entsteht eine nächste Gesellschaft (Drucker 2001), die mit neuen Problemen der Kommunikation die Struktur und Kultur der modernen Gesellschaft überfordert. Radio, Fernsehen, Computer und Internet ermöglichen nicht nur erstmals instantane Kommunikation über alle bisherigen räumlichen und zeitlichen Grenzen hinweg, sondern bewirken Kontrollstrukturen, die keinem bekannten Muster sei es der funktionalen Differenzierung, der sozialen Schichtung oder der Stämme und Clans mehr genügen. Zwar spielen diese alten Strukturformen der Gesellschaft nach wie vor eine Rolle, wenn sie nicht sogar als Wertsphären, Klassen und Gemeinschaften eine neue Prominenz erfahren, aber zur dominanten Strukturform wird, wenn nicht alles täuscht, das Netzwerk (Castells 2001).

Der Bürger 4.0 kann sich nicht mehr nur auf Affinität, Selbstbeherrschung und Urteilskraft verlassen. Der Naturzustand seiner Familie ist in allen Fragen der Geschlechts-, Alters-, Vermögens- und Kompetenzstruktur der Gegenstand einer nicht enden wollenden Interpretation und Diskussion. Das Gesetz des Staates verliert und verdichtet sich in nationalen und internationalen Konstellationen. Die Selbständigkeit des Individuums reicht nur noch bis zur Darstellung eines Profils im Netz (Moeller und D'Ambrosio 2022). Die Prämisse der individuellen Undurchschaubarkeit, die in der liberalen Gesellschaft der Moderne zur Betriebsbedingung der Gesellschaft geworden ist, wird aufgegeben, um dem Individuum Identitätsleistungen abzuverlangen, die einem Netzwerk dabei helfen, die seine zu finden. Dabei hilft die immer mögliche Reaktion der Entnetzung (Stäheli 2021), die auf der Außenseite jeden Netzwerks bestätigt, dass ein Netzwerk keine scharf gezogenen Grenzen hat, sondern jederzeit mit Verlust und Gewinn weiterer Kontakte rechnet.

Der Bürger 4.0 ist der erregte Bürger. Er erregt sich, um teilzunehmen, und er erregt sich, um abzuschalten. Erregung ist die Form, die eine Reaktion ermöglicht, ohne verstanden, geschweige denn durchdrungen zu haben, worauf man sich einlässt. An die Stelle von Selbstbeherrschung und Urteilskraft, das heißt von Reflexion und Sachkenntnis, tritt eine Bestandsaufnahme von Nachbarschaften, die die Frage zu beantworten erlaubt, mit wem man etwas zu tun haben möchte und mit wem nicht, begleitet von einer scharfen Einschätzung der unscharfen Chancen, die sich dadurch ergeben. Das Netzwerk ist mit allen seinen Eigenschaften ein Ungewissheitskalkül (White 1992, S. 17 f.), das dabei hilft, nicht nur die eigene Position zu finden und zu halten, sondern sie auch mit möglichst geringem Aufwand zu variieren.

Dem Bürger 3.0 erscheint diese Heuristik der Erregung im Verhältnis zur Selbstbeherrschung und zur Urteilskraft früherer Zeiten wie eine Bankrotterklärung. Der moderne Bürger optiert im Zweifel für die Vernunft. Dem Bürger 4.0 bleibt jedoch kaum eine andere Wahl. Hinter seiner Maske einer blasierten Coolness, die er der Überflutung durch die Erregungen der Großstadt entgegensetzt (Simmel 1995), konzentriert er sich auf den Umgang mit einer Komplexität, die nicht mehr durch die Vernunft kontrolliert wird oder als Unvernunft ein pathologisches Interesse findet, sondern zum Normalfall einer Konstellation aufsteigt, die Körper, Geist und Gesellschaft in ihrem unvereinbaren Eigensinn aufeinander bezieht. Die Erregung ist eine Heuristik. Sie ist ein Register, mit dessen Hilfe der Körper den Geist, der Geist die Gesellschaft und die Gesellschaft den Körper wahrnimmt, ohne eine Adresse für die Antwort auf die Frage zu benötigen, woher die Erregung kommt. Die Erregung ist aussagekräftig, eben weil sie auf eine Komplexität, eine Vielfalt verweist, die auf keine Eindeutigkeit zu reduzieren ist, sondern Gefühl ebenso wie Gedanke und Gedanke ebenso wie Kommunikation ist.

Es ist schwer zu sagen, ob mithilfe dieser Erregung die Andockstellen oder die Ausstiegsgründe vervielfältigt werden. Man ist leichter ansprechbar und gerät leichter aus dem Tritt, lernt aber in jedem Fall etwas über sich, was aus den Augenwinkeln besser zu beobachten ist als durch direkte Überprüfung.

Kante, nicht Knoten

Die Politik der nächsten Gesellschaft ist inklusiv und exklusiv. Sie versammelt ihre Klientel in Safe Spaces, aus denen heraus zum Angriff geblasen wird. Erregte Bürger suchen nach ihren Positionen. Ihnen kommt eine Politik entgegen, die sich nicht mehr repräsentativ, sondern dialogisch und deliberativ versteht und dafür nach Adressen in Industrie und Zivilgesellschaft, Kirche und Wissenschaft, Recht und Erziehung sucht (Bevir 2010, 2013; August 2021; Baecker 2022). Netzwerke wollen nicht regiert werden, sondern benötigen Governance: eine Form der Selbststeuerung, die als Kontrolle, Kommunikation und Kalkül ausgelegt werden kann, um unter Betroffenen, Beobachtern und Beratern immer diejenigen Adressen ansprechen zu können, auf die andere Netzwerkpartner Wert legen (Mayntz 2005). Politik wäre bloße Moderation, ginge es nicht zugleich um die Ausübung einer Macht, die darüber entscheidet, wer gehört wird und wer nicht.

Die Kommunikation in sozialen Medien hilft dabei, Erregungspotentiale einzuschätzen, genügt aber nicht als Steuerungsmedium. Vielmehr zählt jede Art von Kommunikation, die in der Lage ist, Rat mit Drohung zu verknüpfen. Immer noch bewährt sich die liberale Politik als Kunst, Freiheitsgrade so einzurichten und aufrechtzuerhalten (Möllers 2020), dass Rat und Drohung wissen, dass sie es nicht nur mit einem politischen Gegenüber, sondern mit weiteren und mehr oder minder kalkulierbaren Adressen im Netzwerk zu tun haben. Erregung inklusive ihres Gegenteils, Gelassenheit, ist auch hier ein zentraler Zug im Spiel. Sie erlaubt zu testen, wer sich worauf einlässt, wie verhandelbar eine Position ist und mit welchen Leerstellen für Überraschungen gerechnet werden kann.

Politik wird postdigital. Weit davon entfernt, sich auf die rechnenden Maschinen zu verlassen, geht es um Aufbau und Unterhaltung kommunikativer Netzwerke, an denen sich Rechner mit Information, Gedächtnis und Verknüpfung zwar beteiligen, die Entscheidung über Richtung, Rücksicht und Verantwortung jedoch jederzeit bei Menschen liegt, genauer: bei der Art und Weise, wie Menschen untereinander vernetzt sind. Menschen, so kann man konzipieren,

sind nicht die Knoten geschweige denn die Löcher beziehungsweise „Maschen",
sondern die Kanten eines Netzwerks (Wikipedia o. J.; Krämer 2016). Ihre Aktivität, ihr Handeln und Erleben entscheidet darüber, welche Ressourcen eines Netzwerks zwischen welchen Knoten ins Spiel kommen.

Kann man diese Menschen „Bürger" nennen? Trifft auf sie die Einheit der
Differenz von Selbständigkeit/Individualität, Naturzustand/Familie und Gesetz/
Staat noch zu? Ist der Bürger 4.0 mit seinen Erregungszuständen in der Lage,
Kante zu spielen, oder markiert er nicht vielmehr einen Aspekt jener Milieus,
mit denen Politik zurande kommen muss, ohne sie anders als populistisch
repräsentieren zu können? Diese Fragen sind kaum zu beantworten, weil sich mit
den elektronischen Medien die Register und Protokolle der Gesellschaft derart
verschieben, dass es kaum noch möglich ist, antike ebenso wie moderne Begriffe
beizubehalten (Latour 1998; Galloway 2004; Galloway und Thacker 2007).

Aber vielleicht ist genau das der Einsatz einer Politik der nächsten Gesellschaft, die einem Anspruch auf partizipative Governance gerecht wird: den
Bürger 4.0 zur Kante zu machen, das heißt zu befähigen, Verbindungen in Netz-
werken zwischen Themen, Organisationen, Entscheidungen und Bewertungen
herzustellen und zu beurteilen. Die Erregung wäre dann nur eine erste Stufe im
Umgang mit Komplexität. Ihr folgt in Bürgerräten und ähnlichen Formaten eine
zweite Stufe, auf der es darum geht, die Einheit der Differenz von Selbständig-
keit/Individualität, Naturzustand/Familie und Gesetz/Staat neu zu konkretisieren.
Der Bürger 4.0 wäre derjenige, der um seine ökologischen Lebensbedingungen
als Mensch mit Familie weiß, seine Selbständigkeit weniger als Prinzip der
Interessenverfolgung, sondern als Prinzip der Verknüpfung und Bewertung von
Information versteht und sich auf Gesetze beruft, die vor allem Verfahrensgesetze
sind: Gesetze der Konsultation (Nanz und Leggewie 2018). Der Bürger 4.0 wäre
derjenige, der planetarisch denkt und eine Verantwortung übernimmt, die seiner
Rolle im Anthropozän gerecht wird (vgl. Latour 2018; Hanusch et al. 2021).

Die Familie bewährt sich im Wechsel der Generationen. Das Gesetz des
Staates entscheidet zwischen Inklusion und Exklusion. Bürger ist und bleibt,
wer im Wechsel der Generationen jene Selbständigkeit bewahrt, die die Option
der Inklusion und Exklusion nicht aus der Hand gibt. Der Bürger behauptet seine
Rechte als Menschenrechte. Gegen Menschenrechte als Bürgerrechte verstößt,
wer andere nicht heraus- und nicht hineinlässt. Die elektronischen Medien stellen
umfassende Möglichkeiten der Überwachung bereit. Erregt versucht der Bürger,
die Kontrolle zu behalten. Es ist unklar, ob ihm das gelingt. Seit er spricht, hat er
die Dinge nicht mehr in der Hand.

Literatur

August, V. (2021). *Technologisches Regieren: Der Aufstieg des Netzwerk-Denkens in der Krise der Moderne: Foucault, Luhmann und die Kybernetik*. Bielefeld: transcript
Baecker, D. (2007). *Studien zur nächsten Gesellschaft*. Frankfurt a. M.: Suhrkamp
Baecker, D. (2018). *4.0 oder Die Lücke die der Rechner lässt*. Leipzig: Merve
Baecker, D. (2022). *Diesseits der Ausübung von Macht: Politik als Heuristik und Diskurs*. In K.-R. Korte, G. Scobel, & T. Yildiz (Hrsg.), *Heuristiken des politischen Entscheidens* (S. 148–178). Berlin: Suhrkamp
Bevir, M. (2010). *Democratic Governance*. Princeton, NJ: Princeton University Press
Bevir, M. (2013). *A Theory of Governance*. Berkeley, CA: University of California Press
Castells, M. (2001). *Der Aufstieg der Netzwerkgesellschaft*. Opladen: Leske + Budrich
Drucker, P. F. (2001, 3. November). The Next Society: A Survey of the Future. *The Economist*
Galloway, A. R. (2004). *Protocol: How Control Exists After Decentralization*. Cambridge, MA: MIT Press
Galloway, A. R., & Thacker, E. (2007). *The Exploit: A Theory of Networks*. Minneapolis, MN: University of Minnesota Press
Galtung, J. (1990). Cultural Violence. *Journal of Peace Research*, 27(3), S. 291–305
Giesecke, M. (1991). *Der Buchdruck in der frühen Neuzeit: Eine historische Fallstudie über die Durchsetzung neuer Informations- und Kommunikationstechnologien*. Frankfurt a. M.: Suhrkamp
Goody, J., Watt, I., & Gough, K. (1981). *Entstehung und Folgen der Schriftkultur*. Frankfurt a. M.: Suhrkamp
Graeber, D., und Wengrow, D. (2021). *The Dawn of Everything: A New History of Humanity*. o.O.: Penguin.
Hanusch, F., Leggewie, C., & Meyer, M. (2021). *Planetar denken: Ein Einstieg*. Bielefeld: transcript, 2021
Hegel, G. W. F. (1970). *Grundlinien der Philosophie des Rechts oder Naturrecht und Staatswissenschaft im Grundrisse*. Werke 7. Frankfurt a. M.: Suhrkamp
Hegel, G. W. F. (1983). *Philosophie des Rechts: Die Vorlesung von 1819/20 in einer Nachschrift* (hrsg. von D. Henrich). Frankfurt a. M.: Suhrkamp
Koselleck, R.(1973). *Kritik und Krise: Eine Studie zur Pathogenese der bürgerlichen Welt* (Neuausgabe). Frankfurt a. M.: Suhrkamp
Krämer, S. (2016). Leibniz ein Vordenker der Idee des Netzes und des Netzwerkes? In: M. Grötschel u. a. (Hrsg.), *Vision als Aufgabe: das Leibniz-Universum im 21. Jahrhundert* (S. 47–59). Berlin: Berlin-Brandenburgische Akademie der Wissenschaften
Latour, B. (1998). *Wir sind nie modern gewesen: Versuch einer symmetrischen Anthropologie*. Frankfurt a. M.: Fischer
Latour, B. (2018) *Das terrestrische Manifest*. Berlin: Suhrkamp, 2018
Luhmann, N. (1981). Die Unwahrscheinlichkeit der Kommunikation. In Ders., *Soziologische Aufklärung 3: Soziales System, Gesellschaft, Organisation* (S. 25–49). Opladen: Westdeutscher Verlag
Luhmann, N. (1997). *Die Gesellschaft der Gesellschaft*, Frankfurt am Main: Suhrkamp
Malinowski, B. (2005). *Eine wissenschaftliche Theorie der Kultur und andere Aufsätze*. Frankfurt a. M.: Suhrkamp
Mayntz, R. (2005). Governance Theory als fortentwickelte Steuerungstheorie. In G. F. Schuppert (Hrsg.), *Governance-Forschung: Vergewisserung über Stand und Entwicklungslinien* (S. 11–20). Baden-Baden: Nomos

McLuhan, M. (1968). *Die magischen Kanäle*. Düsseldorf: Econ

McLuhan, M. (1986). *Die Gutenberg-Galaxis: Das Ende des Buchzeitalters*. Düsseldorf: Econ

Moeller, H.-G., & D'Ambrosio, P. (2022). *Profile Yourself! Identity After Authenticity*. New York: Columbia University Press

Möllers, C. (2020). *Freiheitsgrade: Elemente einer liberalen politischen Mechanik*. Berlin: Suhrkamp

Nanz, P., & Leggewie, C. (2018). *Die Konsultative: Mehr Demokratie durch Bürgerbeteiligung* (erw. Neuauflage). Berlin: Wagenbach

Picard, M. (2009). *Die Welt des Schweigens* (Neuauflage). Schaffhausen: Loco

Schapp, W. (1985). *In Geschichten verstrickt: Zum Sein von Mensch und Ding* (3. Auflage). Frankfurt a. M.: Klostermann

Simmel, G. (1995). Die Großstädte und das Geistesleben. In Ders., *Gesamtausgabe, Bd 7: Aufsätze und Abhandlungen 1901–1908, Bd I* (S. 116–131). Frankfurt a. M.: Suhrkamp

Smith, A. (1978). *Der Wohlstand der Nationen: Eine Untersuchung seiner Natur und seiner Ursachen*. München: dtv

Stäheli, U. (2021). *Soziologie der Entnetzung*. Berlin: Suhrkamp

Viveiros de Castro, E. (2016). Das Problem der Affinität in Amazonien. In Ders., *Die Unbeständigkeit der wilden Seele* (2. Auflage, S. 76–160). Wien: Turia + Kant

White, H. C. (1992). *Identity and Control: A Structural Theory of Action*. Princeton, NJ: Princeton University Press

Wikipedia (o. J.). Netzwerk. https://de.wikipedia.org/wiki/Netzwerk (abgerufen am 11. Juli 2022).

Xenophon (1956). Oikonomikos: Die Hauswirtschaftslehre. In Ders., *Sokratische Schriften*, (hrsg. von Ernst Bux, S. 235–302). Stuttgart: Kröner

Dirk Baecker ist Soziologe und Seniorprofessor für Organisations- und Gesellschaftstheorie an der Zeppelin Universität in Friedrichshafen. Er ist Mitherausgeber der Zeitschrift *Soziale Systeme* und im Beirat der Zeitschrift *Cybernetics and Human Knowing*.

Freiheit oder Gleichheit? Gleiche Freiheit!

Lisa Herzog

Freiheit und Gleichheit, diese beiden Werte werden oft als die großen Gegenpole in westlichen politischen Systemen dargestellt. „Rechts" will man mehr Freiheit, oft verstanden als Abwesenheit staatlicher Eingriffe, „links" geht es um Gleichheit, die mit staatlichen Maßnahmen durchgesetzt werden muss. Doch dieses Bild wird der komplexen politischen Wirklichkeit heutiger Gesellschaften kaum noch gerecht (siehe auch Nassehi 2017). Und es übersieht, dass es die Demokratie selbst ist, die bestimmte Formen *gleicher Freiheit* zwingend erfordert.

Auf die Frage, auf welchen Freiheiten die Demokratie gründet, welche sie gefährdet, und welche sie fördert, gibt es viele mögliche Antworten – doch am fundamentalsten scheint mir der Zusammenhang zwischen Demokratie und einer bestimmten Form von Freiheit: der, als Gleiche:r unter Gleichen zu leben. Diese Freiheit ist selbst voraussetzungsreich, sie verlangt, dass bestimmte Abwehrrechte und damit „negative Freiheiten" gegeben sind, und sie erfordert, dass die gesellschaftlichen Strukturen allen Mitgliedern der Gesellschaft das nötige Mindestmaß an materiellen Ressourcen sichern, was manchmal als „positive Freiheit" verstanden wird (Herzog 2013). Die Freiheit, sich als Gleiche:r unter Gleichen zu erleben, ist nicht an Homogenität gebunden, im Gegenteil: sie ermöglicht und stützt die Vielfalt an Hintergründen und Lebensformen, die unser gesellschaftliches Leben bereichert. Aber sie zieht klare Grenzen für die Arten und Ausmaße von Ungleichheit, die eine Demokratie zulassen kann. Denn

L. Herzog (✉)
Groningen, Niederlande
E-Mail: l.m.herzog@rug.nl

J. Legrand et al. (Hrsg.), *Transformation und Emanzipation*,
https://doi.org/10.1007/978-3-658-39911-5_7

jenseits dieser Grenzen wird diese Form von Freiheit verunmöglicht und Demokratie untergraben.[1]

Es ist ein interessantes Gedankenexperiment, sich auszumalen, wie die
Begegnung zwischen den reichsten und den ärmsten Einwohner:innen eines
Landes in verschiedenen Demokratien aussehen würde – „Gedankenexperiment,"
weil derartige Begegnungen leider kaum stattfinden. Aber wenn es sie gäbe, wie
würden die Beteiligten es empfinden? Würden diese Menschen sich auf Augen-
höhe begegnen? Könnten sie sich ehrlich die Meinung sagen? Oder wäre die
Begegnung von Angst und Unterwürfigkeit auf der einen Seite und Überheblichkeit und Arroganz auf der anderen geprägt? Wie sähe es aus, wenn ein Rechts-
konflikt oder ein Kampf um die öffentliche Meinung zwischen diesen beiden
Parteien ausbräche? Wären Liebesbeziehungen zwischen Angehörigen dieser
Gruppen möglich, wie sähe es mit beruflichen Partnerschaften aus? Und was
sagen die Ergebnisse dieses Gedankenexperiments darüber aus, wie tief demokratische Werte und Prinzipien wirklich in unseren Gesellschaften verankert sind?

Die Tradition der republikanischen Freiheit

Wer die Freiheit, als Gleiche:r unter Gleichen zu leben, verteidigt, sieht sich
sofort dem Vorwurf ausgesetzt, damit im Namen der Freiheit einen anderen Wert
einschmuggeln zu wollen. Doch dieser Vorwurf verkennt, dass diese Freiheit im
Zentrum einer der ältesten Traditionen des westlichen politischen Denkens steht:
der republikanischen Tradition. Denn die Freiheit, als Gleiche:r unter Gleichen
zu leben, ist die andere Seite der Medaille, nicht unter der willkürlichen Herrschaft eines Dritten zu stehen, zum Beispiel eines Tyrannen (siehe z. B. Pettit
1997; Skinner 1998). Von der Willkür eines/einer anderen abhängig zu sein,
ist auch dann eine Form der Freiheitseinschränkung, wenn diese Person einem
viel Spielraum lässt. Dieses Argument wird oft mit dem Beispiel des nach-
lässigen Sklavenhalters illustriert, der seinen Sklav:innen viele Freiheiten im
Sinne der Abwesenheit von Hindernissen zugesteht – und der diese Zugeständ-
nisse dennoch jederzeit rückgängig machen könnte. Sklav:innen sind aufgrund
ihres *Status* unfrei. Der Gegensatz dazu ist der Status der freien Bürgerin oder
des freien Bürgers, die nur den gemeinsam erlassenen Gesetzen der Gemeinschaft

---

[1] Darüber hinaus stellen sich drängende Fragen nach dem Zusammenhang zwischen der
derzeitigen Form eines ungezügelten Kapitalismus und den planetaren Grenzen, auf die ich
hier jedoch aus Platzgründen nicht näher eingehen kann.

unterworfen sind, die sie selbst mitgestalten, und gleichzeitig durch basale Bürgerrechte vor einer möglichen „Tyrannei der Mehrheit" geschützt sind.

Natürlich ist die Umsetzung dieser Freiheit in großen, komplexen Gesellschaften institutionell aufwendig. Es führt nicht weiter, eine Art Rousseau'schen Gemeinwillen zu postulieren und damit die komplexen Prozesse gesellschaftlicher Meinungsbildung auszublenden – und auch die vielen Probleme von Ungleichheit und Ausschluss, die dabei entstehen können. Vielmehr muss es darum gehen, die Institutionen von Rechtsstaat und Demokratie so auszugestalten, dass das Prinzip der Gleichheit aller Bürger:innen in ihnen bestmöglich zum Ausdruck kommt. Das verlangt unterschiedliche Formen von Repräsentation und Mitsprachemöglichkeiten, aber auch „checks and balances", die zuverlässig verhindern, dass in die Rechte einzelner unverhältnismäßig eingegriffen wird. Gleichzeitig muss die Funktionalität von politischen Institutionen gewahrt bleiben, indem zum Beispiel klare Regeln für das Zustandekommen von Entscheidungen bestimmt werden.

Dieses Verständnis von Demokratie gesteht zu, dass die Abwägung unterschiedlicher Freiheiten ein komplexer Prozess ist. Das ist angesichts der zahlreichen sozialen Beziehungen, in denen Menschen untereinander stehen, aber auch nicht anders zu erwarten. Gerade ein „negatives" Verständnis von Freiheit, das vor allem die Abwehr staatlicher Eingriffe betont, baut oft implizit auf einer atomistischen Vorstellung des Menschen auf, die vernachlässigt, dass die Verwirklichung von Freiheit gerade in sozialen Beziehungen stattfindet – wenn diese entsprechend ausgestaltet sind. Gleichzeitig gesteht es gegenüber normativ noch anspruchsvolleren Vorstellungen von „sozialer" Freiheit (z. B. Honneth 2011) zu, dass nicht *alle* menschlichen Beziehungen im Sinne einer positiven Komplementarität ausgestaltet werden können, in der die Freiheit der einen die Freiheit des anderen konstitutiv voraussetzt.

Situationen des Konflikts sind angesichts natürlicher Knappheiten unvermeidlich; für sie müssen friedliche Lösungsmechanismen gefunden werden. Intensive, nach dem Modell der Liebesbeziehung oder Familie verstandene Beziehungen können nur in kleineren Gruppen, nicht auf der Ebene ganzer Gesellschaften, stattfinden. Allerdings können auch die Mitglieder ganzer Gesellschaften sich dafür einsetzen, dass die gleichen Rechte und der gleiche Status anderer Gesellschaftsmitglieder gegen Bedrohungen geschützt werden. Sie müssen sich als potentielle Partner:innen in gemeinsamen Projekten, zum Beispiel zur Organisation politischer Veranstaltungen, sehen können – oder auch als gleichberechtigte Gegner:innen, die aber die Grundprinzipien der Demokratie dennoch gemeinsam tragen. Diese Art von egalitärer Solidarität ist für Demokratien unverzichtbar.

Die republikanische Tradition hat eine natürliche Affinität zu einem Verständnis von Demokratie als nicht nur repräsentativ, sondern auch partizipativ (z. B. Pateman 1970). Ohne die Bedeutung repräsentativer Strukturen leugnen zu wollen, betont diese Richtung demokratischen Denkens die Einbindung aller Bürger:innen in demokratische Prozesse, nicht nur im politischen Geschehen auf großer (sprich nationaler) Bühne, sondern auch auf allen Ebenen föderaler Strukturen und auch in Bereichen des Lebens, die oft nicht als „politisch" im engeren Sinne gefasst werden, zum Beispiel der Zivilgesellschaft und der Wirtschaft. Denn nur, wenn Demokratie im Alltag der Einzelnen, in ihren Begegnungen untereinander und in der Gestaltung ihrer gemeinsamen Praktiken und Regeln verwurzelt ist, kann eine wirklich demokratische Haltung entstehen, die das Versprechen einlöst, nicht der Willkür anderer unterworfen zu sein.

Eine weitere Affinität besteht zu „epistemischen" Theorien der Demokratie (z. B. Landemore 2013). Diese betonen, dass durch demokratische Prozesse – des Wählens, vor allem aber der vorangehenden gemeinsamen Deliberation – das „Wissen der Vielen" in den politischen Prozess eingebracht werden kann. Die Vielfalt an Perspektiven erlaubt es, politische Probleme unterschiedlich zu beleuchten, oder sie überhaupt erst als Probleme zu artikulieren und ihnen eine diskursive Form zu geben, in der sie bearbeitbar werden. Wenn nur bestimmte Gruppen oder soziale Klassen an der politischen Diskussion teilnehmen, fallen die Interessen der anderen allzu leicht unter den Tisch. Dasselbe droht, wenn ungleiche Machtverteilung den Diskurs verzerrt: dann bekommen manche Positionen übermäßiges Gewicht, während andere aus Angst oder Frustration heraus überhaupt nicht geäußert werden. Können dagegen Bürger:innen aus ganz unterschiedlichen Hintergründen und mit unterschiedlichen Erfahrungshorizonten ihre Argumente in die Debatte einbringen, erhöht das die Chance, dass blinde Flecken vermieden, gute Ideen aufgegriffen, und die bestmöglichen Kompromisse gefunden werden. Das wiederum erhöht die Legitimität demokratischer Entscheidungen, die auch für diejenigen akzeptabler werden, die in einem konkreten Fall eine Niederlage erleiden.

Die wirtschaftlichen Voraussetzungen gleicher republikanischer Freiheit

Allerdings drohen all diese schönen Ideale – für die man durchaus auf gewisse Realisierungsansätze in der politischen Wirklichkeit verweisen kann – zu scheitern, wenn die wirtschaftlichen und sozialen Bedingungen einer Gesellschaft gleichberechtigte Verhältnisse unter ihren Bürger:innen unterminieren. Je nach historischer und geographischer Lage kommen die Bedrohungen dabei aus unterschiedlichen Richtungen. Mal sind es religiöse Vorurteile gegenüber Minderheiten, mal sind es jahrhundertealte Konflikte zwischen verschiedenen Ethnien, mal die von populistische Politiker:innen angeheizten Spannungen eines kulturpolitischen „wir" gegen „die," und an den unterschiedlichsten Stellen, selbst in den scheinbar aufgeklärtesten Kreisen, halten sich hartnäckig sexistische und rassistische Strukturen und Vorurteile.

Ich möchte vor allem auf die Bedrohungen gleicher republikanischer Freiheit genauer eingehen, die sich durch eine immer stärker wachsende *soziale* Ungleichheit ergeben. Ein ungezügelter Kapitalismus – wirtschaftliche Freiheit vor allem für diejenigen, die sie rücksichtslos gebrauchen – gefährdet die Demokratie, weil er ihre sozialen Grundlagen unterminiert. Die ökonomischen und soziologischen Fakten variieren zwischen unterschiedlichen demokratischen Ländern, doch die Tendenzen der letzten Jahrzehnte gleichen sich (Piketty 2014). Während die Löhne und Gehälter der mittleren Einkommensklassen in den letzten 30 Jahren kaum gewachsen sind, konzentrieren sich hohe Einkommen und Vermögen bei einer kleinen Klasse von „Superreichen." Am unteren Ende der Einkommensskala herrschen prekäre Arbeitsverhältnisse vor, wobei Alleinerziehende (typischerweise Frauen) aufgrund mangelnder Kinderbetreuungsmöglichkeiten oft besonders schwer der Teilzeit- und Niedriglohnfalle entkommen können. Im Bereich der Normalverdienenden tut sich die Kluft auf zwischen denjenigen, die Vermögen, zum Beispiel in Form von Immobilien, erben, und denen, die dies nicht tun. In Europa wird durch steuerliche Umverteilung und wohlfahrtsstaatliche Unterstützung die Ungleichheit etwas reduziert, zumindest ihr Anstieg konnte zeitweise abgebremst werden. Trotzdem hat sich die Angst vor dem wirtschaftlichen Abstieg offenbar bis weit in die Mittelschicht hineingefressen.

Die sich daraus ergebenden Formen von Ungleichheit kann man in vielen Fällen als ungerecht kritisieren; nicht zuletzt macht wachsende materielle Ungleichheit es tendenziell auch schwieriger, die Chancengleichheit in zukünftigen Generationen zu erhalten (z. B. Walton und Camia 2013). Doch ich möchte hier vor allem betonen, dass es auch aus *demokratietheoretischer* Sicht problematisch ist, wenn die materiellen Verhältnisse sich immer weiter auseinanderentwickeln und sich die unterschiedlichen Milieus so verfestigen, dass zwischen ihnen die Kontakte immer geringer werden – außer in Rollen, in denen es eine klare Über- und Unterordnung gibt, etwa in Form von Putzpersonal, das über eine App ins Haus bestellt wird. Das verringert nicht nur die Wahrscheinlichkeit, dass Individuen sich als Gleiche unter Gleichen empfinden. Es birgt auch das Risiko, dass das allgemeine Vertrauen in die Mitbürger:innen sinkt. Wie zahlreiche Studien bestätigen, sind ökonomisch ungleiche Gesellschaften mit höherer Wahrscheinlichkeit auch sogenannte „low trust"-Gesellschaften, in denen die

Menschen angeben, dass man anderen, außerhalb von Familie und Freundeskreis, grundsätzlich nicht vertrauen könnte (Rothstein und Uslaner 2005). Nun müssen und können, wie oben schon erwähnt, die Bürger:innen einer Demokratie keine familiären Verhältnisse untereinander entwickeln. Ein gewisses Vertrauen stärkt jedoch die Chance, dass Menschen miteinander ins Gespräch kommen oder sich gemeinsam für politische Anliegen engagieren – und dies sind Dinge, die Demokratien dringend brauchen.

Eine weitere Gefahr ist, dass materielle Ungleichheiten in Ungleichheiten anderer Art übersetzt werden, die zentrale Werte des demokratischen Zusammenlebens unterminieren. Polemisch gesagt: wäre alles, was die Reichen mit ihrem Geld tun, davon Schweizer Uhren zu kaufen, wäre das demokratietheoretisch harmlos. Doch sie können davon auch teure Anwält:innen, den Zugang zu politischen Kreisen, Privatschulen für ihre Kinder oder mediale Aufmerksamkeit bezahlen. Und selbst, wenn sie dies nicht beabsichtigen sollten, gefährden sie damit den gleichen Status und die Handlungsmöglichkeiten weniger betuchter Gesellschaftsmitglieder. Denn viele der Güter, um die es hier gibt, haben *positionale* Züge, das heißt ihr Wert hängt ganz oder teilweise davon ab, wo auf der Skala bestimmter Güter man steht (z. B. Frank 2011). Wie viel die Anwältin „wert" ist, die man sich mit einem normalen Einkommen leisten kann, hängt teilweise davon ab, wie gut die Anwälte sind, die sich der juristische Gegner leisten kann. Nur zehn Prozent der Kinder können auf die zehn Prozent „besten" Schulen (wie auch immer man das genau verstehen möchte) gehen, und wenn das Geld mancher Eltern hier Vorsprünge verschafft, haben andere das Nachsehen – zum Beispiel weil dann teure Freizeitaktivitäten oder Auslandsaufenthalte zur Voraussetzung für den Einstieg in bestimmte Berufe werden.

Kritik an sozialer Ungleichheit lässt sich von daher nicht nur aus der Perspektive abstrakter Gerechtigkeitsideale formulieren. Jede:r, der und die es mit der Demokratie ernst meint, muss sich die Frage stellen, wie viel Ungleichheit mit der Freiheit aller, sich als Gleiche:r unter Gleichen zu erleben, kompatibel ist. Politikwissenschaftler:innen bescheinigen vor allem den USA, in dieser Hinsicht längst eine Oligarchie zu sein, in der nicht nur politischer Einfluss käuflich ist (z. B. Gilens 2005), sondern auch in zahlreichen anderen Feldern der Einfluss des Geldes schon viel zu groß geworden ist, zum Beispiel durch die soziale Praxis der außergerichtlichen Vergleiche auch im Rechtswesen. Europäische Demokratien müssen sich viel klarer, als sie das bisher getan haben, gegen ein derartiges Abgleiten in „postdemokratische" (Crouch 2004) Zustände stemmen.

Ein dritter Punkt in diesem Zusammenhang betrifft die konkreten Formen des Zusammenlebens in der Arbeitswelt, die in demokratischen Gesellschaften vorherrschen. Gerade in Gesellschaften, in denen sich die sozialen Milieus immer

stärker voneinander entfernen, ist es oft die Arbeitswelt, die Menschen miteinander in Berührung bringt (und wie viel verlorengeht, wenn dies nur noch vom
„Homeoffice" aus über den Bildschirm passiert, haben viele von uns während der
Corona-Lockdowns am eigenen Leib erlebt, auch wenn es ein Privileg ist, sich
vor gesundheitlichen Risiken schützen zu können). Aber wie begegnen sie sich
dort – als grundsätzlich Gleiche, die trotz unterschiedlicher Rollen alle bestimmte
Rechte genießen und Mitspracherechte bei der Ausgestaltung der Arbeitswelt
haben? Oder in Verhältnissen, die, wenn nicht denen von Sklavenhalter:innen und
Sklav:innen, dann doch denen feudaler Abhängigkeitsverhältnisse gleichen?

Wie man sich selbst und andere in der Arbeitswelt erlebt, hat bei vielen
Menschen einen prägenden Einfluss auf ihre grundlegende Selbstsicht und
ihr Bild von der Gesellschaft. Wenn man acht (oder mehr!) Stunden am Tag
Untergebene:r ist und sich als passiv und abhängig erleben muss, wie kann man
dann den Bürger:innensinn entwickeln, der zur gleichberechtigten Teilnahme an
gesellschaftlichen Prozessen befähigt? Umgekehrt hat die partizipative Demo-
kratietheorie schon lange postuliert, dass es einen „spillover"-Effekt zwischen
demokratischen Praktiken in der Arbeitswelt und der demokratischen Beteiligung
von Bürger:innen in Zivilgesellschaft und Politik gibt (z. B. Pateman 1970).
Die grundlegende Idee ist einfach: wer im eigenen Alltag erlebt und erlernt,
gemeinsam mit anderen Projekte anzugehen, Prozesse zu gestalten und Entscheidungen zu treffen, kann diese Fähigkeiten auch in anderen Bereichen einsetzen. Auch das Verständnis dafür, dass Politik ein komplizierter Prozess ist, in
dem um die besten und gerechtesten Lösungen hart gerungen werden muss, kann
dadurch verbessert werden.

Verschiedene Studien haben versucht, diese These empirisch zu unter-
mauern, was jedoch methodische Schwierigkeiten aufwirft (für einen Überblick siehe Carter 2006). Zumindest, was demokratische *Haltungen* angeht,
sind einige neuere Daten aus Deutschland besonders interessant. In der 2020er
Leipziger Autoritarismusstudie haben die Autor:innen das Konstrukt der
„industrial citizenship" verwendet, um den Zusammenhang zwischen dem
Erleben der Arbeitswelt und demokratischen Positionen zu erforschen (Decker
und Brähler 2020). Dieses Konstrukt setzt sich aus den Antworten auf vier Aus-
sagen zusammen, die im Fragebogen erfasst werden: „Ich fühle mich bei Entscheidungen im Arbeitsalltag übergangen", „In meinem Betrieb kann ich offen
über Betriebsräte und Gewerkschaften sprechen, ohne Nachteile befürchten zu
müssen", „Probleme oder Konflikte im Betrieb löse ich am besten gemeinsam
mit den Kollegen und Kolleginnen", und „Wenn ich in meinem Betrieb aktiv
werde, kann ich etwas zum Positiven verändern." (ebda, S. 130–131) Wer sich im
Arbeitsalltag respektiert fühlt und eigene Handlungsfähigkeit erleben kann, bei

dem ist es statistisch gesehen viel wahrscheinlicher, dass er oder sie prodemo-
kratische Haltungen teilt und rechtsextreme Einstellungen und Ungleichwertig-
keitsideologien (z. B. Sexismus) ablehnt (ebda, S. 135–138).

Gleichheit sichernde Institutionen, Gleichheit sichernde Kultur

Die Freiheit, sich als Gleiche:r unter Gleichen zu erleben, benötigt zahlreiche
Institutionen, die vor Willkür und Abwertung schützen. Wenn zum Beispiel
eine ungerechtfertigte Kündigung ausgesprochen wird, muss es Möglichkeiten
des Einspruchs und notfalls auch der gerichtlichen Klärung geben. Und es darf
dabei keine Rolle spielen, ob es sich um eine Person mit oder ohne Migrationshintergrund, mit oder ohne privilegierte Herkunft handelt. Traurigerweise ist es
so, dass diejenigen Menschen, die auch anderweitig schon benachteiligt sind, oft
in Positionen arbeiten, in denen ihnen diese Art von Schutz versagt bleibt. Wenn
eine Uber-Fahrerin eine schlechte Bewertung bekommt und ihr Account gesperrt
wird, weil sie auf die Avancen eines betrunkenen Fahrgastes nicht eingeht, stellt
sich kein Betriebsrat dagegen und die Möglichkeiten des Einspruchs sind oft
aufwendig und wenig erfolgversprechend. Gerade in vielen Bereichen der platt-
form-basierten Dienstleistungsarbeit muss die institutionelle Einbettung der
Arbeitsverhältnisse dringend nachgebessert werden.

Doch Institutionen können nur so stark sein wie die Menschen, die die Rollen
in ihnen ausfüllen. Deswegen braucht es auch eine *Kultur* gleichen Respekts, die
von einer hinreichend großen Zahl an Menschen mitgetragen wird. Dazu gehört,
dass die Unterschiedlichkeit von beruflichen und gesellschaftlichen Rollen in
ihren gegenseitigen Ergänzungsverhältnissen gesehen wird, anstatt dass ständig
in Hierarchien gedacht wird. Statt Arbeitswelt und Gesellschaft ausschließlich in
Kategorien „oben" und „unten" zu sehen, müsste es vielmehr das „Nebeneinander"
sein, das zählt: jede einzelne Person kann ihre Aufgaben nur erledigen, weil andere
Personen andere Aufgaben erfüllen, und das gilt vom Putzpersonal bis zum CEO
oder der Behördenchefin. Es wäre freilich einfacher, diese horizontale Logik zu
verinnerlichen, wenn auch die Gehälter weniger weit auseinanderklaffen würden –
ein Punkt, der radikal klingen mag, sich aber sowohl aus der gegenseitigen
Abhängigkeit unterschiedlicher beruflicher Rollen als auch aus dem Verständnis
von Demokratie als einer Gesellschaft der Gleichen zwingend ergibt.

Heißt das, dass es *keinerlei* unterschiedliche Bezahlung und keinerlei
Hierarchien mehr geben sollte? Das folgt daraus nicht – die Frage ist vielmehr,
wie viel davon zur Erreichung bestimmter funktionaler Ziele, zum Beispiel als

Anreiz für das Inkaufnehmen längerer Ausbildungsphasen, *notwendig* und gleichzeitig mit einer grundsätzlichen Kultur des gleichen Respekts *vereinbar* ist.
Viel hängt von der konkreten Ausgestaltung ab: so ist zum Beispiel völlig klar,
dass bestimmte Rollen nur von denjenigen eingenommen werden können, die
über bestimmte Fähigkeiten verfügen, oder dass zum Lösen von Konflikten und
zur Koordination von Aufgaben bestimmte – vielleicht auch nur temporäre –
hierarchische Rollen hilfreich sein können. Aber das bedeutet nicht, dass nicht
trotzdem in Bezug auf manche Aspekte der Aufgaben die Chefin oder der Chef
den Angestellten Rechenschaft schuldig sein sollte, dass er oder sie von den
Angestellten gewählt werden könnte, und dass es passende Formen der Mit-
sprache und Interessenvertretung geben sollte. Je demokratischer die Wirtschaft
gestaltet wird, desto eher kann sie mit den Werten und Prinzipien der politischen
Demokratie kompatibel gehalten werden.

Und es würde auch helfen, wenn sich gelegentlich umkehrt, wer „oben" und
wer „unten" steht. In einer wirklich demokratischen Gesellschaft, mit einer
Kultur der Gleichheit, wäre es nicht so, dass die immer gleichen „üblichen Ver-
dächtigen" in allen gesellschaftlichen Bereichen das Sagen hätten. Stattdessen
gäbe es eine Durchmischung der Beziehungen: diejenige, die im Betrieb die
Chefin ist, ist zum Beispiel im Sportverein oder der Ortsgruppe der Partei einfaches Team-Mitglied, unter Leitung von jemand, der im Beruf selbst nicht
besonders weit „oben" ist. Vielleicht könnte es irgendwann sogar gelingen, dass
„oben" und „unten" überhaupt nicht mehr die Kategorien wären, in denen die
Mitglieder einer Gesellschaft über ihre Rollen nachdenken – dann wäre eine
wirklich demokratische Kultur erreicht.

Literatur

Carter, N. (2006). Political participation and the workplace: The spillover thesis revisited.
  The British Journal of Politics & International Relations, 8(3), S. 410–426
Crouch, C. (2004). *Post Democracy*. Cambridge: Polity
Decker, O., & Brähler, E. (Hrsg.) (2020). *Autoritäre Dynamiken: Alte Ressentiments – neue
  Radikalität*. Gießen: Psychosozial-Verlag
Frank, R. H. (2011). *The Darwin Economy: Liberty, Competition, and the Common Good*.
  Princeton, NJ: Princeton University Press
Gilens, M. (2005). Inequality and Democratic Responsiveness. *Public Opinion Quarterly*
  69(5), S. 778–96
Herzog, L. (2013). *Freiheit gehört nicht nur den Reichen. Plädoyer für einen zeitgemäßen
  Liberalismus*. München: C. H. Beck
Honneth, A. (2011). *Das Recht der Freiheit. Grundriss einer demokratischen Sittlichkeit*.
  Berlin: Suhrkamp

Landemore, H. (2013). *Democratic Reason*. Princeton: Princeton University Press
Nassehi, A. (2017). *Die letzte Stunde der Wahrheit. Warum rechts und links keine Alternativen mehr sind und Gesellschaft ganz anders beschrieben werden muss*. Hamburg: Murmann
Pateman, C. (1970). *Participation and Democratic Theory*. Cambridge: Cambridge University Press
Pettit, P. (1997). *Republicanism: A Theory of Freedom and Government*. Oxford: Oxford University Press
Piketty, T. (2014). *Capital in the 21st Century*. Cambridge, MA: Harvard University Press
Rothstein, B., & Uslaner, E. M. (2005). All for All: Equality, Corruption, and Social Trust. *World Politics, 58*(1), S. 41–72
Skinner, Q. (1998). *Liberty before Liberalism*. Cambridge: Cambridge University Press
Walton, A., & Camia, V. (2013). Fraternal Society in Rawls' Property-Owning Democracy. *Analyse & Kritik, 35(1)*, S. 163–186. https://doi.org/10.1515/auk-2013-0113, abgerufen am 11. Juli 2022.

Prof. Dr. Lisa Herzog ist Professorin für Politische Philosophie und Direktorin des Center for Philosophy, Politics and Economics an der Rijksuniversität Groningen, Niederlande. Arbeitsschwerpunkte: Wirtschaftsphilosophie, Gerechtigkeitstheorien, Wirtschaftsdemokratie.

Wichtige Veröffentlichungen: *Inventing the Market. Smith, Hegel, and Political Theory* (OUP, 2013), *Reclaiming the System: Moral Responsibility, Divided Labour, and the Role of Organizations in Society* (OUP, 2018), *Die Rettung der Arbeit. Ein politischer Aufruf* (Hanser Berlin, 2019).

Solidarität: Konstellationen und Dynamiken in der Spätmoderne

Vincent August

Solidarität ist einer der Werte, die für moderne westliche Gesellschaften eine Orientierungsfunktion haben. Er findet geradezu universelle Zustimmung, und man hat eine Reihe von eingespielten Einsatzweisen: Man kann entlarven, dass die Realität dem Wert der Solidarität nicht entspricht. Man kann hoffen, dass eine solidarischere Gesellschaft kommen wird. Oder man kann befürchten, dass Solidarität durch Egoismus, Effizienzzwang oder Technologie unmöglich gemacht wird. Idealismus, Entlarvung und Kulturkritik sind eingespielte Muster der Gesellschaftskritik, und letztlich bezeugt selbst die wiederkehrende Sorge um Solidarität nur die zentrale Rolle, die Solidarität im Normhaushalt der westlichen Moderne hat.

In den letzten Jahren ist die Sorge um Solidarität stärker geworden. Sehr viele Deutsche sind beunruhigt, weil der soziale Zusammenhalt erodiere, ja gar eine Spaltung der Gesellschaft drohe. Seit geraumer Zeit machen außerdem die Gewerkschaften die Erfahrung, dass es immer schwieriger wird, Solidarität zu organisieren. Der einfachste Indikator dafür sind die Mitgliederzahlen des Deutschen Gewerkschaftsbundes (2022), die seit Mitte der 1990er Jahre drastisch gesunken sind. Die Diagnose lautet Solidaritätserosion.

Auf der anderen Seite hat Putins Angriffskrieg gegen die Ukraine eine Welle der Solidarität in Deutschland ausgelöst, mit der die Idee einer Solidaritätserosion hinfällig werden müsste: Die Menschen spendeten, zeigten Flagge, demonstrierten, boten Schlafplätze und unterstützten Waffenlieferungen. Es ist zudem nicht das erste Mal im 21. Jahrhundert, dass wir eine solche Welle der

V. August (✉)
Humboldt-Universität zu Berlin, Berlin, Deutschland
E-Mail: vincent.august@hu-berlin.de

J. Legrand et al. (Hrsg.), *Transformation und Emanzipation*,
https://doi.org/10.1007/978-3-658-39911-5_8

89

Solidarität erleben. Ähnliches gab es nach dem Angriff auf das World Trade Center 2001, in der sogenannten Flüchtlingskrise 2015 oder am Beginn der Covid19-Pandemie. Allerdings gelang es bisher nie, die Solidarität der Krisen in den Alltag zu retten. Oft folgten den großen Solidaritätswellen umso schärfere Konflikte, in denen Gegner:innen und Befürworter:innen von Impfungen oder Migration gleichermaßen um Solidarität warben. Es ist also weder mit der einfachen Diagnose einer Solidaritätserosion noch mit der ebenso einfachen Vorstellung einer großen solidarischen Gesellschaft getan.

Die moderne Sehnsucht nach Solidarität

Man kann die Eingangsbeobachtungen auch als Paradox formulieren: Solidarität ist eine Leitidee der modernen Gesellschaft geworden, gerade weil diese Gesellschaft ein unwahrscheinlicher Ort für Solidarität ist. Die Moderne zeichnet sich nicht durch eine enge Gemeinschaft oder fixe moralische Werte aus, sondern durch Individualismus und Mobilität. „Alles Stehende und Ständische verdampft", hatten schon Marx und Engels (2004, S. 64) festgehalten. Im Begriff der Solidarität kristallisiert sich dann ein Bedürfnis, wahrgenommene Fehlentwicklungen der Moderne zu kompensieren. Angesichts der Ausbreitung von Individualismus, Ungewissheit und sozialer Differenzierung sehnt man sich nach moralischer Gewissheit, gegenseitiger Unterstützung und sozialer Einheit.

Deshalb war und ist Solidarität auch nicht nur die Sache der Linken. Viele christlich-konservative Akteure haben die Idee der Solidarität genutzt, um sich gegen den Ausdifferenzierungsprozess der Moderne zu stemmen. Dabei setzen sie oft die Familie ins Zentrum der Solidaritätsidee, und zwar sowohl die genealogische Familie, zu der man qua Geburt gehört, als auch die christliche Familie (Stjernø 2010). Beide geben einerseits ein Versprechen auf gegenseitige Unterstützung ab, fordern andererseits dann aber auch Pflichten und Opfer gegenüber der Familie, und beiden stehen jeweils Väter vor, die für Wohlwollen und Sanktion zuständig sind.

Das kann ins Reaktionäre kippen, wie beim spanischen Diplomaten und Philosophen Juan Donoso Cortez, dem es im 19. Jahrhundert um Blutsabstammung und die Wiederherstellung der Feudalherrschaft ging (Große Kracht 2017, S. 21–35). Einflussreicher ist aber ein Konservatismus geworden, der die Familie als sozial-moralischen Kern der modernen Gesellschaft verteidigt und sich gegen einen expansiven Sozialstaat richtet.

Im Unterschied dazu prägt die genossenschaftliche und (früh-)sozialistische Solidaritätsidee, dass sie von der Moderne ausging. Das schließt einen religiösen Bezug nicht aus, wie der französische Solidarismus zeigt, aber ihre Vertreter:innen stellten daneben *empirisch* eine wechselseitige Abhängigkeit fest. Dafür verwiesen sie auf sehr konkrete Phänomene, begonnen von den ökonomischen Verhältnissen über Infrastrukturen wie Eisenbahn, Brücken, Telegrafenmasten bis hin zu Epidemien, die die reziproke Abhängigkeit der Menschen erfahrbar machen würden (Große Kracht 2017, S. 190–199). Aus dieser Abhängigkeit wird dann ein moralischer Schluss gezogen, nach dem man die „natürliche Solidarität" veredeln und „die menschliche Gesellschaft in eine Art großer Unterstützungsgesellschaft auf Gegenseitigkeit umwandeln" müsse (Charles Gide, zit. nach Große Kracht 2017, S. 38).

Die Arbeiterbewegung wiederum unterstrich, dass das *moderne* Versprechen der Freiheit nur *durch* Solidarität verwirklicht werden könne. Im Unterschied zum Konservatismus verband man Solidarität also mit einem Fortschrittsversprechen; es ging nicht darum, ältere Solidarverhältnisse in der Moderne zu konservieren, sondern eine neue solidarische Moderne zu entwerfen. Dabei half, dass die Transformation zur Moderne nun auch eine neue kollektive Struktur hervortreten ließ, die enger geknüpft war als die allgemeine gesellschaftliche Abhängigkeit: Die geteilte Lebenserfahrung der Lohnabhängigen – der gemeinsame Weg zur Fabrik, die harte Arbeit, der verbreitete Hunger, die miserablen Wohnbedingungen – all das wurde zum Ausgangspunkt einer solidarischen Gemeinschaft der Arbeiter (sic!).

Wie das konservative Pendant konstituiert sich diese Solidarität *nach innen* als eine Hilfsgemeinschaft, freilich auf ihre eigene Art. In Deutschland formieren sich zunächst Arbeiterbildungsvereine, die unterschiedliche Funktionen übernehmen: Sie waren Bildungsorte, organisierten Ausflüge, dienten der politischen Organisation und als Hilfskassen, die Unterstützung im Krankheitsfall gewährten (Süß und Torp 2021, S. 32 f.). Auf diese Weise wurde ein Zugehörigkeitsgefühl in eine organisierte Gemeinschaft übersetzt, aus der Parteien und später auch Gewerkschaften hervorgingen. *Nach außen* konstituierte sich diese Gemeinschaft über scharfe – politische und habituelle – Abgrenzung: gegen die Kapitalisten, den Klassenfeind. Solidarität ist stets Gemeinschafts- *und* Kampfbegriff (Bayertz 1998). Das hat Folgen.

Dynamiken der Solidarität: Selbstorganisation, Eskalation, Burnout

An den eben beschriebenen konservativ-christlich und sozialistisch-sozial-demokratischen Varianten von Solidarität lässt sich auch deren grundlegende ‚Funktionsweise' gut beobachten: Solidarität bezieht sich auf das Mit-Leiden mit anderen, aktiviert so ein Zusammengehörigkeitsgefühl und leitet daraus moralische Pflichten gegenüber dieser Gemeinschaft ab. Nur wer diese Pflichten erfüllt und dafür auch zu Opfern bereit ist, handelt solidarisch. Man steht gemeinsam für die gute Sache ein und kämpft im Zweifel gegen die, die ihr im Weg stehen. Darum bildet sich Solidarität häufig dann, wenn es eine geteilte Bedrohungslage gibt, zum Beispiel Massenelend oder militärische Konflikte, von denen man direkt selbst betroffen ist oder die einen betroffen machen, weil man das Leid der anderen nicht aushält.

Die Funktionsweise von Solidarität lässt sich auch an der ersten Welle der Covid-Pandemie gut studieren (August 2020a, b). Hier hatte man mit dem Virus eine äußere Bedrohung, die zunächst einmal alle gleichermaßen zu betreffen schien. Am Beginn der Pandemie stand so der Eindruck einer Schicksalsgemeinschaft, und es entstand ein lange nicht mehr gekanntes Gemeinschaftsgefühl, das sogar die Hoffnung auf eine ganz neue, solidarischere Gesellschaft aufkeimen ließ. Die neue Solidarität kam dann mit klaren Handlungsaufforderungen einher: #stayathome, #Maskenpflicht.

Solidarität stellt also eine Form *zivilgesellschaftlicher Selbstorganisation* durch *kollektive Moralität* dar. Die geteilte Moral motiviert auf der einen Seite zu Eigeninitiative. Es ist das, was wir gemeinhin mit Solidarität verbinden: Nachbarschaftsinitiativen, Gabenzäune, gemeinsames Maskennähen, in jedem Fall: der Einsatz für die Gemeinschaft. Und wer sich besonders um diesen solidarischen Imperativ verdient macht, wird mit Applaus und Ehre bedacht, so wie die Ärzt:innen und Pflegekräfte im Frühjahr 2020. Auf der anderen Seite fordert Solidarität aber eben auch ein, dass man sein Handeln an den Leiden und Zielen der Gemeinschaft ausrichtet. Abweichendes Verhalten gilt als egoistisch und wird entsprechend sanktioniert, und zwar von der solidarischen Gemeinschaft selbst.

Solidarität kann durch diesen Kontrollmechanismus sehr erfolgreich Handeln koordinieren. Das haben uns die Arbeiterbewegung, die Friedens- und Hilfsaktionen während des Krieges gegen die Ukraine oder die immense Hilfsbereitschaft für die Flüchtenden im Jahr 2015 gezeigt. Entscheidend ist dabei, dass Solidarität jenseits marktwirtschaftlicher oder staatlicher Steuerungsmittel funktioniert. Das kann wiederum für den Staat überaus nützlich sein, weil er nicht Rechtszwang oder Geld aufwenden muss, um das Verhalten der Bürger:innen umzusteuern. Dieses Unterfangen ist im demokratischen Rechtsstaat ohnehin nur begrenzt möglich, weil er sonst seine Legitimität aufs Spiel setzt. Solidarität entlastet daher den Staat, und das ist ein Grund, warum auch Regierungsverteter:innen immer wieder auf Solidarität als Beschwörungsformel zurückgreifen (Wallaschek 2020, S. 22 f.).

Der Solidaritätsmechanismus hat aber auch Kosten. Denn die solidarische Gemeinschaft bildet sich unter Ausschluss Dritter. Das mussten ‚asiatisch' aussehende Mitbürger:innen in der Pandemie ebenso erfahren wie russische Restaurants in Deutschland während des Krieges gegen die Ukraine. Aber auch in der Arbeiterbewegung waren nicht nur Kapiteleigentümer aus der solidarischen Gemeinschaft ausgeschlossen. Ungelernte Arbeiter und die Arbeiter in den Kolonien wurden kaum registriert, und selbst Frauen fanden in der Imagination der Arbeiterbewegung regelmäßig keinen Platz (Süß und Torp 2021, S. 22). Solidarität fokussiert auf eine vorgestellte Gemeinschaft, sie intensiviert das Gefühl der Zusammengehörigkeit mit jenen, die man als Ähnliche, als Teil der ‚eigenen' Gemeinschaft anerkennt, und sie verringert darüber die Sensibilität für ‚fremdes' Leid (Cicchi et al. 2020; Lessenich 2020; Stürmer et al. 2006). Das ist auch ein Grund, warum in Polen und Ungarn weiße ukrainische Flüchtende unbegrenzt aufgenommen wurden, während im Mittelmeer jeden Tag Menschen ertrinken.

Dieser Ausschluss kann sich auch nach innen wenden. Wer sich nicht den Zielen der Gemeinschaft verschreibt, wer womöglich andere Lebensentwürfe oder abweichende Meinungen hat, kann angefeindet, ausgegrenzt, ja bedroht und angegriffen werden. Der Soziologe Richard Sennett (2013, S. 279) hat das als die „perverse Macht der Solidarität" bezeichnet. Die enge solidarische Gemeinschaft schaffe eine Wir-gegen-Sie-Mentalität, die nicht nur die Kooperation mit dem Gegner abkappe, sondern auch nach innen auf Homogenisierung und Hierarchisierung dränge. Sennett verwies dafür auch auf die Geschichte der Arbeiterbewegung mit ihren zahlreichen Feindschaften und Abspaltungen.

Tatsächlich ist diese Dynamik auch in der Konfliktsoziologie gut belegt (Collins 2012; Fehmel 2020; Simmel 1992, S. 284–382). Konfliktsituationen können bei den Gruppen zu einer doppelten Eskalationsdynamik führen: Nach innen erhöht man die soziale Kohäsion, indem man auf die Einheit, das Zusammenstehen, die Geschlossenheit der Gruppe abhebt, wodurch besonders gut mobilisiert werden kann, gleichzeitig aber abweichende Meinungen immer schwieriger toleriert werden können. Diese scharfe Identitätsbildung verschärft dann nach außen die Abgrenzung zu einem existenziell anderen Gegner, mit dem Kompromiss kaum möglich erscheint. Man rüstet auf.

Nun eskaliert offensichtlich nicht jeder Konflikt, in dem sich solidarische Gruppen bilden. Es handelt sich um Tendenzen und es gibt *gegenläufige Dynamiken*. Zum einen sind moderne Gesellschaften nicht besonders gut darin, ‚gesamtgesellschaftliche' Solidarität zu erhalten (August 2020b; Holzer 2008). Unsere Gesellschaft ist hochgradig ausdifferenziert und zielt darauf, eine möglichst große Vielfalt an Handlungskontexten zur Verfügung zu stellen: Arbeitengehen, Kinobesuch, Fußballschauen, Urlauben, Essengehen usw. Diese Optionsvielfalt (und die zugehörigen Anforderungen) haben wir internalisiert, und wir sind vielleicht bereit, sie zu pausieren, aber nicht, sie aufzugeben.

Dazu kommt außerdem, dass praktische Solidarität eine hohe Emotionalität einfordert, die auf Dauer erschöpfen kann. Wer ständig für eine Sache brennen soll, brennt womöglich aus (Collins 2004): Solidaritätsburnout. Und so richtet sich nach einiger Zeit die Aufmerksamkeit auf andere Dinge. Man ist nicht mehr bereit, alles dem einen solidarischen Imperativ unterzuordnen. Wir haben das gerade erst in der Pandemie erlebt, wo viele sich nach einem Jahr gewundert haben, wie naiv man anfangs auf eine große solidarische Gesellschaft gehofft hatte.

Solidarische Bewegungen stehen damit vor einem Dilemma: Wer auf eine groß angelegte Solidarität setzt, muss einkalkulieren, dass diese nur kurzfristig aufrecht zu erhalten ist. Um langfristig Solidarität zu erhalten, müsste man eher auf kleine bzw. homogene Gruppen setzen. Damit verfehlt man aber womöglich das gesamtgesellschaftliche Ziel. Es gibt eine Strategie, die aus diesem Dilemma herausführt: Verrechtlichung und Bürokratisierung von Solidarität. In diesem Sinne sprechen wir heute bei Kranken-, Arbeitslosen- oder Rentenversicherung von einer Solidargemeinschaft.

Das hat allerdings seinen eigenen Preis. Die mächtigen Gefühle der Zugehörigkeit und Moralität, die solidarisches Handeln antreiben, werden in rationale Praktiken der Registratur, Organisation, Verteilung und Kalkulation überführt (für die Krankenkassen vgl. Börner 2021). Solidarität verliert dabei ihre Mobilisierungsfähigkeit. Die ‚heiße Solidarität' der sozialen Gemeinschaft wird in die ‚kalte Solidarität' der modernen Bürokratie überführt, sodass wir nur mit großer Mühe überhaupt noch von Solidarität sprechen.

Letztlich gewinnen Solidarbewegungen, wenn ihnen genau diese Transformation gelingt, weil damit das Anliegen tatsächlich in dauerhafte, institutionelle Praktiken übersetzt wird. Diese Transformation erfordert innerhalb der solidarischen Bewegung aber ganz andere Kompetenzen als der Aktionismus, und sie läuft zudem auf eine Selbstgefährdung der solidarischen Gruppe hinaus: Sind zentrale Anliegen einmal institutionalisiert, verringert sich die Mobilisierungskraft. Ein Problem, dass Gewerkschaften und sozialdemokratische Parteien nur zu gut kennen. Sie haben sich, wie es dann heißt, zu Tode gesiegt.

Konfliktkonstellationen: Solidarität in der spätmodernen Gesellschaft

Seit Beginn des 21. Jahrhunderts haben wir mehrere Wellen der Solidarität erlebt, die sich um einzelne Ereignisse wie 9/11 oder die Pandemie herum kristallisierten. Diesen Ereignissen ist gemein, dass sie in der Wahrnehmung der beteiligten Akteure plötzlich von außen hereinbrachen. Demgegenüber wird ‚in‘ der Gesellschaft seit längerem eher eine Erosion von Solidarität beklagt. Man kann diesen Eindruck nun ganz einfach auf die ‚neoliberale‘ Politik schieben, die mit ihrer Vermarktlichung sozialer Sicherungssysteme und dem Kampf gegen die Gewerkschaften sicher einen entscheidenden Anteil hat. Insgesamt greift dieses Narrativ aber zu kurz. Denn der Eindruck einer Erosion von Solidarität hängt letztlich an einer größeren, mehrschichtigen Transformation, die sich seit den 1970er Jahren vollzieht, auf die die neoliberale Politik eine erste Antwort gab und die als Übergang in die „Spätmoderne" charakterisiert worden ist (Reckwitz 2017; Rosa 2005). Diese Transformation führt in der Tat zu einer Erosion der alten Solidaritätsstrukturen, andererseits ruft sie neue Akteure und neue Konflikte um Solidarität auf den Plan.

Für die klassischen Solidaritätsakteure – also Gewerkschaften und linke Parteien – ist dabei entscheidend, dass sich der Kernbereich ihrer Solidaritätstradition grundlegend ändert: *die Arbeit*. Zunächst einmal ist das auf den Wandel von einer industriellen zu einer postindustriellen Ökonomie zurückzuführen. Dadurch verschiebt sich etwa das Gewicht weg von der ‚modernen‘ Montan-, Schiffs- und Textilindustrie hin zu Produkten aus Optik und Datenverarbeitung, vor allem aber hin zu Dienstleistungen, Finanz- und Wissensprodukten (Raphael 2019; Steiner 2008). Diese Arbeitsbereiche sind deutlich stärker individualisiert, insbesondere dann, wenn sie auch noch mit befristeten Verträgen oder (Schein-) Selbstständigkeiten gekoppelt werden. Digitalisierung und Globalisierung können solche Trends verschärfen.

Auch wenn damit neue unfaire Arbeitsbedingungen – und das heißt: neue Chancen für die klassischen Solidaritätsakteure – auftauchen, erschweren sich die Bedingungen für die Organisation von Solidarität. Denn während die Fabriken und Großbetriebe der Moderne wegen der ähnlichen Lebenslagen, der klaren Hierarchien und geteilten Tagesabläufe ein guter Kontext für Solidarbewegungen waren, bieten das persönliche Home-Office oder der quasi-selbstständige Lieferdienst eine denkbar schlechte Umgebung. Gleichzeitig ist aus Sicht vieler Arbeitnehmer:innen die Entwicklung nicht unbedingt schlecht: ‚Flexible Arbeitszeiten‘, ‚mobiles Arbeiten‘ und ‚New Work‘ werden aus guten Gründen begrüßt,

ebenso wie bequeme und günstige Lieferservices. Sowohl die Organisationsformen als auch die normativen Erwartungen machen es den klassischen Solidari-
tätsakteuren also nicht leicht.

Gleichzeitig vollzog sich ein *Formwandel des Politischen,* in dem Parteien
und Gewerkschaften an Anziehungskraft verloren und neue Organisatoren von
Solidarität auftraten. Das hat nicht nur mit einer sich veränderten Sozialstruktur
zu tun, die alte Milieus aufbrach, sondern auch mit einer Kritik an den politischen
Organisationen der Moderne (August 2021; Boltanski und Chiapello 2013). Denn
diese verlangen ein hohes Maß an Integration, Unterordnung und Anpassung an
vorgegebene, bürokratische Prozesse. Dagegen wendeten sich seit den 1970er
Jahren eben nicht nur neue ‚agile' Management-Modelle, sondern auch sozial-
kritische Bewegungen. Sie grenzen sich dezidiert gegen die ‚alten' politischen
Formen ab und setzen auf themenspezifisches, kurzfristigeres Engagement und
informellere Netzwerke. Sie stellen das Besondere vor das Allgemeine (Reckwitz 2017). Die Neuen Sozialen Bewegungen waren erste Vorboten dafür, dass
sich solidarische Gruppen nun sehr viel stärker um besondere Issues organisieren
würden – und dass jede Gruppe dann für *ihr* Thema Solidarität einfordern konnte.

Zudem deutete sich mit ihnen an, dass sich die Gesellschaft auf neue Konflikte
gefasst machen musste. Diese Konflikte resultieren daraus, dass unsere Gesellschaft nun zunehmend mit den Kosten konfrontiert wird, die ihre Lebensweise immer schon verursacht, bisher aber verdrängt hat. Ein Beispiel ist die
patriarchale Struktur der modernen Gesellschaft, die Gleichheit und Freiheit
versprach, damit aber fast immer nur erwerbstätige weiße Männer meinte und
zugleich die Voraussetzungen dieser Freiheit vergaß. Ein zweites Beispiel ist die
strukturelle Benachteiligung des Globalen Südens, die erst aus imperialistischen
Großmachtvorstellungen und dann aus der Suche nach günstigen, lukrativen
Konsumgütern resultierte. Am wichtigsten ist aber, dass die moderne Gesellschaft
ihre Rechnung ohne ihren Wirt – die Erde – gemacht hat: Klimawandel, Umwelt-
verschmutzung und Biodiversitätsverlust sind Folgen der modernen Arbeits- und
Lebensweise, die uns jetzt als harte, unbequeme Realität wiederbegegnen.

Diese Konfrontation der Moderne mit ihren eigenen Folgekosten zieht eine
neue Konfliktstruktur nach sich, die unsere aktuellen Debatten bestimmt und sich
in Konflikten um Gender-Gerechtigkeit, Kolonialismus, Rassismus, Migration,
Generationengerechtigkeit und ökologische Transformation niederschlägt. Die
Konfliktlinien verlaufen dann oft dort, wo neue Solidaritätsforderungen auf lange
bestehende Solidarerwartungen aus der Moderne treffen. Letztere sehen sich
nun einem unerwarteten Rechtfertigungszwang ausgesetzt, der sowohl die Ver-
teilungsverhältnisse als auch die eigenen Lebensgeschichten betrifft. Dadurch

kommt es zu einer wahrgenommenen Intensivierung der Konflikte: Es werden mehr Menschen mobilisiert und gleichzeitig werden die Konflikte schärfer.

Für die klassischen Solidaritätsakteure ist das eine besondere Herausforderung, weil ihre Symbole, Traditionen und Rhetoriken in den modernen Industriegesellschaften verwurzelt sind. Bei der Beschwörung gewerkschaftlicher Solidarität schwingt bis heute die Sozialromantik des Industriearbeiters oder Kohlekumpels mit (Flemming 2022). Doch natürlich sind dieser imaginierten Gemeinschaft dann auch die blinden Flecken der Moderne eingeschrieben – und vor allem die ökologische Transformation provoziert einen Konflikt um die eigene Identität, eben weil sich viele in den Gewerkschaften nach wie vor über Kohle und Stahl definieren, die nun frontal angegangen werden.

Die Führungen von linken Parteien und Gewerkschaften treibt das in ein Dilemma. Denn die Solidarität mit künftigen Arbeitnehmer:innen-Generationen steht mit der Solidarität mit den verdienten Arbeiter:innen der Moderne im Konflikt. Eine unkluge Strategie führt dann nicht nur zu einem Mitgliederverlust, sondern auch zu einer Unzufriedenheit, die sich rechtspopulistische Bewegungen zunutze machen können. Ein ähnliches Dilemma kennt man seit der sogenannten Flüchtlingskrise 2015 beim Konfliktfeld Migration. Linke Parteien sehen sich gezwungen, zwischen nationaler Solidarität (Begrenzung der Migration) und internationaler Solidarität (offene Grenzen) zu wählen. So wie die öffentliche Debatte lief, konnte man nicht mehr einfach für beides stehen, obwohl man das doch seit jeher beansprucht hatte.

Grundlegend neu sind solche *Solidaritätsdilemmata* nicht. Man denke hier nur daran, dass sich die Arbeiterbewegung noch kurz vor dem August 1914 in der Zweiten Internationalen gegenseitig der internationalen Solidarität des Proletariats versichert hatte, um sich dann fast durchgehend für die Kriegskredite ihrer jeweiligen Länder und die nationale Solidarität zu entscheiden. In der Spätmoderne vervielfältigen sich diese Dilemmata aber vorerst, eben weil neue und alte Solidaransprüche aufeinanderprallen und gleichzeitig auch noch die neuen Solidaransprüche untereinander in Konflikt geraten können.

Solidaritätsparadox und die Spaltung der Gesellschaft

Die aktuelle Sorge um eine Spaltung der Gesellschaft und die starke Sehnsucht nach mehr Solidarität sind also Folge der gesellschaftlichen Transformation. Sie verändert nicht nur die Strukturen unserer Gesellschaften, wobei sich alte Allianzen auflösen und vertraute Organisationsformen erodieren, sie bringt auch neue Konflikte um das kollektive Selbstverständnis hervor. Diese Konflikthaftigkeit gilt es einzukalkulieren, statt sich den beiden einfachen Möglichkeiten zuzuwenden – kulturkritische Diagnose der Solidaritätserosion und idealistische Hoffnung auf eine allumfassende Solidarität. Jenseits unvorhersehbarer Disruptionen ist weder das eine noch das andere wahrscheinlich, wenn man die Dynamiken der Solidarität und die Konstellationen der Spätmoderne betrachtet. Vielmehr erleben wir, wie sich Konflikte intensivieren und pluralisieren. In diesen Konflikten wünscht man sich dann auf beiden Seiten womöglich mehr Solidarität, bekommt aber gerade dadurch mehr Konflikt. Man kann das das *Solidaritätsparadox* nennen. In der Spätmoderne gibt es dafür großes Potenzial, weil sich Konflikte zwischen alten und neuen Solidaransprüchen entfalten. Das ist anstrengend. Problematisch werden Solidaritätskonflikte aber nur dann, wenn sie auf eine Eskalation ohne Stoppregeln abzielen, so wie man es an radikalen Querdenker:innen studieren kann.

Statt auf eine große Solidarität zu hoffen, legt das Solidaritätsparadox nahe, dass man eine öffentliche Konfliktkultur und kluges Konfliktmanagement braucht. In diesem Rahmen kann Solidarität dazu beitragen, auf Ungerechtigkeiten und kollektive Herausforderungen aufmerksam zu machen. Neben dem Aktionismus muss man dabei aber die Schattenseiten der Solidaritätsdynamik im Auge behalten und zugleich auf die Veralltäglichung und Institutionalisierung neuer Solidararrangements zielen. Solidaritätsakteure müssen also Konflikt *und* Kompromiss bespielen können, damit sie Aufmerksamkeit für soziale Missstände und effektive Verbesserungen für breite Gesellschaftsschichten erreichen. Für die klassischen Solidaritätsakteure kann das eine Chance sein, weil sie Erfahrung in diesem Spagat haben. Dafür muss es ihnen allerdings gelingen, die spätmodernen Konflikte in ihrem Inneren zu bearbeiten.

Literatur

August, V. (2020a). Sehnsucht nach Solidarität? *Magazin der Kulturstiftung des Bundes,* 20(35), 6–7
August, V. (2020b). Die Macht der Solidarität. *Das Parlament,* 70(30–32), 1
August, V. (2021). *Technologisches Regieren. Der Aufstieg des Netzwerk-Denkens in der Krise der Moderne. Foucault, Luhmann und die Kybernetik.* Bielefeld: Transcript
Bayertz, K. (1998). Begriff und Problem der Solidarität. In ders. (Hrsg.), *Solidarität. Begriff und Problem* (S. 11–13). Frankfurt a. M.: Suhrkamp
Boltanski, L., & Chiapello, È. (2013). *Der neue Geist des Kapitalismus.* Konstanz: UVK

Börner, S. (2021). Solidaritätsdynamiken. Praktiken der Solidarität in der Gesetzlichen Krankenversicherung und ihren Vorläuferorganisationen. In K. Heinsohn, T. Kroll, A. Kruke, P. Kufferath, F. Lenger, U. Planert, D. Süß, & M. Woyke (Hrsg.), „Hoch die internationale ...?" Praktiken und Ideen der Solidarität (S. 75–94). Bonn: Dietz

Cicchi, L., Genschel, P., Hemerijck, A., & Nasr, M. (2020). EU Solidarity in Times of Covid-19. European University Institute Policy Brief, 2020/34. https://doi.org/10.2870/074932

Collins, R. (2004). Rituals of Solidarity and Security in the Wake of Terrorist Attack. Sociological Theory, 22(1), 53–87

Collins, R. (2012). C-Escalation and D-Escalation. American Sociological Review, 77(1), 1–20

Fehmel, T. (2020). Konflikt und Solidarität als Verhältnis dynamischer Vergesellschaftung. Berliner Journal für Soziologie, 30(1), 23–48

Flemming, J. (2022). Industrielle Naturverhältnisse. Politisch-kulturelle Orientierungen gewerkschaftlicher Akteure in sozial-ökologischen Transformationsprozessen. München: oekom verlag

Große Kracht, H.-J. (2017). Solidarität und Solidarismus. Postliberale Suchbewegungen zur normativen Selbstverständigung moderner Gesellschaften. Bielefeld: Transcript

Holzer, B. (2008). Das Leiden der Anderen. Episodische Solidarität in der Weltgesellschaft. Soziale Welt, 59(2), 141–156

Lessenich, S. (2020). Doppelmoral hält besser: Die Politik mit der Solidarität in der Externalisierungsgesellschaft. Berliner Journal für Soziologie, 30(1), 113–130

Marx, K., & Engels, F. (2004). Manifest der Kommunistischen Partei (1848). In I. Fetscher (Hrsg.): Studienausgabe (Bd. III, S. 61–91). Berlin: Aufbau

Raphael, L. (2019). Jenseits von Kohle und Stahl. Eine Gesellschaftsgeschichte Westeuropas nach dem Boom. Berlin: Suhrkamp

Reckwitz, A. (2017). Die Gesellschaft der Singularitäten. Zum Strukturwandel der Moderne. Berlin: Suhrkamp

Rosa, H. (2005). Beschleunigung. Die Veränderung der Zeitstrukturen in der Moderne. Frankfurt a. M.: Suhrkamp

Sennett, R. (2013). Together. The Rituals, Pleasures and Politics of Cooperation. London: Penguin Books

Simmel, G. (1992). Soziologie. Untersuchungen über die Formen der Vergesellschaftung. Frankfurt a. M.: Suhrkamp

Steiner, A. (2008). Die siebziger Jahre als Kristallisationspunkt des wirtschaftlichen Strukturwandels in West und Ost? In K. H. Jarausch (Hrsg.): Das Ende der Zuversicht? Die siebziger Jahre als Geschichte (S. 29–48). Göttingen: Vandenhoeck & Ruprecht

Stjernø, S. (2010). Solidarity in Europe. Cambridge: University Press

Stürmer, S., Snyder, M., Kropp, A., & Siem, B. (2006). Empathy-motivated helping: the moderating role of group membership. Personality & social psychology bulletin, 32(7), 943–956

Süß, D., & Torp, C. (2021). Solidarität. Vom 19. Jahrhundert bis zur Corona-Krise. Dietz: Bonn

Wallaschek, S. (2020): Empirische Solidaritätsforschung. Ein Überblick. Springer VS: Wiesbaden

Dr. Vincent August ist Soziologe und Politikwissenschaftler an der Humboldt-Universität zu Berlin. Er leitet die Forschungsgruppe „Ökologische Konflikte", ist Mitherausgeber des „Theorieblog" und war Gastwissenschaftler am Wissenschaftszentrum Berlin für Sozialforschung (WZB) und der UC Berkeley. Seine Forschungsschwerpunkte liegen in den Bereichen Gesellschaftstheorie, Politische Theorie und Ideengeschichte, Konfliktsoziologie und Politische Soziologie.

Leben, lieben, kämpfen – in einem anderen Land

Imran Ayata

Welches Zuhause?

Seit dem Angriffskrieg Russlands gegen seinen Nachbarstaat Ukraine ist wiederkehrend nicht nur von einer Zeitenwende die Rede, sondern auch vom ersten Krieg in Europa seit dem Zweiten Weltkrieg. Welches Verständnis von Europa dieser Feststellung auch zugrunde liegen mag, das ehemalige Jugoslawien scheint nicht Teil davon zu sein. Die Kriege auf dem Gebiet des ehemaligen Jugoslawiens, die 1991 begannen und zehn Jahre dauerten, waren für mich aber genau das: ein Krieg in Europa, der ein Ende und einen Anfang zugleich markierte. Vorbei war es mit der Legende, dass Krieg früher war. Krieg, das war immer ganz weit weg. Krieg, das war Schulunterricht. Krieg, das war Hitler. Und dann brach er in jenem Land aus, das ich als Autoputland kannte. Und als Titoland.

Damals teilte sich meine Großfamilie in einen pro- und einen antisowjetischen Block. Besonders viele sympathisierten mit dem Maoismus. Selbst Enver Hoxha-Groupies ließen sich in meiner Familya ausmachen. Nur zu Titos Jugoslawien schien sich kein Verwandter zu bekennen. Als dann der Staatschef Jugoslawiens starb, war mein Vater trotzdem traurig. Die Mulatos, unsere jugoslawischen Hausgenossen, die im Laufe der Kriegsjahre zu serbischen Nachbarn wurden, waren sehr viel trauriger. „Ach, Komšija, Tito war guter Mann, Tito war Frieden", prostete Gospodin Mulato im Hof meinem Vater nostalgisch zu, der zustimmend ein doppeltes „Jawohl, richtig!" entgegnete. Frau Maier, unsere

I. Ayata (✉)
Berlin, Deutschland
E-Mail: imran.ayata@gmail.com

einzige deutsche Nachbarin in der stabilen 18-Familien-Kanakenhood, wütete
von ihrem Küchenfenster, die Herrschaften sollten ihre Heimatangelegenheiten
leise oder am besten woanders klären.

Die Kriege in Jugoslawien veränderten das Leben meiner Eltern in Ulm und
das von vielen Einwanderinnen und Einwanderern aus der Türkei in Deutschland, die nicht mehr mit dem Auto in den Sommerferien in das Land fuhren, aus
dem sie als Gastarbeiterinnen und Gastarbeiter gekommen waren. Fortan wurde
geflogen, was anfangs sehr teuer war, bis sich Jahre später der Billigfliegertouris-
mus durchsetzte. Man verplemperte nicht mehr Urlaubstage auf dem Autoput,
der Europastraße 5, die wir E5 nannten. E5, so als wäre es Vitaminersatz. Einige
Wochen vor dem Beginn der Schulferien hatte sich unsere kleine Wohnung in
ein Ausnahmegebiet verwandelt, dominiert vom Diktat der Reisevorbereitungen.
An diesen Tagen eilten meine Eltern nach Feierabend von einem Kaufhaus
zum anderen, von einem Geschäft zum nächsten. Viel Zeit blieb ihnen für das
Shopping nicht. Die Geschäfte schlossen wochentags um 18 Uhr, an Samstagen
schon am frühen Nachmittag. Sale hieß noch Winter- oder Sommerschluss-
verkauf, letzterer fand zum Leidwesen meiner Familie meist erst nach unserem
Türkeiurlaub statt.

In den Sommerferien kannten wir nur eine Destination: die Türkei. Meine
Mitschülerinnen und Mitschüler erzählten von Ferien in Ländern, auf die ich
in Landkarten zeigen konnte. Dafür kannte ich den Autoput, das eigenartige
Grau, das uns nach Villach umgab, die Strecke zwischen Zagreb und Belgrad,
die mir endlos vorkam, obwohl mein Vater schnell fuhr und selbst in brenzligen
Situationen zu Überholmanövern ansetzte, gegen die meine Mutter ohne Unter-
lass rebellierte. Meine Schwester und ich schlugen uns mal auf ihre, mal auf seine
Seite.

Auch auf der Rückbank hatte jeder seine Seite, und wehe einer überschritt die
imaginäre Grenzziehung, die mitten durch den Rücksitz verlief. Rassismus ging
damals anders: Wir hörten von Geschichten, in denen großgewachsene Jugo-
slawen auf der E5 mit Gastarbeiterinnen und Gastarbeitern aus der Türkei auf
dem Weg in die Heimat Schnipp Schnapp machten und sie anschließend in Kühl-
schränken einfroren. Auch wenn wir uns über diese Horrormärchen amüsierten,
ein bisschen furchteinflößend fanden wir sie trotzdem. Verwundert waren wir
über Einheimische in Bulgarien, die in gebrochenem Türkisch auf Rastplätzen
uns nach Musikkassetten von Zeki Müren, Bülent Ersoy und Samime Sanay
fragten. Meine Eltern hatten Mitleid mit ihnen, sie hätten wohl eine solche Sehnsucht nach der „Musik ihrer Heimat". Noch ehe ich nachfragen konnte, was es
denn mit den Parkplatzbulgaren und Türkiye auf sich hatte, erzählten meine
Eltern von der türkischen Minderheit in Bulgarien und davon, dass sie ihre

Sprache nicht sprechen und ihre Musik nicht hören dürften. Dann sind das die Kurden Bulgariens, warf meine Schwester ein, aber das wurde im Auto überhört. So fuhren wir weiter in Richtung Türkei, immer genervter und angestrengter von der langen Reise. Ich beobachtete in der Gastarbeiterkarawane wie Männer (Frauen saßen damals kaum am Steuer) fast an der Windschutzscheibe klebten, so müde waren sie von den Strapazen der E5. Mein Vater verpasste sich gelegentlich Backpfeifen und biss in eine Zitrone, um wach zu bleiben.

Harte Währung: Erfolg

Die Geschichten vom Autoput, das Leben der Mulatos und meiner Eltern sowie Millionen von Einwanderinnen und Einwanderern sind noch immer viel zu wenig eingeschrieben in das Narrativ Deutschlands, in der erfolgreiche Migrations-biografien inzwischen einen größeren Anteil haben. Denn Erfolg ist die entscheidende Währung, wenn es um Einwanderung und Migration geht. Egal, ob Politik, Wirtschaft oder Gesellschaft, wer im Sinne der Mehrheitsgesellschaft Erfolg ausweisen kann, gehört nicht nur dazu, sondern gestaltet und prägt mit. So ist der deutsche HipHop ohne Rapperinnen und Rapper mit Migrations-geschichte nicht vorstellbar – der Fußball, die Literatur oder der Film ebenso. Verbunden sind diese Erfolgsgeschichten oftmals mit Repräsentantinnen und Repräsentanten der zweiten und dritten Generation, die gelegentlich mit einer gewissen Ignoranz und Überheblichkeit auf die erste Generation blicken, auf die Art, wie sie deutsch sprechen, auf ihr einfaches proletarisches Leben, ihre Musik oder ihre Gastarbeiterliteratur. Man selbst ist cooler, erfolgreicher, neu-deutscher oder postmigrantischer. Dabei hat ihr Erfolg seinen Ursprung in der Generation der Gastarbeiter, deren Lebensleistungen in Almanya verkannt bleiben. Ohne sie, wären wir nicht die, die wir heute sind.

Überfällig ist, dass gerade die zweite und dritte Generation diesen Pionierinnen und Pionieren mehr Respekt zollen. Dafür gibt es Anknüpfungs-punkte, zum Beispiel in der Musik der Gastarbeiterinnen und Gastarbeiter. Als ich gemeinsam mit dem Münchner Künstler Bülent Kullukcu vor knapp zehn Jahren das Album *Songs of Gastarbeiter Vol. 1* herausgab, waren das mediale Echo und die öffentlichen Reaktionen überwältigend. Mit unserer Compilation dokumentierten wir die Musik unserer Eltern, die zum Alltag von Millionen Menschen in diesem Land gehörte, in der deutschen Öffentlichkeit aber völlig unbekannt war. Anfang 2022 schafften wir es endlich, das Folgealbum *Songs of Gastarbeiter Vol. 2* auf den Markt zu bringen (Ayata und Kullukcu 2022). Ein musikalisch diverses Album, das politische Protestsongs und Partymusik zusammenführt und ein Aufruf gegen falsch verstandene Homogenität ist. Damit wollen wir Vorurteilen und Klischees, die gegenüber dieser Generation noch immer bestehen, etwas entgegenstellen, ihrer Musik eine größere Bühne geben und einen Beitrag dazu leisten, dass sie nicht verloren geht.

Mit *Songs of Gastarbeiter* richten wir den Blick auf die Menschen dieser Generation, die mit ihrer Musik ihre Lebens- und Arbeitsbedingungen thematisierten, sich nicht nur leidend, sondern auch kämpferisch und ironisch gaben. Sie waren scharfsinnige Beobachterinnen und Beoachter der deutschen Gesellschaft und Politik, die nicht selten einfach nur eine Party feierten. Ebenso wertvoll ist es, die Erinnerungen an hunderte von Gastarbeiterinnen und Gastarbeitern initiierte Streiks Anfang der 1970er Jahre zu beleben, bei denen sie für mehr Lohn, bessere Arbeitsbedingungen und Gleichberechtigung kämpften. Wer sich mit der Geschichte der Migration in Deutschland nach dem Zweiten Weltkrieg beschäftigt, setzt sich früher oder später nicht nur mit dem wilden Streik bei Ford in Köln (1973) auseinander, sondern landet auch beim Automobilzulieferer Pierburg in Neuss. Dort legten im selben Jahr Gastarbeiterinnen den gesamten Betrieb lahm. Sie waren zuvor in die sogenannte „Leichtlohngruppe 2" eingestuft worden und erhielten für die gleiche Arbeit einen geringeren Stundenlohn als Männer. Dem Kampf der Gastarbeiterinnen um „eine Mark mehr" schloss sich später ein Großteil der Belegschaft an und die Forderung konnte durchgesetzt werden (vgl. Braeg 1973). Insgesamt verdienen die Resilienz und die widerständigen Strategien der Migrantinnen und Migranten gegenüber institutionellem und alltäglichem Rassismus sowie ökonomischer und sozialer Ausgrenzung größere Beachtung. Dabei lassen sich Verbindungslinien und Brüche von wilden Streiks bei Ford bis zur Kampagne *#SayTheirNames* der Initiative 19. Februar Hanau ausmachen.

Notwendiger Perspektivenwechsel

Menschen setzen sich in Bewegung, verlassen ihr Zuhause, bauen in einem anderen Land eine Existenz auf, lieben und kämpfen, erfinden sich und ihr Umfeld neu, schaffen sich Zugänge zu ökonomischen und gesellschaftlichen Ressourcen, verändern Politik, Wirtschaft und Gesellschaft. Wir leben in einer fluiden Migrationsgesellschaft, in der Fragen der Einwanderung nicht mehr als Nebenthemen gelten können, die in die Zuständigkeit der Communities, der Sozialarbeiterindustrie oder Migrationsexpertinnen und -experten fallen. Aber kein Missverständnis: fluid bedeutet nicht sozial, nicht kulturell durchlässig.

Es ist erstaunlich, wie schwer Deutschland sich als Land tut, in Zeiten der Globalisierung und Digitalisierung zukunftsweisende Antworten auf Fragen zu finden, die bleiben werden. Es bedarf eines Perspektivwechsels, der darin besteht, Einwanderung und Migration als nichts Temporäres oder Vergängliches, sondern als gesellschaftliche Normalität zu begreifen. Ein solcher Perspektivwechsel zeichnet sich des Weiteren darin aus, dass er die sozialen und politischen Kämpfe sowie die Alltagsstrategien der Migrantinnen und Migranten in den Blick nimmt (vgl. Bojadzijev 2007) und sie als zentrale Akteurinnen und Akteure in der Migrationsgesellschaft versteht, also als handelnde Subjekte, die ihr Schicksal selbst in die Hand nehmen und manchmal dafür das Mittelmeer zu überqueren versuchen. „Der Migrant ist Protagonist, Akteur und Interpret des epochalen Dramas." (Di Cesare 2021, S. 35)

Verwunderlich ist, wie der politische Mainstream sich noch immer an das Dispositiv nationalstaatlicher bzw. europäischer Regulation klammert, wenn es um Einwanderung geht. Das gründet auf einer langen Geschichte, in der die Anwerbeabkommen nach dem Zweiten Weltkrieg ein wichtiges Kapitel darstellen. Diese galten als Paradebeispiele und Referenz für die staatliche Steuerung von Einwanderung. Schon mit einer einfachen Suchmaschinenrecherche finden sich in der bundesrepublikanischen Geschichte viele Beispiele von Gesetzen und Verordnungen, die diesen Leitgedanken in sich tragen. So trat Anfang der 1980er Jahre das „Gesetz zur Förderung der Rückkehrbereitschaft von Ausländern" in Kraft. Der Name des Gesetzes war Programm. Denn gefördert werden sollte der „Wegzug von arbeitslosen Ausländern", eine politökonomische Last gewissermaßen, die die damalige Bundesregierung mit der Zahlung einer so genannten Rückkehrhilfe loswerden wollte. In zwei Jahrzehnten waren aus Gastarbeitern Ausländer geworden, die später zu ausländischen Mitbürgern aufstiegen, dann Immigranten, Migranten, Menschen mit Migrationshintergrund bzw. Einwanderungsgeschichte oder neue Deutsche wurden. Wie auch immer die Bezeichnung dieser Gruppe lautet, die Vorstellung von staatlich gesteuerter Einwanderungspolitik zieht sich wie ein roter Faden durch die Geschichte, die je nach Bedarf Menschen ins Land lockt und zurückweist, mal mit Rückkehrprämien, mal mit Abschiebungen und Ausweisungen.

Es ist nicht nur die staatliche Politik, die in – früher nationalstaatlichen und heute europäischen – Grenzen denkt, auf die Kraft der Regulation setzt und ein instrumentelles Verständnis von Einwanderung kultiviert. Elemente davon lassen sich in unterschiedlichsten gesellschaftlichen Sphären und Organisationen, aber auch bei den Gewerkschaften finden. Umso wichtiger ist es, dass wir eine gesellschaftliche Debatte initiieren, wie der Blick auf Menschen mit Einwanderungsgeschichte vom toxischen Dreieck der Bereicherung, Viktimisierung

und Bedrohung befreit werden kann (vgl. Ayata 2022). Denn es ist mitnichten die
Aufgabe von Menschen mit Einwanderungsgeschichte, Almanya zu bereichern,
weder ökonomisch noch kulturell. Ist es nicht eigenartig, wenn in einer Demokratie dies von manchen eingefordert wird und anderen nicht? Warum müssen
überhaupt Migrantinnen und Migranten produktiv und erfolgreich sein, um ohne
Wenn und Aber dazuzugehören?

Denken in Grenzen

Es ist nicht hinnehmbar, Menschen mit Migrationsgeschichte zu Opfern zu
machen oder als solche zu stigmatisieren, wie es noch immer viel zu häufig
geschieht. Und es ist populistisch und rassistisch, Einwanderung als eine Gefahr
für die Homogenität und die Wahrung „unserer Werte" zu instrumentalisieren und
bei Straftaten von Geflüchteten oder Migrant:innen statt rechtsstaatlicher Verfahren, reflexartig Abschiebungen zu fordern. Das tun nicht nur Rechtsextreme
und Rechtspopulisten, diese Argumentation bemühen auch andere. Erst wenn wir
dieses toxische Dreieck überwinden, wird es besser möglich, den eigentlichen
Herausforderungen und Chancen einer Einwanderungsgesellschaft zu begegnen.

Die Autonomie der Migration (vgl. Moulier Boutang 2002) war in der Vergangenheit eine Herausforderung und sie wird auch in Zukunft die Konzepte
gesteuerter Einwanderung und der Sicherung von Grenzen vor große Herausforderungen stellen. So wie zuletzt Menschen aus der Ukraine dem Krieg
entflohen sind, werden künftig Menschen in Afrika oder auf einem anderen
Kontinent den Folgen der Klimaerwärmung entkommen wollen. Sie werden
sich auf den Weg machen und Grenzen überwinden. Donatella Di Cesare (2021)
hat darauf hingewiesen, dass sich das „Innen" und „Außen" verfestigen, indem
eine Gesellschaft die eigene Zugehörigkeit feiert, die eigene Gemeinschaft im
Fokus hat und immer in Grenzen denkt. „Es ist diese metaphysische Dichotomie
zwischen Innen und Außen – die Grundlage aller politischen Trennung – die
zuallererst in Frage gestellt werden muss." (ebd., S. 36)

Dieses Abwehrkonzept aufrecht zu erhalten und zu verfestigen, ist das zentrale
Motiv erstarkter Rechter und Autokraten, die den Nationalstaat stärken wollen,
die Kriege führen, die Mauern an Grenzen bauen oder „unser Land" und „unser
Volk" zurückholen wollen. Bezogen auf Einwanderung gibt es gleichwohl kein
Zurück.

Dass rechtsextremistische und rechtspopulistische Parteien einen Rück-
fahrtschein in alte Zeiten lösen wollen, hat damit zu tun, dass sie Komplexität meiden, ohne Reue vereinfachen, und ihnen Hass und Lüge näher sind als

gesellschaftliche Realitäten. Dabei wissen selbst sie, dass das Deutschland ihrer Imagination unwiederbringlich perdu ist, wofür schon allein die Demografie spricht. Nach Zahlen des Mikrozensus hatten in Deutschland 21,2 Mio. Menschen einen Migrationshintergrund. Das entspricht 26 % der Bevölkerung in deutschen Privathaushalten (Bundesamt für Migration und Flüchtlinge 2019). Der Anteil von Bürgerinnen und Bürgern mit Einwanderungsgeschichte wird in den nächsten Jahrzehnten signifikant wachsen – auch dann, wenn noch Billionen in die europäische Grenzagentur Frontex und die europäische Grenzkontrolle fließen sollten. Selbst bei einer Nulleinwanderung wird der Anteil von Migrantinnen und Migranten in Deutschland wachsen.

Rassismus – ein Thema aller

In der Einwanderungsgesellschaft zu leben, heißt, kontinuierlich über Rassismus zu sprechen. Doch selbst nach den NSU-Morden, nach Halle und Hanau mangelt es in Deutschland an einer breiten öffentlichen Debatte über Rassismus, dessen Bekämpfung längst ins Pflichtenheft der Mehrheitsgesellschaft gehört. Rassismus ist ein Thema der gesamten Gesellschaft und nicht delegierbar auf sogenannte Minderheiten. Das ist sogar grundfalsch. Rassismus ist das Thema aller, weshalb der Kampf gegen Rassismus und Hass in Almanya als gesamtgesellschaftliche Aufgabe leidenschaftlicher und energischer geführt werden muss. Der Singular ist irreführend, denn antirassistische Politik kann nur im Plural gedacht erfolgreich sein.

Bei den hitzigen Debatten um Identitätspolitik in Almanya könnte man einen anderen Eindruck gewinnen. Während die einen stärkere Repräsentation und Rechte von sogenannten Minderheiten einfordern, sehen andere darin den Rückfall in einen Opferwettbewerb und die Gefahr, in einer zunehmend fragmentierten Gesellschaft von wesentlichen Fragen abzulenken. Doch der Bezug auf Identität hat immer auch eine Klassendimension, so wie Klasse wiederum Identität stiftet. Interessant ist, auf welches Verständnis von Identität rekurriert wird. Identitäten sind niemals homogen und statisch – und weniger vom Ethnischen determiniert, als gemeinhin behauptet wird.

Wer vermag heute ernsthaft zu definieren, was deutsch ist, was Teile der deutschen Kultur oder deutsche Werte sein sollen. Identitäten können Gehhilfen sein. Sie helfen, Zugang zu gesellschaftlichen Ressourcen zu erkämpfen, neue Themen zu setzen und Perspektiven einzubringen. Das Spiel mit den Identitäten ist für Menschen mit internationaler Geschichte eine Technik der politischen und kulturellen Artikulation. Identitäten sind aber auch Fallen, weil der Bezug auf sie, manchmal ungewollt, Grenzziehungen zwischen „Ihr" und „Wir" oder „eure Heimat" und „unser Albtraum" nicht infrage stellt oder in diesen Kategorien verharrt (vgl. Aydemir und Yaghoobifarah 2019). Dass identitätspolitische Positionen stärker wahrnehmbar werden, hat auch damit zu tun, dass sich in einer zunehmend von Social Media geprägten Öffentlichkeit Positionen von Sprecherinnen und Sprechern anders verteilen und die Kapitalisierung der eigenen Biografie, Herkunft oder sexuellen Orientierung Bühnen und Abnehmer findet. Mit Sichtbarkeit und Repräsentation allein sind gesellschaftliche Veränderungen nicht möglich. Sie bedürfen politischer, rechtlicher und ökonomischer Interventionen. Ich kann so viele Essays und Artikel veröffentlichen, wie ich will, kann Likes und Retweets auf Twitter einsammeln oder im Kreise der Erfolgskanaken mit dem Bundespräsidenten über Diversität in Almanya parlieren, nichts davon wird das Leben von Rentnerinnen und Rentnern ändern, die als Gastarbeiterinnen und Gastarbeiter in dieses Land eingewandert sind, oder einen Einfluss haben, wie ein Geflüchteter aus Syrien oder der Ukraine hier Fuß fassen kann.

Die eigene privilegierte Position ignorierend für die eigene Community zu sprechen, sich als deren Vertreterinnen und Vertreter zu behaupten und sich so Zugänge zu verschaffen und individuelle Karrieren zu ebnen, bedeutet mitnichten, Ausgrenzung und Rassismus infrage zu stellen. Denn es gibt keinen plausiblen Grund, sich damit zu arrangieren, dass sich die überwiegende Mehrheit der Gesellschaft scheinbar daran gewöhnt hat, dass rassistische Diskriminierungen verharmlost, Menschengruppen stigmatisiert, Flüchtlingsheime, Aktivistinnen und Aktivisten sowie Politikerinnen und Politiker angegriffen werden. Indem wir dieser Gewöhnung nichts entgegenstellen, erfahren Nationalismus, Ressentiments und gruppenbezogener Hass weiter Akzeptanz.

Umdenken und neue Kompromisslosigkeit

Im Grunde sollten wir uns gerade wegen der tektonischen Rechtsverschiebung und der anhaltenden rassistischen Gewalt einer gesellschaftspolitischen Auseinandersetzung zuwenden, in deren Mittelpunkt die Frage steht, wie in Zeiten der Globalisierung, der fortwährenden Bewegung von Menschen über Grenzen hinweg, trotz aller Differenzen, ein gemeinsames, pluralistisch-solidarisches Leben möglich ist. Eine Debatte solcher Größenordnung und Relevanz in Gang zu bringen, mutet heute utopisch an.

Die Jahrzehnte des Neoliberalismus haben gesellschaftliche Praktiken und Strukturen der Solidarität substanziell geschwächt. Das ist politisch fatal, weil wir uns globalen Herausforderungen stellen müssen, die existenziell bedrohlich sind. Notwendig ist nicht nur ein Umdenken, sondern ein Denken in radikalen Alternativen – wie wir leben, arbeiten, wirtschaften.

Gebraucht werden neue gesellschaftliche Allianzen, die das Soziale und Ökologische nicht als Gegensätze begreifen, sondern im Sinne eines guten Lebens für alle zusammenführen. Zu denken, sozial und ökologisch sei nicht miteinander vereinbar, spielt jenen in die Hände, die aus dieser Polarisierung Profit schlagen oder sie für Eigeninteressen instrumentalisieren. Ob Corona-Pandemie, Leben mit Grundsicherung, Erderwärmung, Artensterben, die Verschmutzung der Meere oder Migration, die globalen Aufgaben erfordern eine neue Form von Kompromisslosigkeit.

Welche Kraft eine solche Fokussierung entfalten kann, sehen wir bei Fridays for Future. Neben allen Argumenten und Fakten, politischer Leidenschaft und Kreativität setzt diese weltweit agierende Bewegung vor allem auf: Kein Kompromiss beim Klimaschutz. Das ist ihre Radikalität. Die Aktivistinnen und Aktivisten stellen darauf ab, dass es ohne eine Abwehr der Klimakatastrophe keine Zukunft geben kann. Ihre Anklage handelt davon, dass ihnen und künftigen Generationen die Zukunft genommen wird. Deswegen lässt sich Fridays for Future bis jetzt nicht beirren, so als wollten sie sagen: Wir haben keine andere Wahl, ihr auch nicht. Wenn wir so weitermachen, werden wir alle untergehen.

Eine solche Kompromisslosigkeit könnte auch das Denken in „Innen" und „Außen", in „Wir" und „Sie", überwinden und ein Sprungbrett dafür sein, mit etablierten Reflexen des Verstehens und Legitimierens zu brechen, sich gemeinsam gegen die Ethnisierung sozialer Fragen und gegen jedwede Form sexistischer und rassistischer Diskriminierung zu stellen und dem Hass sowie der Gewalt der Rechten zu begegnen. Für eine pluralistische und demokratische Gesellschaft bleibt es gewissermaßen eine kontinuierliche Aufgabe, kompromisslos zu sein, wenn es um ein solidarisches Zusammenleben und gleichberechtigtes Miteinander in Zeiten der Globalisierung und Migration sowie den geopolitischen Neuordnungen geht. Das ist alles andere als einfach, und bedeutet, es auszuhalten, in Selbstwidersprüchen zu leben. Es zeichnet sich ab, dass diese nicht weniger, sondern mehr werden. Daher bleibt die Anforderung für die Zukunft, diesen Widersprüchen politisch und kulturell zu begegnen. Und es bleibt die Ambiguitätstoleranz als notwendige Bedingung für eine Gesellschaft, die noch stärker von Migration konturiert sein wird. Denn das Jahrhundert der Migration hat für Almanya erst begonnen. Das Deutschland von morgen wird sehr viel stärker von Einwanderung geprägt sein, als es heute schon ist.

Literatur

Die Links wurden am 21. Juni 2022 zuletzt überprüft

Ayata, I. (2022, 6. Oktober). *Jenseits des toxischen Dreiecks*. Heinrich Böll Stiftung. Heimatkunde – Migrationspolitisches Portal. https://heimatkunde.boell.de/de/2021/10/06/jenseits-des-toxischen-dreiecks

Ayata, I., & Kullukcu, B. (2022). *AYKU*. https://www.songs-of-gastarbeiter.com/

Aydemir, F., & Yaghoobifarah, H. (Hrsg.) (2019). *Eure Heimat ist unser Albtraum*. Berlin: Ullstein

Bojadzijev, M. (2007). *Die windige Internationale. Rassismus und Kämpfe der Migration*. Münster: Westfälisches Dampfboot

Braeg, D. (1973). *„Wilder Streik – das ist Revolution": Der Streik der Arbeiterinnen bei Pierburg in Neuss 1973*. Berlin: Die Buchmacherei

Bundesamt für Migration und Flüchtlinge (2019). *Bevölkerung mit Migrationshintergrund in Deutschland*. https://www.bamf.de/DE/Themen/Forschung/Veroeffentlichungen/Migrationsbericht2019/PersonenMigrationshintergrund/personenmigrationshintergrund-node.html

Di Cesare, D. (2021). *Philosophie der Migration*. Berlin: Matthes & Seitz

Moulier Boutang, Y. (2002, 3. April). Nicht länger Reservearmee. Thesen zur Autonomie der Migration und zum notwendigen Ende des Regimes der Arbeitsmigration. *Jungle World*. https://jungle.world/artikel/2002/14/nicht-laenger-reservearmee

Imran Ayata ist Geschäftsführender Gesellschafter von BALLHAUS WEST, Agentur für Kampagnen GmbH. Er war Mitbegründer der Gruppe *Kanak Attak* und Redakteur von *Die Beute. Zeitschrift für Politik und Verbrechen*. Als Schriftsteller hat er Romane und literarische Beiträge in Zeitschriften und Sammelbänden in Deutschland und der Türkei publiziert.

Souveränitätsgewinne oder Freiheitsverluste – wohin treibt der Arbeitsmarkt?

Jutta Allmendinger und Wolfgang Schroeder

Die heutige Arbeitswelt ist ambivalent. Formen neuer Souveränität, Selbstbestimmung und individueller Entfaltung finden sich ebenso wie die Erkenntnis, dass vorhandene Sicherheiten und Freiheiten begrenzt werden oder gar verschwinden. Dabei sind Gewinne und Verluste nicht nur zwei Seiten einer Medaille. Oft gehen sie direkt miteinander einher. Neue Souveränitäten werden dann sofort wieder eingehegt.

Eindrücklich zeigt dies die aufstrebende digitale Dienstleistungsökonomie. Gearbeitet wird meist an selbstgewählten Orten zu selbstgewählten Zeiten für selbstgewählte Arbeitgeberinnen und Arbeitgeber. Die Stichworte: Mobilität, Kreativität und Flexibilität. Fremdbestimmte Arbeit wird reduziert, selbstbestimmte Zeit gewonnen. Wie im Brennglas sieht man hier aber auch die Schattenseiten. Wenn klassische Beschäftigten- und Arbeitszeitstrukturen erodieren und der Betrieb als sozialer und institutioneller Bezugsrahmen verloren geht, nehmen individuelle Verantwortung und damit auch Unsicherheiten zu.

Die digitalisierte Arbeitswelt von morgen braucht also neue sozial- und arbeitsrechtliche Standards. Datenschutzrechtliche Fragen müssen geklärt werden, da sich die Kontrollmöglichkeiten und die Kommunikationskanäle zwischen Arbeitgebern und Beschäftigten grundlegend verändert haben. Ebenso sind die demokratisch legitimierten Institutionen der Mitbestimmung gefordert, da viele Beschäftigtengruppen arbeitspolitische Arrangements heute schlechter als zuvor aushandeln können. Outsourcing, Werkverträge und Leiharbeit haben

J. Allmendinger · W. Schroeder (✉)
Berlin, Deutschland
E-Mail: wolfgang.schroeder@uni-kassel.de

J. Allmendinger
E-Mail: jutta.allmendinger@wzb.eu

J. Legrand et al. (Hrsg.), *Transformation und Emanzipation,*
https://doi.org/10.1007/978-3-658-39911-5_10

dazu geführt, dass viele Beschäftigte trotz gemeinsamer Arbeit am gleichen Produkt mit unterschiedlichen arbeitspolitischen Rechten, Möglichkeiten der Mitbestimmung und unterschiedlicher Entlohnung ausgestattet sind. Diese Spaltung der Belegschaften mindert deren Möglichkeiten zur Mitgestaltung insgesamt und wurde in einigen Branchen bereits schleichend Bestandteil der Unternehmensführung.

Im Folgenden behandeln wir drei zentrale Entwicklungen der Arbeitswelt, die exemplarisch das Miteinander der gegenläufigen Veränderungen verdeutlichen:

- neue Arbeitszeitarrangements,
- das Homeoffice
- und die Plattformarbeit.

Diese drei Entwicklungen unterscheiden sich hinsichtlich ihrer Folgen für die individuell mögliche Abgrenzung von bezahlter und unbezahlter Arbeit, für die Qualität von Arbeits- und Sozialschutz, den Datenschutz, die angemessene Ausstattung des Arbeitsplatzes und die soziale Integration über die Erwerbsarbeit im Betrieb vor Ort. Gleichermaßen wirken sie sich auch auf verschiedene soziale Gruppen sowie auf Frauen und Männer unterschiedlich aus. So stehen flexible Arbeitszeitarrangements den meisten Beschäftigten offen, mobiles Arbeiten noch knapp 40 %, die Plattformökonomie ungleich weniger Menschen. Und insbesondere für Frauen stellt die Entgrenzung von Beruf und Familie eine Chance, zugleich aber auch eine enorme Herausforderung dar – zumindest solange ihnen die Hauptverantwortung für die Pflege- und Erziehungsarbeit zugesprochen wird.

Wir schließen den Beitrag mit der Empfehlung, die angesprochenen Ambivalenzen institutionell und rechtlich so zu rahmen, dass deren emanzipative Potenziale gestärkt werden. Wir sind davon überzeugt, dass es insbesondere von den inhaltlichen, machtpolitischen und lebensweltlichen Bedingungen abhängt, ob das Pendel in Richtung Souveränitätsgewinn oder Freiheitsverlust ausschlägt.

Flexible Arbeitszeitarrangements: vom Arbeitszeitkonto zur Vertrauensarbeit

Spricht man über flexible Arbeitszeitarrangements, so verweist man auf die drei Elemente *Umfang, Lage und Verteilung* der Erwerbsarbeit. Die Bezahlung, die Ent- und Befristung der Erwerbsarbeit und der Sozialversicherungsschutz treten bei dieser Frage dagegen eher in den Hintergrund.

Die vertraglich vereinbarte wöchentliche Arbeitszeit hat sich seit den 1990er Jahren um etwa drei Stunden auf etwa 35,4 h verringert, da die Teilzeitarbeit stark gestiegen ist (Wöhrmann et al. 2019, S. 161). Die tatsächlich geleistete wöchentliche Arbeitszeit lag laut Arbeitszeitbefragung der Bundesanstalt für Arbeitsschutz und Arbeitsmedizin aus dem Jahr 2019 dennoch bei durchschnittlich 38,8 h. Damit machen die Beschäftigten in Deutschland im Durchschnitt 3,4 Überstunden pro Woche (BAuA 2020, S. 18 ff.). Zudem gab über die Hälfte der Befragten (56 %) an, gerne kürzer arbeiten zu wollen (BAuA 2020, S. 25). Längere Arbeitszeiten wünschen sich dagegen oft Minijobberinnen und Minijobber und verbinden dies mit der Hoffnung, in eine sozialversicherungspflichtige Arbeit wechseln zu können (Rat der Arbeitswelt 2021, S. 70).

Längere Arbeitszeiten gehen oft mit weniger und kürzeren Ruhephasen sowie Zeit- und Leistungsdruck einher, was sich negativ auf die Zufriedenheit mit der Work-Life-Balance und die Gesundheit der Betroffenen auswirken kann. Die Folgen sind beispielsweise Rückenschmerzen, Schlafstörungen, Erschöpfung und Müdigkeit (Wöhrmann et al. 2019, S. 161 ff.). Besonders Frauen mit Pflegeverantwortung sind davon betroffen (Allmendinger und Haarbrücker 2017).

Für die zeitliche Souveränität und die Vereinbarkeit verschiedener Lebensbereiche ist auch die Lage der Arbeitszeit entscheidend. Abendstunden und das Wochenende sind sozial wertvolle Zeiten, in denen ein Großteil des privaten und familiären Lebens stattfindet. Gerade Beschäftigte im Schichtdienst arbeiten häufig während dieser Zeiten (Wöhrmann et al. 2019, S. 164). Wechselnde Arbeitszeiten können den Beschäftigten zwar den Vorteil bieten, private und berufliche Ansprüche besser aufeinander abzustimmen. Hierfür bedarf es seitens der Beschäftigten jedoch eines gewissen Zeitmanagements, das auch überfordern kann.

Umfang und Lage der Arbeitszeit waren lange Zeit fest fixiert. Im „fordistisch-tayloristischen Zeitalter" etablierte sich für (männliche) Beschäftigte das Normalarbeitsverhältnis mit einem starren Arbeitszeitregime (Kratzer und Sauer 2007, S. 174). Bis in die 1970er Jahre hinein war es ihnen kaum möglich, über ihre Arbeitszeit mitzuentscheiden, geschweige denn über den Arbeitsort. Angesichts der steigenden Erwerbstätigkeit von Frauen forderten bald immer mehr Gewerkschaften, den Beschäftigten einen größeren Freiraum bei der Organisation ihrer Arbeit zu geben, um die Erwerbsarbeit und die persönliche Lebenslage besser aufeinander abstimmen zu können. Erste zaghafte Schritte zur Arbeitszeitflexibilisierung erfolgten mit der Einführung der heute weit verbreiteten Arbeitszeitkonten (Seifert 2019, S. 431). Während es den Beschäftigten damit – zumindest potenziell – ermöglicht wurde, innerhalb eines gewissen Zeitraums ihre Erwerbsarbeit freier zu verteilen, änderte sich am Arbeitsvolumen und der

Lage der Arbeitszeit wenig. Mit zunehmend ausdifferenzierten Lebensentwürfen und Erwerbsformen haben sich die Arbeitszeitstrukturen und -modelle dann weiter vervielfältigt. Heute bewegen sie sich zwischen dem starren fordistisch-tayloristischen Arbeitszeitregime auf der einen und der Vertrauensarbeitszeit auf der anderen Seite (Jürgens et al. 2017, S. 112). Letztere zeichnet sich dadurch aus, dass Umfang, Lage und Verteilung der Arbeitszeit keiner betrieblichen oder kollektivvertraglichen Regulierung mehr unterliegen. Allein die Beschäftigten selbst sind hierfür verantwortlich (Kratzer und Sauer 2007, S. 174).

Flexible Arbeitszeiten bieten im Vergleich zum fordistisch-tayloristischen Modell mehr Zeitautonomie, zugleich machen sie die Beschäftigten zu „Arbeitskraftunternehmern" (Voß und Pongratz 1998), die ihre Arbeit selbst organisieren müssen. Zwischen Beschäftigten und Arbeitgeberinnen bzw. Arbeitgebern verringern sich dadurch zwar die Konflikte über die Arbeitszeit, für die Beschäftigten entstehen allerdings auch neue Konflikte: Sie müssen mit sich selbst, ihrer Familie und mit den Kolleginnen und Kollegen ausmachen, wann sie wie viel arbeiten und sich entsprechend auch selbst organisieren und disziplinieren.

Diese Konflikte erleben besonders jene Beschäftigte, deren Arbeitszeit überhaupt nicht mehr über vereinbarte Anfangs- und Endzeiten oder einen gewissen Stundenumfang bestimmt wird. Einer solchen Vertrauensarbeitszeit unterliegen meist vorgegebene Leistungsziele, wie wir sie auch von der Plattformarbeit kennen (Jürgens et al. 2017, S. 118 f.). Hier wird also die Planung der Erwerbsarbeit zum integralen Bestandteil dieser selbst. Dies mag einen Freiheitsgewinn bedeuten, da man bezahlte und unbezahlte Arbeit selbstbestimmt gestalten kann. Allerdings ist mit mehr Flexibilität nicht zwingend auch mehr Zeitsouveränität verbunden, insbesondere dann nicht, wenn Erwerbsarbeitszeiten aufgrund zu hoher eigener oder betrieblicher Leistungserwartungen ausgedehnt und in sozial wertvolle Zeiten verlegt werden (ebd., S. 117). Auch die Organisation von Erwerbsarbeit kann bei fehlender Abgrenzung zur Freizeit eine Belastung werden, die sich negativ auf die Gesundheit auswirkt.

Wir halten fest: Längst nicht alle Menschen haben ein Beschäftigungsverhältnis, bei dem sie über Umfang, Lage und Verteilung ihrer Erwerbsarbeitszeit entscheiden können. Für jene, die diese Möglichkeit haben, können sich dadurch Freiräume eröffnen, um private und berufliche Angelegenheiten besser miteinander zu vereinbaren. Fragen des Arbeitsschutzes, der Arbeitsplatzausstattung oder der sozialen Integration durch den Arbeitsort ergeben sich hier nicht zwingend. Aber auch Zeitautonomie bedeutet nicht immer einen Freiheitsgewinn. Ohne klare und verbindliche Regelungen zwischen Beschäftigten und Betrieb kann die formal gewonnene Freiheit auch einschränkend wirken, wenn die

Erwerbsarbeitszeit so ausgedehnt und verlagert wird, dass das Zeitmanagement zu Zeitstress, Überforderung und möglicherweise sogar gesundheitlichen Beeinträchtigungen führt. Diese Einschränkungen beobachten wir insbesondere dann, wenn familiäre Anforderungen und kulturell fixierte Zuständigkeiten immer wieder nahelegen, unbezahlten (Pflege-)Arbeiten den Vorrang zu geben. Junge Mütter sind hier besonders betroffen.

Homeoffice: die örtliche Entgrenzung von bezahlter und unbezahlter Arbeit

Das Recht auf Homeoffice ist das Flaggschiff der arbeitskulturellen Revolution (Berzel und Schroeder 2021)[1]. Keine andere arbeitsorganisatorische Entwicklung hat die Spielräume der Beschäftigten vergleichbar erweitert. Arbeitsorte werden dezentralisiert, Arbeitsbeziehungen enthierarchisiert und Arbeitsprozesse können selbstbestimmter organisiert werden. So weit der positive Teil des Diskurses. Doch auch hier gibt es eine gefährdende und freiheitseinschränkende Dimension, die angesichts der gängigen Jubel-Narrative nicht ignoriert werden darf. Die analoge Zusammenarbeit, die zufälligen Treffen auf dem Weg zum und am Arbeitsplatz – all diese Orte der persönlichen Begegnung werden reduziert oder drohen, ganz zu verschwinden. Den meisten Beschäftigten ist das sehr bewusst: Erwerbsarbeit bedeutet ihnen nicht nur lästiges Pendeln, Hetze, Stress und Ärger mit Kollegen und Chefinnen. Erwerbsarbeit vergrößert sozial und räumlich die persönliche Welt. Dennoch: Auch nach der langen Corona-Zeit findet das Homeoffice bei den Beschäftigten viel Zuspruch. Rund zwei Drittel wollen weiterhin einige Tage pro Woche im Homeoffice arbeiten. Die Arbeit der Zukunft wird höchstwahrscheinlich hybrid, das Homeoffice zu einem Stück neuer Normalität.

Betrachten wir das mobile Arbeiten näher, wie die Arbeit im Homeoffice übergreifend genannt wird. Welche Folgen zeigen sich für die Beschäftigten? Die aktuelle Studienlage ergibt ein differenziertes Bild. Die Ergebnisse belegen eine insgesamt höhere Zufriedenheit mit der Erwerbsarbeit, bei deutlichen

---

[1] Die Ausführungen zum Homeoffice beziehen sich auf diesen Literatur- und Forschungsbericht. Für einzelne Belege sei auf diese Quelle verwiesen.

Unterschieden zwischen den Beschäftigtengruppen nach Haushaltszusammen-
setzung, sozialer Lage und Wohnort (Stadt/Land). Berichtet werden eine höhere
Produktivität, Zeitgewinn durch wegfallende Arbeitswege und eine bessere Vereinbarkeit von Beruf und Familie. Die Digitalisierung des Arbeitsplatzes wird
nun auch insgesamt positiver als zuvor und als entlastend erlebt. Gleichzeitig
fehlt vielen der direkte Kontakt zu Kolleginnen und Kollegen, rund die Hälfte der
Beschäftigten sieht negative Folgen für ihre Erwerbsarbeit, weil die kurzfristige
Rückkopplung mit dem/der Vorgesetzten schwierig oder der Zugang zu Arbeits-
materialien unzureichend ist.

Jüngere Studien zum Homeoffice, die mittlerweile einen längeren Zeitraum des Phänomens abbilden können, zeigen allerdings, dass mobiles Arbeiten
auch zu mehr Stress führen kann. Grenzen zwischen Arbeit und Privatleben
sind nicht einfach zu ziehen und immer wieder zu verteidigen. Die Erwartung
permanenter Erreichbarkeit wird in die private Zeit hinein ausgedehnt. Vielen
fehlt ein ruhiger Arbeitsort, eine dem Büro vor Ort entsprechende Arbeitsplatzausstattung, auch Fragen des Datenschutzes stellen sich. Hinzu kommt, dass sich
mobiles Arbeiten negativ auf die Gleichstellung von Frauen und Männern auswirkt. Bereits vor der Corona-Pandemie haben Studien ergeben, dass Arbeitgeberinnen und Arbeitgeber geschlechtsspezifisch unterschiedliche Erwartungen
mit der Arbeit im Homeoffice verbinden. Bei Vätern geht man davon aus, dass
das Homeoffice zur Vorbereitung auf neue Karriereschritte genutzt wird. Bei
Müttern wird gerade das Gegenteil angenommen und die Arbeit im Homeoffice
mit mehr Familienzeit gleichgesetzt. Die Pandemie scheint die Folgen dieser
unterschiedlichen Erwartungen verschärft zu haben. Insbesondere junge Mütter
können nur schwer diesen geschlechtsspezifischen Annahmen entkommen und
sehen sich gezwungen, viele Arbeiten teilweise parallel zu verrichten oder die
berufliche Arbeit in die frühen Morgen- oder späten Abendstunden zu legen. Mit
dem Homeoffice entstehen zudem neue Ungleichheiten zwischen verschiedenen
sozialen Gruppen. Beschäftigte, die wenig verdienen oder ein niedriges Quali-
fikationsniveau besitzen, haben häufig gar nicht die Möglichkeit, mobil zu
arbeiten.

Es stellt sich daher die Frage, wie Homeoffice nach der Pandemie als
„Normalfall" so reguliert werden kann, dass die negativen Folgen gezielt zurück-
gedrängt und kontrolliert werden können. Dazu beitragen könnten etwa ein auf
Freiwilligkeit beruhender Rechtsanspruch auf Homeoffice und auf Präsenz-
erwerbsarbeit, eine digitale Zeiterfassung zur Verhinderung überbordender Über-
stunden, eine spezifische Absicherung des Unfallrisikos im Homeoffice, gute
Arbeitsbedingungen mit entsprechender Ausstattung des Arbeitsplatzes oder ein
Steuerbonus. Dass die dafür notwendigen Regelungen nicht einfach den Unter-

nehmen und dem Gesetzgeber überlassen werden dürfen, ist den Tarifparteien bewusst. Einige Unternehmen haben längst mit ihren Betriebsräten Betriebsvereinbarungen abgeschlossen und auch die Sozialpartner stehen nicht abseits. Die Betriebsvereinbarung zur Mobilarbeit bei der BMW Group und die bei VW eingeführte Nicht-Erreichbarkeit in den Abendstunden sind hierfür nur zwei Beispiele guter betrieblicher Praxis. Beim „Tarifvertrag zum Mobilen Arbeiten" der Metall- und Elektroindustrie wurden Rahmenbedingungen festgelegt, etwa Ruhezeiten, Freiwilligkeit oder das Aussetzen von Regeln zu Nacht- und Wochenendzuschlägen.

Das Homeoffice bringt weitere Einschränkungen. Es führt buchstäblich zu einer „Verheimlichung" (Allmendinger 2021), zu einem Schwund sozialer Interaktionen und Kontakte, es verkleinert die soziale Welt. Damit stehen Betriebsräte und Gewerkschaften in der neuen Arbeitswelt vor großen Herausforderungen, denn auch sie brauchen den direkten Kontakt mit den Beschäftigten: Die Rekrutierung von Mitgliedern und die Aktivierung der Beschäftigten sind an gemeinsame Erfahrungen und Orte gebunden. Regelungsbedarfe, etwa beim Arbeitsschutz, wandern aber aus der Vor-Ort-Sphäre des Betriebs in die Unsichtbarkeit der Wohnungen. Immer drängender stellt sich auch die Frage, was passiert, wenn Unternehmen durch die Erfahrungen in der Pandemie zu dem Schluss kommen, dass die Präsenz einiger Beschäftigtengruppen gar nicht mehr nötig und sogar kostensteigernd ist. Geht es bald nicht mehr darum, wer im Homeoffice arbeiten kann und darf, sondern im Gegenteil darum, wer im Unternehmen arbeiten darf und wer nicht? Ab wann müssen wir über einen Anspruch auf Präsenz verhandeln, um das Freiheitspotenzial der Beschäftigten zu konsolidieren?

Plattformarbeit: selbstständig abhängig?

Digitale Plattformen bieten eigenständige und in starkem Maße orts- und zeitunabhängige Verdienstmöglichkeiten. Insofern können Plattformen einen Raum für Souveränität öffnen, den die Beschäftigten frei und unabhängig betreten und dessen Bedingungen sie selbst gestalten (Greef und Schroeder 2017; Greef et al. 2020)[2]. Tatsächlich koordinieren Plattformen seit einigen Jahren Erwerbs-

---

[2] Die Ausführungen zur Plattformökonomie beziehen sich auf diesen Forschungsbericht und Aufsatz. Für weitere Belege sei auf diese Publikationen verwiesen.

arbeit und schaffen damit einen Markt, der sich deutlich von den üblichen Arrangements unterscheidet. Das klassische abhängige Beschäftigungsverhältnis zwischen Unternehmen und Erwerbstätigen wird nun ergänzt, eine Dreiecksbeziehung entsteht, bei der die Plattformbetreiber als dritter Akteur in Erscheinung treten. Auf den Plattformen werden Arbeitsaufträge vermittelt, die von Unternehmen ausgelagert und an Internetnutzerinnen und -nutzer (die „Crowd") ausgeschrieben werden. Die Erwerbsarbeit wird dann in der Regel entweder direkt im Netz („Crowdwork") oder außerhalb, etwa in Form von Lieferdiensten, erbracht („Gigwork"). Da sich die Plattformen nur als „Vermittler" zwischen Angebot und Nachfrage verstehen, verfügen die Beschäftigten über keinen rechtlich geschützten Arbeitnehmerstatus. Das Dreiecksverhältnis ist somit durch ein erhebliches Machtgefälle gekennzeichnet, an dessen Spitze der Plattformbetreiber steht.

Die Plattformökonomie bietet eine große Bandbreite an Arbeitsangeboten und -aufträgen, deren Vergütung alle Einkommensgruppen mit einbezieht. Dennoch ist eine gewisse Konzentration auf besonders prekäre Beschäftigungsformen mit geringer Bezahlung und nicht definierten Arbeitszeiten ganz offensichtlich.

Die Arrangements der Plattformökonomie stehen für eine weitreichende Transformation von Erwerbsarbeit, an deren Ende sich das rechtliche und soziale Band der Erwerbsarbeit auflöst. Solange die Plattformarbeit eher ein Randphänomen bleibt, wird die regulierte Arbeitsgesellschaft nicht grundlegend infrage gestellt. Entwickelt sich dieses Phänomen aber in der heutigen Form ungezügelt weiter, werden unsere Prinzipien des Sozialversicherungsstaats bedroht. Die neuen Konstellationen von Beschäftigung, Managementstrategien und Interessenvertretung führen dann zu Veränderungen, die das etablierte Akteurs- und Institutionengefüge sprengen und sich herkömmlichen sozialpartnerschaftlichen Aushandlungsformen und politischer Regulierung ganz entziehen. Das allerdings muss nicht sein, wie die bald weltweit verortete Initiative von Fairwork zeigt. Fairwork setzt sich zur Aufgabe, die Arbeitsstandards in der Plattformökonomie anhand von fünf Kriterien fairer Arbeit (faire Bezahlung, faire Arbeitsbedingungen, faire Verträge, faires Management, faire Mitbestimmung) zu beschreiben, zu bewerten und Handlungsansätze zu entwickeln.

Zusammenfassend lässt sich festhalten, dass die Plattformökonomie am weitesten in die fordistisch-tayloristischen Regelungen eingreift. Sie kann zwar zu Souveränitäts- und Freiheitsgewinnen für Beschäftigte führen, da die Arbeit orts- und vielfach auch zeitunabhängig verrichtet werden kann. Zugleich werden häufig Schutzrechte der Beschäftigten verletzt, die im Laufe der Geschichte mühsam durchgesetzt wurden, man denke nur an die Sozialversicherungen oder Arbeits- und Mitbestimmungsrechte. Klassische Arbeitnehmerrechte greifen meist nicht, die mit der Erwerbsarbeit verbundenen Risiken werden sehr oft einseitig den Auftragnehmerinnen und -nehmern zugewiesen.

Fazit: der Kontext ist entscheidend

In der heutigen Arbeitswelt gibt es eine Fülle von Entwicklungen, die neue Potenziale für die Souveränität der Beschäftigten mit sich bringen, allerdings auch freiheitseinschränkend wirken können.

Drei Ankerpunkte waren bei allen Differenzierungen in den letzten Jahrzehnten dafür verantwortlich, dass die Rechts- und Schutzpositionen für die Beschäftigten ausgebaut werden konnten.

- Als *erster* Anker ist der Betrieb bzw. das Unternehmen als räumlich, ökonomisch-rechtlich und sozial verortete Organisationsform zu nennen. Die Plattformökonomie stellt diesen territorialen Gestaltungsraum allerdings grundlegend infrage.
- Der *zweite* Anker liegt im Normalarbeitsverhältnis. Vielfältige Entwicklungen haben diesen Kern destabilisiert und Tendenzen einer Erosion befördert.
- Der *dritte* Anker besteht in einer betrieblichen Interessenvertretung, die mit der branchenbasierten Gewerkschaftsorganisation verbunden ist und einem Management, das in Arbeitgeberverbänden und Tarifverträgen regulative Instrumente zur Ordnung des Wettbewerbs sieht. Sinkende Mitgliederzahlen in den Gewerkschaften, weniger Betriebsratsgremien, Verbandsabstinenz und Tarifflucht aufseiten der Unternehmen sind Zeichen eines strukturellen Wandels auf dieser Ebene.

Ob eine fortschreitende Digitalisierung von Ökonomie und Arbeit diese Entwicklungen verstärken wird, ist noch nicht abschließend geklärt. Digitale Plattformen und Crowdworkerinnen und -worker beschleunigen die Veränderungen in jedem Fall, da mit ihnen neue Akteure in den Arenen der Arbeitsbeziehungen auftreten, die mit traditionellen Vorstellungen von Betrieb und abhängiger Beschäftigung zunächst nicht kompatibel erscheinen.

Es ist daher wichtig, insbesondere die Akteure, Institutionen und Regulierungen zu betrachten, die dafür Verantwortung tragen, dass Erwerbsarbeit eher zu Souveränität als zu Fremdbestimmung führt. Eine Arbeitspolitik der Souveränität braucht Antworten, die den Kontext der Akteure und Institutionen stärkt. Davon wird es abhängen, ob die Freiheitspotenziale erschlossen werden können. Durch die Auflösung des Erwerbsarbeitsverhältnisses, die Absage an feste

Arbeitsorte, durch eine Schwächung der kollektiven Organisationen der Erwerbsarbeit und durch den Rückzug des Staates wird sich die Selbstbestimmung für die meisten Erwerbstätigen jedenfalls nicht verbessern. Im Gegenteil. Daher müssen vorhandene Spielräume, die die Souveränität der Beschäftigten stärken, verhandelt und rechtlich abgesichert werden. Es bedarf einer institutionalisierten Mitbestimmungs- und Schutzpolitik. Allerdings lässt sich nicht alles, was als freiheitsgefährdend identifiziert wird, rechtlich regulieren. Mit der neuen Arbeitswelt kommt es auch zu nicht intendierten Einschränkungen der Freiheit, die veränderte Verhaltensweisen und Maßnahmen zum Selbstschutz notwendig machen. Hier braucht es Anleitungen, Trainings, Hilfen – ein Empowerment. Letztlich ist die Erwerbsarbeit so zu gestalten, dass auch der gesellschaftliche Zusammenhalt bewahrt und gefördert wird. Denn eine Arbeitswelt, die zu einer Gefahr für den gesellschaftlichen Zusammenhalt wird, hat keine Zukunft.

Literatur

Die Links wurden am 21. Juni 2022 zuletzt überprüft

Allmendinger, J. (2021). *Es geht nur gemeinsam! Wie wir endlich Geschlechtergerechtigkeit erreichen.* Berlin: Ullstein
Allmendinger, J., & Haarbrücker, J. (2017). Arbeitszeiten und die Vereinbarkeit von Beruf und Familie: Ergebnisse der Beschäftigtenbefragung der IG Metall 2017. *WZB Discussion Paper*, 2017–002. http://hdl.handle.net/10419/162710
BAuA (2020): *BAuA-Arbeitszeitbefragung. Vergleich 2015–2017–2019.* Bundesanstalt für Arbeitsschutz und Arbeitsmedizin. https://www.baua.de/DE/Angebote/Publikationen/Berichte/F2452-3.pdf?__blob=publicationFile&v=4
Berzel, A., & Schroeder, W. (2021): Homeoffice – eine Transformation der Arbeitswelt. Systematischer Überblick und Perspektiven der Gestaltung. *i3 - Kasseler Diskussionspapiere*, Nr. 12. https://kobra.uni-kassel.de/handle/123456789/13026
Greef, S., & Schroeder, W. (2017). *Plattformökonomie und Crowdworking: Eine Analyse der Strategien und Positionen zentraler Akteure.* Bundesministerium für Arbeit und Soziales, Forschungsbericht 500. https://www.bmas.de/SharedDocs/Downloads/DE/Publikationen/Forschungsberichte/fb500-plattformoekonomie-und-crowdworking.pdf?__blob=publicationFile&v=1
Greef, S., Schroeder, W., & Sperling, H. J. (2020): Plattformökonomie und Crowdworking als Herausforderung für das deutsche Modell der Arbeitsbeziehungen. *Industrielle Beziehungen*, 27(2), S. 205–226
Jürgens, K., Hoffmann, R., & Schildmann, C. (2017). *Arbeit transformieren! Denkanstöße der Kommission „Arbeit der Zukunft".* Bielefeld: transcript
Kratzer, N., & Sauer, D. (2007). Welche Arbeitszeitpolitik? Ein neues Verhältnis von Zeitökonomie und Zeitpolitik. *WSI-Mitteilungen*, 60(4), S. 174–189

Rat der Arbeitswelt (2021). *Vielfältige Ressourcen stärken – Zukunft gestalten. Impulse für eine nachhaltige Arbeitswelt zwischen Pandemie und Wandel.* https://www.arbeitsweltportal.de/fileadmin/user_upload/awb_2021/210518_Arbeitsweltbericht.pdf

Seifert, H. (2019). Wie viel Zeitautonomie bieten flexible Arbeitszeiten? *WSI-Mitteilungen,* 72(6), S. 431–439

Voß, G. G., & Pongratz, H. J. (1998): Der Arbeitskraftunternehmer. Eine neue Grundform der Ware Arbeitskraft? *Kölner Zeitschrift für Soziologie und Sozialpsychologie,* 50(1), S. 131–158

Wöhrmann, A. M., Brenscheidt, F., & Gerstenberg, S. (2019). Arbeitszeit in Deutschland: Länge, Lage, Flexibilität der Arbeitszeit und die Gesundheit der Beschäftigten. In J. Rump, & S. Eilers (Hrsg.): *Arbeitszeitpolitik. Zielkonflikte in der betrieblichen Arbeitszeitgestaltung lösen* (S. 159–177). Wiesbaden: Springer Gabler

Jutta Allmendinger ist Präsidentin des Wissenschaftszentrums Berlin für Sozialforschung (WZB) und Professorin an der Humboldt-Universität zu Berlin. Zuvor war sie Professorin an der Ludwig-Maximilians-Universität München sowie Direktorin des Instituts für Arbeitsmarkt- und Berufsforschung der Bundesagentur für Arbeit in Nürnberg. Ihre Forschungsschwerpunkte liegen in den Bereichen Soziologie des Arbeitsmarktes, Bildungssoziologie, soziale Ungleichheit, Sozialpolitik, Soziologie des Lebensverlaufs und Organisationssoziologie.

Wolfgang Schröder ist Professor für Politikwissenschaft und leitet das Fachgebiet „Politisches System der BRD – Staatlichkeit im Wandel" an der Universität Kassel. Seit 2016 ist er Fellow am Wissenschaftszentrum Berlin für Sozialforschung. Von 2009 bis 2014 war er Staatssekretär im Ministerium für Arbeit, Soziales, Frauen und Familie des Landes Brandenburg. Seine Forschungsschwerpunkte liegen in den Bereichen Arbeitsbeziehungen, Gewerkschafts-, Verbände- und Sozialstaatsforschung. Mail: wolfgang.schroeder@uni-kassel.de

Sicher und klimafest: Der deutsche Sozialstaat vor einer doppelten Herausforderung

Silke Bothfeld

Für seine Krisenfestigkeit während der Corona-Pandemie wird der deutsche Sozialstaat hoch gelobt, betrachten wir ihn jedoch aus der Binnenperspektive, so erweist sich die Decke an vielen Enden als zu kurz. Immer mehr Menschen sind von der gesellschaftlichen Teilhabe ausgeschlossen: Niedriglöhne, diskontinuierliche Beschäftigung oder belastende Beschäftigungsbedingungen lassen Prekarität entstehen. Auch die Zugehörigkeit zur Mittelschicht schützt nicht mehr vor Sorgen um soziale Sicherheit. Gerade der Erfolgsgarant unseres Sozialmodells, die starke Erwerbszentrierung, lässt – zusätzlich unterminiert durch den globalen Waren- und Finanzverkehr und die Digitalisierung der Arbeit – das traditionelle sozialstaatliche „Sicherheitsversprechen" (Kaufmann 2003) brüchig werden. Und gegenwärtig kommt hinzu, dass Umweltzerstörung und Klimawandel unsere gewohnten Konsum- und Verhaltensmuster, ja vermutlich sogar unser ‚gutes Leben' auf diesem Planeten in langfristiger Perspektive insgesamt gefährden, sodass eine ökologische Transformation von Wirtschaft und Politik unausweichlich erscheint. Was bedeutet dies für den deutschen Sozialstaat der Zukunft?

Für eine soziale *und* ökologische Gestaltung des Sozialstaats muss an zwei Stellen angesetzt werden: Zum einen müssen die kollektiven Systeme und die Mindestsicherungssysteme so gestärkt werden, dass Sicherungslücken geschlossen werden und soziale Teilhabe für alle Bürger:innen über den Arbeitsmarkt erreichbar wird. Zum anderen müssen Umfang und Qualität der sozialen

S. Bothfeld (✉)
Bremen, Deutschland
E-Mail: silke.bothfeld@hs-bremen.de

Dienstleistungen und der allgemeinen Daseinsvorsorge so austariert werden, dass der soziale Zusammenhalt *und* die ökologische Nachhaltigkeit miteinander in Einklang gebracht werden. Die soziale Daseinsvorsorge, eine zentrale Säule unseres Sozialstaatsgebäudes, scheint mir ein in der Sozialstaatsreformdebatte oftmals übersehenes aber gewichtiges Potential für einen sozial-ökologischen Umbau zu haben.

Der Erwerbsstatus – die erste Säule sozialer Staatsbürger:innenschaft

In der Sozialstaatsforschung gilt das europäische Sozialmodell als ein Haus, in dem das kollektive Recht der Tarifpolitik und der Sozialversicherungen das erste und zweite Stockwerk bilden, die auf dem Erdgeschoss der arbeitsrechtlichen Regulierung der Beschäftigungsverhältnisse aufbauen (Offe 2005). Das schützende Dach bilden die Arbeitsmarkt- und Beschäftigungspolitik, die Vollbeschäftigung garantieren (sollen) und damit das Beschäftigungssystem funktionsfähig halten, während sich die Grundsicherungssysteme gleichsam im Keller des Gebäudes befinden. Die Gesamtheit der genannten sozialen Rechte bildet das ‚Sozialerbe' einer Gesellschaft (Castel 2005), das allen Bürger:innen den Zugang zu einem gemeinsam geteilten Lebensstandard eröffnet, wenn eigenes Produktivvermögen fehlt.

Dieses Sozialmodell hat drei starke Vorteile. *Erstens* sind in den ‚konservativ-korporatistischen' Sozialstaaten wie Deutschland, Frankreich oder Österreich (Esping-Andersen 1990) soziale Rechte als Gruppenrechte der Erwerbstätigen organisiert. Sie werden von keiner abstrakten Instanz dekretiert, sondern zwischen gesellschaftlichen Interessengruppen, organisierten Erwerbstätigen und Arbeitgebern, ausgehandelt. Sie sind in Form der Sozialversicherungen, des Tarifrechts und der betrieblichen Mitbestimmung institutionalisiert und somit robuster gegen politische Konjunkturen als „einfache" gesetzliche Regelungen. Kollektive soziale Rechte sind im Erwerbsstatus gebündelt und bilden den Kern der kontinentaleuropäischen Sozialstaatsbürgerschaft (Offe 2005). Auf diese Weise entstehen kollektive Macht und Solidaritätsräume (Supiot 2015). *Zweitens* nehmen die Sozialversicherungen das mittlere Einkommen und nicht das sozio-kulturelle Existenzminimum zum Bezugspunkt für die soziale Sicherung. Hierfür definiert das Arbeitsrecht das ‚Normalarbeitsverhältnis', aus dem sich die Ansprüche auf Versicherungsleistungen ableiten. So entsteht die institutionelle Basis für die Herausbildung der breiten Mittelschicht, deren Lebensstandard prinzipiell an den erwirtschafteten Wohlstand geknüpft ist

(Vogel 2009). Der Tarifkonflikt und die Sozialversicherungen organisieren die Umverteilung zwischen Arbeit und Kapital: Sie ziehen die Ressourcen ‚an der Quelle' ab und leiten sie als Einkommen direkt in die Privathaushalte (Primärverteilung) oder über die Sozialversicherungen an die Leistungsberechtigten (Sekundärverteilung). Weil die über den Arbeitsmarkt generierten Sozialbeiträge ein sehr viel größeres Volumen für die Umverteilung haben, als die Steuerfinanzierung von Sozialleistungen, ist das Armutsrisiko in den Sozialstaaten, die nach dem Sozialversicherungsprinzip organisiert sind, sehr viel geringer als in den angelsächsischen Systemen, auch wenn diese zuvorderst auf Armutsbekämpfung ausgerichtet sind (Korpi und Palme 1998). Und *drittens* sind die öffentlichen gesetzlichen Sozialversicherungen anders als private Versicherungen flexible Solidarsysteme: Sie sichern immer schon Lebenslagen ab, für die nicht unbedingt Beiträge gezahlt wurden – wie etwa bei der Familienmitversicherung in den Krankenkassen oder die Berücksichtigung von Erziehungsphasen in der Rente. Und auch die Tarifpolitik widmet sich zunehmend qualitativen und gesellschaftspolitisch relevanten Gegenständen, wie Modellen der (individuellen) Arbeitszeitverkürzung oder der Freistellung für und Förderung von Weiterbildung.

Es ist also vor allem eine politische und keine systemische Frage, welche ‚neuen sozialen Risiken' in den kollektiven Systemen berücksichtigt werden. Allerdings eignen sich die kollektiven Systeme bislang kaum zur Absicherung von Niedriglöhnen oder atypischer Beschäftigung: Oftmals schützen die Geldleistungen kaum den Lebensstandard oder nicht einmal die soziokulturelle Existenz. Und die Versicherungspflicht gilt auch nicht universell für alle Beschäftigten: Rund fünf Millionen Personen in einem ausschließlichen Minijob und weitere rund zwei Millionen Solo-Selbstständige, aber auch die derzeit (2022) rund eine Million langzeitarbeitslosen Menschen haben keine Aussicht auf eine zuverlässige Absicherung in der Renten- und Arbeitslosenversicherung.

Letztes Netz oder zweite Säule – die Mindestsicherungssysteme

Das größte Problem der erwerbszentrierten sozialen Sicherung ist also, dass der Erwerbsstatus nur solange integrativ wirkt, wie der Zugang zu ‚guter Arbeit', also dauerhafter und anständig bezahlter Arbeit, für alle erwerbsfähigen Menschen gewährleistet ist. Schwinden Vollbeschäftigung und Normalarbeitsverhältnis, wächst die relative Bedeutung des Grundsicherungssystems. Der deutsche Sozialstaat scheint schlecht darauf vorbereitet, dass immer weniger Erwerbstätige aus ihrem Arbeitsverhältnis ihre gesellschaftliche Teilhabe realisieren können. Bis heute ist die Politik der Armutsbekämpfung der Sozialversicherungspolitik politisch und praktisch nachgeordnet.[1] 1 Wiederholt haben die Sozialverbände vorgerechnet, dass die Leistungen, auch wenn zum persönlichen Regelsatz noch Zuschläge dazukommen, nicht armutsfest sind. Die ‚Hartz-Reformen' haben durch die Abschaffung der Arbeitslosenhilfe und die Verengung des Zugangs zur Grundsicherung zur kritischen Distanzierung vieler Menschen vom deutschen Sozialstaat und zur sozialen Spaltung beigetragen.

Ein *‚elephant in the room'* – oder um im Bild zu bleiben – ein Elefant im Vorgarten unseres Sozialstaatshauses, also ein drängendes, aber übersehenes Problem, ist die räumliche Konzentration von schwierigen sozialen Lebenslagen, die heute auch in deutschen Großstädten und ländlichen Regionen zunehmend hervortritt. Mit der Finanzialisierung des Immobilienmarktes und der vermehrten Zuwanderung hat sich die Situation noch weiter zugespitzt. Am Beispiel Bremens zeigt sich: Dort sind Armutsrisiko (28,4 % in 2020) und Arbeitslosigkeit (elf Prozent) nicht nur im Bundesvergleich sehr hoch, sondern zudem extrem ungleich über das Stadtgebiet verteilt. Im ehemaligen Werftarbeiterstadtteil Gröpelingen im Bremer Westen, der auch als ‚Ankommensstadtteil' für zugewanderte Familien gilt, lag 2020 der Anteil der Grundsicherungsbeziehenden bei 30 % der erwachsenen Bevölkerung, bei den Kindern sogar bei 51 % (Schwarzer 2021). Kinder, die oft auch in bildungsarmen Haushalten aufwachsen, in einem entsprechenden Umfeld leben und zur Schule gehen, haben kaum Chancen auf ein eigenständiges Leben in Wohlstand. Denn ein weiterer Nachteil ist, dass gerade in Gebieten mit einer sozioökonomisch ungünstigen Struktur auch die Daseinsfürsorge – vor allem bei den Gesundheits- und Bildungseinrichtungen – oftmals löchrig ist. Zudem sind benachteiligte Stadtteile in den Großstädten durch negative Umweltbedingungen, nämlich Vermüllung, Delinquenz, fehlende Verkehrsanbindung, städtebauliche Nachteile oder besondere Umweltprobleme zusätzlich belastet.[2] Dies hat beunruhigende Folgen: In den benachteiligten Stadtteilen oder ländlichen Räumen ist nicht nur die Wahlbeteiligung gering (Schäfer 2015), sondern auch die Lebenserwartung um bis zu fünf Jahre niedriger als in

---

[1] Mit dieser Begründung sprechen sich überraschend viele Soziolog:innen, für ein bedingungsloses Grundeinkommen aus. Die Probleme eines BGE für den deutschen Sozialstaat habe ich an anderer Stelle skizziert (Bothfeld 2018).

[2] Die Missstände können oftmals nur durch das eigeninitiative Handeln der Akteure im lokalen Hilfesystem abgefangen werden (für einen Praxisbericht s. etwa Bothfeld et al. 2021).

Landkreisen mit einem überdurchschnittlichen pro-Kopf-Einkommen (Rau und Schmertmann 2020).

Soziale Dienstleistungen – eine dritte Säule

Das Modell des europäischen Sozialstaatshauses betont den Nexus zwischen Arbeitsmarkt und sozialer Sicherung, die lokalen sozialen Dienstleistungen kommen darin nicht vor. Dabei sind die Dienstleistungen und Einrichtungen der öffentlichen Daseinsvorsorge aus der staatsrechtlichen Perspektive integrativer Bestandteil des modernen Sozialstaats (Neu 2009). Zur öffentlichen Daseinsvorsorge gehören nicht nur die Versorgung mit Energie, Sicherheit und Lebensmitteln, der Schutz unserer natürlichen Lebensgrundlagen, die Kommunikations- und Verkehrsnetze und ein angemessenes Kulturangebot, sondern auch die Sozialversicherungs- und Grundsicherungssysteme, die sozialen Dienstleistungen und der öffentliche Dienst. Die öffentliche Daseinsvorsorge umfasst also sämtliche staatlichen Leistungen, die die Einheitlichkeit der Lebens-verhältnisse auf dem Territorium der Bundesrepublik – oder zumindest den sozialen Zusammenhalt – sicherstellen (Neu 2009).

Umfang und Struktur der Daseinsvorsorge wandeln sich im Fahrwasser ver-änderter Ansprüche und Erwartungen der Bürger:innen (Vogel 2009). Gerade in den vergangenen dreißig Jahren sind die sozialen Dienstleistungen zu einer dritten tragenden Säule des Sozialstaats geworden (Nullmeier und Kaufmann 2010). Dabei folgte vor allem die Expansion der Kindertagesbetreuung den Bedarfen der Mittelschicht: Getrieben vom Anstieg der Frauenerwerbstätig-keit und dem Pisa-Eklat im Jahr 2000, sind Nachfrage und Angebot von Dienst-leistungen der frühkindlichen Erziehung, Bildung und Betreuung mit dem Verweis auf ihren ‚sozialinvestiven‘ Charakter massiv gestiegen: Zwischen 2006 und 2019 verdoppelte sich das pädagogische Personal in der Tagesbetreuung auf über 600.000 Personen (Autorengruppe Bildungsberichterstattung 2020, S. 91).

Bei einem hohem Qualitätsniveau haben die sozialen Dienstleistungen eine egalisierende Wirkung: Sie bedienen die Bedarfe der „vollbeschäftigten" Mittel-schicht und kompensieren zugleich Bildungsdefizite bei Kindern aus bildungs-armen oder zugewanderten Familien. Allerdings bremst der Fachkräftemangel diese Entwicklung: Nicht nur im Erziehungswesen, auch im Pflegebereich fehlen die Mittel, die geringe Bezahlung substantiell zu erhöhen und die hohe Arbeits-belastung zu reduzieren um diesen Sektor für Arbeitskräfte attraktiver zu machen. ‚Vermarktlichung‘ oder gar die ‚Finanzialisierung‘ dieser Dienstleistungen konterkarieren durch den Lohndruck die Steigerung der Qualität und den Schutz der Beschäftigten zusätzlich.

Auch die begleitenden Hilfestrukturen im Bereich der Grundsicherung sind bis heute unterentwickelt: Die sozialen Dienstleistungen, die über zivilgesellschaftliche, konfessionelle oder private Träger erbracht werden, sind zunehmend überlastet – erst Recht bringt die Pandemie das lokale Hilfesystem an seine Grenzen, wo öffentliche Anlaufstellen für den Publikumsverkehr geschlossen sind (Kaps et al. 2021). Darüber hinaus bestehen zahlreiche Koordinations- und Schnittstellenprobleme mit den öffentlichen Stellen der kommunalen Sozialpolitik, vor allem dort, wo es das Ressortprinzip erschwert, die multiplen Problemlagen der Menschen in den sozialen Brennpunkten ‚aus einer Hand' zu bearbeiten (Stöbe-Blossey 2016).

Das Dach – die allgemeine öffentliche Daseinsvorsorge

Im auffälligen Unterschied dazu prägen die Angebote des Leistungsstaates die Erwartungen der Mittelschicht: Wohnen und Energieverbrauch, Mobilität und Kommunikation, Ernährung, Umweltschutz und Kultur werden diesen Erwartungen entsprechend von der öffentlichen Hand finanziert, reguliert oder subventioniert. Demzufolge hat sich in der Mittelschicht ein typisches Konsumverhalten herausgebildet und andersherum definiert sich auch die Mittelschicht über ihre typischen Konsummuster (Vogel 2009). Das hohe Leistungsniveau und breite Leistungsspektrum werden bis heute kaum hinterfragt: Selbst Leistungen, die dem privaten Wohlstand, nicht aber dem öffentlichen Gemeinwohl dienen, werden als selbstverständlich betrachtet. Dabei erweisen sich gerade der Individualverkehr, die hohen Energiekosten großer Wohnflächen, der Flächenverbrauch der Straßen, Parkplätze und Einfamilienhaussiedlungen, aber auch die industriell geprägte Agrarproduktion ebenso wie der globale Handel und Transport von Konsumgütern als die relevanten Treiber für Ressourcenverbrauch und Klimawandel (Göpel 2020).

Die Crux dabei ist: Der universelle Zugang zu diesen Gütern der Daseinsvorsorge verhindert nicht den ‚Mittelschichtsbias' ihrer Nutzung. Im Gegenteil, Gutverdienende profitieren vom öffentlich geförderten Leistungsangebot in sehr viel höheren Maße als einkommensschwache Bürger:innen. Konsumansprüche, Vermögen, ‚kulturelles Kapital', das Selbstverständnis als Angehörige der Mittelschicht sind häufig die Voraussetzungen dafür, dass öffentlich subventionierte oder finanzierte Strukturen auch genutzt werden. So dienen etwa Innenstadtparkplätze oder Flughäfen einem bestimmten Mobilitätsverhalten und

in gepflegten und städtebaulich ansprechenden Stadtteilen mit einer guten infra-
strukturellen Ausstattung leben Bürger:innen, die sich dort die Mieten oder den
Kauf von Immobilien leisten können. Selbst das Bildungssystem begünstigt die
mittlere oder obere Mittelschicht: Bei den Unter-Dreijährigen besuchen Kinder
mit Migrationshintergrund nur halb so häufig die öffentliche Tagesbetreuung,
und Abiturient:innen, deren Eltern keinen Universitätsabschluss haben, nehmen
(bei gleichen Schulleistungen) deutlich seltener ein Studium auf (Autorengruppe
Bildungsberichterstattung 2020, S. 88).

Zurecht rückt die Frage nach einem Übergang zu klimafreundlichen Ver-
haltens- und Konsummustern daher auch die soziale Frage in den Fokus.
Dabei erweist sich allerdings der Blick auf das ‚untere Ende' der staatlichen
Leistungserbringung als zu eng: Angesichts der ökologischen Kosten des
mittelschichtstypischen Lebensstils, der knappen öffentlichen Ressourcen, des
wachsenden Fachkräftemangels und der ungedeckten Bedarfe in den sozialen
Dienstleistungen auf der anderen Seite müssen *alle* infrastrukturelle Leistungen,
Förderprogramme und Steuerermäßigungen gleichermaßen auf den Prüfstand.
Als ein prominentes Beispiel dafür, dass soziale und ökologische Kosten steuer-
finanzierter Privilegien schlichtweg externalisiert werden, sei nur das umstrittene
Dienstwagenprivileg genannt, das mit mehr als drei Milliarden Euro jährlich
überwiegend männlichen Gutverdienenden die Nutzung eines großen PKW aus
Steuermitteln subventioniert. Das Hauptproblem der Daseinsvorsorge liegt nicht
in ihren hohen Kosten, sondern in der Externalisierung ihrer ungleichen Verteilung und ihrer ökologischen Folgen. Die sozialverträgliche Bewältigung des
Klimawandels besteht dann auch nicht zuvorderst darin, dort nachzusteuern,
wo die Folgekosten für einen klimafreundlichen Konsum nicht aus eigenen
Mitteln bewältigt werden können. Nein, es gilt, eine gemeinwohlorientierte
Daseinsvorsorge zu entwickeln, die ökologische und soziale Kosten nicht länger
externalisiert. Die Teilhabe Aller, der Beitrag zu sozialem Zusammenhalt, die
ökologische Verträglichkeit und Klimafreundlichkeit, dies müssen endlich die
Prüfkriterien für die Ausgestaltung unserer Leistungssysteme werden.

Vielfacher Handlungsbedarf

Die kritische Inventur unseres Sozialstaatsgebäudes zeigt: Es ist höchste Zeit,
den deutschen Sozialstaat sicher und klimafest zu machen. Für die vier hier dar-
gestellten Handlungsbereiche des Sozialstaats bedeutet dies Folgendes.

- Aufgrund seiner hohen Wirksamkeit beim Ausgleich zwischen Arbeit und Kapital muss das erwerbszentrierte Modell wieder zum Kern der sozialen Sicherung für Alle werden, indem die Arbeitsmarktregulierung und eine starke Tarifpolitik wieder verlässliche und auskömmliche Beschäftigungsverhältnisse entstehen lassen. Mit einer weiterentwickelten ,Arbeitsversicherung' (vgl. Schmid 2008) wären auch atypisch Beschäftigte besser bedient. Die Akteure der Beschäftigungs- und Industriepolitik müssen ihre Ziele konsequenter zwischen den zwei Strategien des ,*green deal*' und des ,Postwachstum' definieren und dafür sorgen, dass soziale Folgen des Strukturwandels arbeits-markt- und tarifpolitisch abgefangen werden.

- Die Mindestsicherungssysteme müssen endlich armutsfest gemacht und dabei eine Komponente für ökologischen Verbrauch und Konsum berück-sichtigt werden (vgl. Bach et al. 2019). Für Bürger:innen, die zeitweise oder mittelfristig über eine schwache Marktposition verfügen, muss der mittelschichtsbezogene Lebensstandard in Reichweite bleiben. Und schließlich sollte endlich die Grundsicherung im Alter zu einer echten steuer-finanzierten, allgemeinen Volksrente nach skandinavischem Modell ausgebaut und um einen bedarfsdeckenden qualitativ hochwertigen Pflegesektor ergänzt werden. Allein die Perspektive auf ein gutes Leben im Alter wird Druck aus dem System nehmen.

- Erfolgsfaktoren für eine nachhaltige Bekämpfung von Armutslebenslagen sind die Stärkung des öffentlichen Dienstes und die verlässliche Finanzierung lokaler Unterstützungsstrukturen. Die politische Aufmerksamkeit für die Armutsbekämpfung, vor allem durch präventive Politik wie frühkindliche Bildung und Sprachförderung, aber auch die gesundheitliche Prävention, ist in Deutschland mit Verweis auf die Strategie eines ,Sozialinvestitionsstaats' in den vergangenen Jahren gewachsen (Schroeder et al. 2018). Eine Strategie der ,positiven Diskriminierung' von sozialen Brennpunkten lässt sich damit ebenso gut begründen wie der Aufbau integrierter Gesundheitszentren nach dem Modell der WHO.[3] Aufgrund ihrer egalisierender Wirkung gilt der Aus-bau von ,universal basic services' anstelle eines ,universal basic income' für die sozial-ökologische Transformation als Kernstrategie (führend hier Gough 2019). Ein starker öffentlicher Dienst bleibt hierfür die wichtigste Basis.

---

[3] In Bremen-Gröpelingen befindet sich solch ein lokales, integriertes Gesundheitszentrum im Aufbau (s. www.liga-gröpelingen.de).

- In dem großen und heterogenen Bereich der allgemeinen Daseinsvorsorge wären vor allem zwei Schieflagen zu beheben: die selektive Begünstigung der oberen auf Kosten der unteren Mittelklasse und die Zerstörung der natürlichen Lebensgrundlagen durch die Externalisierung der ökologischen Kosten des hohen mittelschichtsbezogenen Lebensstandards. Vor allem erfordert der ‚davongelaufene' private Konsum eine Umsteuerung. Investitionen oder Steuerbegünstigungen wären demgegenüber zukünftig an sozialer Gleichheit und ökologischer Nachhaltigkeit zu bewerten.

Fazit: Es bedarf einer doppelten Umverteilung

Die Neuausrichtung des deutschen Sozial- und Leistungsstaats an ökologischen Zielen und die Beendigung der Externalisierung sozialer und ökologischer Kosten ruft nach einem Paradigmenwechsel für die Politik der Daseinsvorsorge. Dies verlangt nicht unbedingt einen Pfadbruch, wohl aber eine konsistente inkrementelle Veränderung und teilweise Ersetzung bestehender institutioneller Strukturen und Regeln. Als begünstigende Faktoren für paradigmatische Veränderungen des Sozialstaats haben sich in der Vergangenheit veränderte Denkmuster, neues Wissen und neue Prozesse der Verarbeitung von wissenschaftlichem Wissen erwiesen (Streeck und Thelen 2005). Welche Elemente braucht also eine politische Strategie, die einen paradigmatischen Wandel unterstützen will?

Erstens bedarf es einer breiten gesellschaftlichen Debatte, die einen mehrheitsfähigen ökologisch verträglichen Lebensstandard neu definiert: Was ist für uns ein gutes Leben? Wie wichtig sind dabei der soziale Zusammenhalt und der Schutz der Umwelt? Der Erhalt unserer Lebensgrundlage ist seit 1994 im Grundgesetz, Artikel 20a, als staatliches Handlungsziel festgelegt, und die Analysen des Umweltbundesamtes zeigen, dass ein großer Teil der deutschen Bevölkerung (61 %) den Umwelt-, Natur- und Klimaschutz zu den wichtigsten Anliegen eines ‚guten Lebens' zählt (BMUV und Umweltbundesamt 2022, S. 63). Politische Kampagnen, die alle gesellschaftlichen Akteure dazu einladen, Handlungsprioritäten zu verändern oder neue Verhaltens- und Konsummuster zu entwickeln, sollten hier anknüpfen und für ein Umdenken werben (vgl. Göpel 2020). Ziel wäre, zu einer tragfähigen und mehrheitsfähigen Definition eines mittleren – sozial und ökologisch vertretbaren – Lebensstandards zu kommen. Dabei braucht es Einsicht in die notwendigen Veränderungen, nach denen Leistungen und Standards aus sozialen Gründen nach unten gesockelt, und aus ökologischen Gründen auch nach oben gedeckt werden müssen (Gough 2021).

Eine stringentere Evidenzbasierung der Politik der Daseinsvorsorge, die die sozialen und ökologischen Kosten von öffentlichen Leistungen *gleichzeitig* beziffert und als politikrelevant sichtbar macht, würde, *zweitens*, diesen Wandel stützen und fördern. Die simultane CO_2-Bepreisung einzelner Maßnahmen und die Bezifferung ihrer Nutzung nach Einkommensgruppen (Dezilen) könnten den jeweiligen ‚CO_2-Fussabdruck' beim Wohnen/Heizen, Mobilität, Ernährung und die soziale Dimension des Ressourcenverbrauchs sichtbar machen (für einen Ansatz vgl. Bach et al. 2019). Dies wäre hilfreich, um den diffamierenden Diskurs über eine vermeintliche ‚Ökodiktatur' als Verschleierungstaktik einer klimafeindlichen Strategie der Besitzstandswahrung zu entlarven und Legitimität für eine nachhaltige und stärkere umverteilende Politik zu generieren. Nur so kann die Externalisierung sozialer und ökologischer Kosten des Mittelschichtslebensstandards langfristig beendet werden. Ein gezieltes öffentliches und von einer Expert:innenkommission gestütztes sozial-ökologisches Monitoring sollte, nach Vorbild der Armuts- oder Bildungsberichterstattung, die vielen vorhandenen Indikatoren und Daten (Flächenverbrauch, CO_2-Produktion, Verteilungswirkungen) systematisch bündeln und den politischen Akteuren damit einen Handlungskorridor für eine (ökologische und verteilungspolitisch gerechte) Umsteuerung aufzeigen.[4] Eine solche Orientierungshilfe ermöglicht, analog zur Wirtschaftlichkeits- oder Genderprüfung, die Bezifferung der Verteilungs- und Umweltwirkungen von Maßnahmen des Leistungsstaats im Gesetzesverfahren.

Drittens könnten neben der Regulierung oder der Besteuerung umweltschädlicher Produktions- und Konsummuster sehr viel stärker als heute ‚weiche' Instrumente der Verhaltenssteuerung zur Anwendung kommen. Das Umweltbundesamt zeigt nämlich, dass viele Menschen für Verhaltensänderungen aufgeschlossen sind, aber auch, dass es eine „Bewusstseins-Verhaltenslücke" (BMUV und Umweltbundesamt 2022, S. 37) gibt, die sich durch alltagspraktische Hinderungsgründe, Unsicherheit oder fehlende Transparenz und Informationen erklärt. Das interaktive Selbstprüfungsinstrument (Schnell-Check) des Umweltbundesamtes könnte (weiter-)entwickelt und breiter beworben werden, um Bürger:innen, öffentliche Einrichtungen und Unternehmen zu ermöglichen, die Ökologieverträglichkeit ihres konkreten Verhaltens, der Produktion

---

[4] Die Berichte des Wissenschaftlichen Beirats für Globale Umweltveränderungen (WBGU) wären hierfür eine geeignete Basis.

oder ihrer Dienstleistungen zu erfassen und zu bewerten.[5] Im nächsten Schritt könnte die Gewährung von Förderungen, Subventionen oder Steuerermäßigungen an die Einhaltung bestimmter Standards (etwa den Nachweis eines akzeptablen ‚sozial-ökologischen Fußabdruck‘) gebunden werden.

Diese drei Beispiele zeigen: Die politischen Möglichkeiten einer Strategie einer sozial-ökologischen Neuausrichtung der sozialen Daseinsvorsorge sind längst noch nicht ausgeschöpft. Fest steht, die Umverteilung der vorhandenen Ressourcen und Kosten muss in zwei Dimensionen neu organisiert werden: Zwischen Arbeit und Kapital durch die Regulierung des Arbeitsmarktes und die Stärkung der kollektiven Systeme, sowie, stärker als in der Vergangenheit, auch zwischen starken und schwachen Bürger:innen innerhalb einer solidarischen Gesellschaft. Anstelle der systematischen Privilegierung des privaten (und eben oftmals umweltschädlichen) auf Kosten des öffentlichen Wohlstands müssen Investitionen in die öffentliche Daseinsvorsorge so getätigt werden, dass sie die Polarität in den Lebensstilen der oberen und der unteren Mittelschicht abmildern und einen Rahmen für ein ökologisch verträgliches ‚gutes Leben‘ für alle Bürger:innen bilden.

Literatur

Alle Links wurden am 18. Juli 2022 überprüft

Autorengruppe Bildungsberichterstattung (2020). Bildung in Deutschland 2020. Ein indikatorengestützter Bericht mit einer Analyse zu Bildung in einer digitalisierten Welt. Bielefeld: wbv.
Bach, S., Isaak, N., Kemfert, C., Kunert, U., W.-P. Schill, W.-P., Wägner, N., & Zaklan, A. (2019). Für eine sozialverträgliche CO_2-Bepreisung. Deutsches Institut für Wirtschaftsforschung, Politikberatung kompakt Nr. 138. http://tp-presseagentur.de/wp-content/uploads/2019/07/diwkompakt_2019-138.pdf.
BMUV, & Umweltbundesamt (Hrsg.) (2022). Umweltbewusstsein in Deutschland. Ergebnisse einer repräsentativen Bevölkerungsumfrage. https://www.umweltbundesamt.de/sites/default/files/medien/479/publikationen/ubs_2020_0.pdf.
Bothfeld, S. (2018). Das bedingungslose Grundeinkommen zwischen Utopie und sozialstaatlicher Wirklichkeit. Leviathan, 46(1), S. 81–108
Bothfeld, S., Davis, S., M. Esper, S. M., Hermerath, Y., Kling, A. J., Köhler, H., Savira, A. G., Schwampe H., & Senyürek, M. (Hrsg.) (2021). Faces of Gröpelingen: ein

---

[5] Einen „CO_2-Schnell-Check" stellt das Umweltbundesamt online zur Verfügung, mit dem der individuelle CO_2-Ausstoß berechnet werden kann (https://uba.co2-rechner.de/de_DE/).

studentisches Projekt der Hochschule Bremen im Wintersemester 2020/21. Bremen: Hochschule Bremen.

Castel, R. (2005). Die Stärkung des Sozialen. Hamburg: HIS-Verlagsgesellschaft

Esping-Andersen, G. (1990). The Three Worlds of Welfare Capitalism. Cambridge: Polity Press

Göpel, M. (2020). Unsere Welt neu denken: eine Einladung. Berlin: Ullstein

Gough, I. (2019). Heat, Greed and Human Need: Climate Change, Capitalism and Sustainable Wellbeing. Cheltenham: Elgar

Gough, I. (2021). Two scenarios for sustainable welfare: a framework for an eco-social contract. Social Policy and Society, 21(3), S. 1–13

Kaps, P., Reiter, R., Oschmiansky F., & Popp, S. (2021, 31. August). Wie sind soziale Dienstleister und ihre Nutzenden von der COVID-19-Pandemie betroffen? (Endbericht). Berlin: Zentrum für Evaluation und Politikberatung. https://zep-partner.de/FIS_Coronafolgen_Dienstleister_ZEP_Endbericht_20210830.pdf.

Kaufmann, F.-X. (2003). Sicherheit: Das Leitbild beherrschbarer Komplexität. In S. Lessenich (Hrsg.), Wohlfahrtsstaatliche Grundbegriffe. Historische und aktuelle Diskurse (S. 73–104). Frankfurt a. M. und New York: Campus

Korpi, W., & Palme, J. (1998). The paradox of redistribution and strategies of equality: welfare state institutions, inequality, and poverty in the Western countries. American Sociological Review, 63(5), S. 661–687

Neu, C. (2009). Daseinsvorsorge – eine Einführung. In Dies., Daseinsvorsorge: Eine gesellschaftswissenschaftliche Annäherung (S. 9–19). Wiesbaden: VS Verlag

Nullmeier, F., & Kaufmann, F.-X. (2010). Post-War Welfare State Development. In F. G. Castles, S. Leibfried, J. Lewis, H. Obinger, & C. Pierson (Hrsg.), The Oxford Handbook of the Welfare State (S. 81–204). Oxford: Oxford University Press

Offe, C. (2005). Soziale Sicherheit im supranationalen Kontext: Europäische Integration und die Zukunft des „Europäischen Sozialmodells". In M. Miller (Hrsg.), Welten des Kapitalismus: Institutionelle Alternativen in der globalisierten Ökonomie (S. 189–225). Frankfurt a. M. und New York: Campus

Rau, R., & Schmertmann, C. P. (2020). District-Level Life Expectancy in Germany. Deutsches Ärzteblatt international, 117(29–30), S. 493–499

Schäfer, A. (2015). Der Verlust politischer Gleichheit: Warum die sinkende Wahlbeteiligung der Demokratie schadet. Frankfurt a. M.: Campus

Schmid, G. (2008). Von der Arbeitslosen- zur Beschäftigungsversicherung: Wege zu einer neuen Balance individueller Verantwortung und Solidarität durch eine lebenslauforientierte Arbeitsmarktpolitik. Bonn: Friedrich-Ebert-Stiftung

Schroeder, W., Klenk, T., Berzel, A., & Akel, A. (2018). Vorfahrt für Vorsorge? Konzeptionen vorbeugender Sozialpolitik in den deutschen Bundesländern. Sozialer Fortschritt, 67(8/9), S. 713–736

Schwarzer, T. (2021). Armut im Land Bremen 2020. KammerKompakt, Nr. 4 (2021). https://www.arbeitnehmerkammer.de/fileadmin/user_upload/Downloads/Kammer_kompakt/KammerKompakt_Armut_Bremen_2020_Web.pdf.

Stöbe-Blossey, S. (2016). Kooperation in der Sozialpolitik: Koordinationsmechanismen an den Schnittstellen von Politikfeldern. der moderne staat, 9(1), S. 161–182

Streeck, W., & Thelen, K. (2005): Introduction. In dies. (Hrsg.), Beyond Continuity. Institutional Change in Advanced Political Economies (S. 3–39). Oxford: Oxford University Press

Supiot, A. (2015). Der Rechtsgrundsatz der Solidarität. In W. Kohte, & N. Absenger (Hrsg.), Menschenrechte und Solidarität im internationalen Diskurs. Festschrift für Armin Höland (S. 165–182). Baden-Baden: Nomos

Vogel, B. (2009). Wohlfahrtstaatliche Daseinsvorsorge und soziale Ungleichheit. In C. Neu (Hrsg.), Daseinsvorsorge: Eine gesellschaftswissenschaftliche Annäherung (S. 67–79). Wiesbaden: VS Verlag

Prof. Dr. Silke Bothfeld ist Professorin für Internationale Sozial- und Wirtschaftspolitik im Internationalen Studiengang Politikmanagement an der Hochschule Bremen. Vorher war sie am Wissenschaftszentrum Berlin (WZB) und am Wirtschafts- und Sozialwissenschaftlichen Institut (WSI) der Hans Böckler Stiftung tätig. Ihre Forschungs- und Publikations-Schwerpunkte sind Sozial-, Arbeitsmarkt- und Gleichstellungspolitik.

Es wimmelt von Henne-Ei-Problemen: Transformation als koevolutionärer Prozess

Klaus Jacob

Wirtschaften ist – jedenfalls in der hiesigen Wirtschaftsordnung – der Prozess zur Herstellung von Gütern und dem Verrichten von Diensten mit immer neuen Eigenschaften zu immer niedrigeren Kosten. Der Antrieb dahinter ist Konkurrenz: Anbieter, die hier nicht erfolgreich sind, zu spät kommen, weniger absetzen, werden früher oder später damit bestraft, dass sie vom Markt verschwinden, und neue Anbieter, die mit neuen oder billigeren Produkten in den Markt eintreten, werden belohnt.

Dieses immer neu, immer mehr, immer billiger ist mit erheblichen Kosten verbunden, zuallererst mit sozialen Kosten. Die Geschichte des Wirtschaftens ist auch eine Geschichte der Ausbeutung von Arbeitskraft und Lohndruck. Abhängige Beschäftigte haben und brauchen den Schutz der Gewerkschaften und des Staates. Die Aushandlung fairer Löhne und guter Arbeitsbedingungen, der Schutz gegenüber Armutsrisiken, wenn Einkommen ausfällt, mag Einzelnen in Ausnahmefällen gelingen, sofern diese über gesuchte Qualifikationen verfügen – im Regelfall war und ist das aber eine kollektive Aufgabe, die entweder die Tarifpartner oder die Gesellschaft als Ganzes reguliert. Die Mittel dafür sind unter anderem Tarifverträge, Arbeitsschutzbestimmungen, Sozialversicherungen und die Gestaltung von Steuern.

Aus unternehmerischer Sicht bedeuten diese Mittel Kosten, und sie zu senken, lenkt beträchtlich das Innovationsgeschehen. Gerade industrielle Arbeit wird immer produktiver. Der nächste Rationalisierungsschub kündigt sich an: Mit künstlicher Intelligenz werden viele Arbeitsplätze auch im Bereich von Dienstleistungen, auch und gerade dort, wo Kreativität notwendig ist, unterstützt, wenn

K. Jacob (✉)
Bremen, Deutschland
E-Mail: klaus.jacob@fu-berlin.de

139

nicht gar sogar völlig obsolet. Sogar das Innovationsgeschehen selbst ist betroffen – absehbar ist, dass neue Technologien, neue Software, neue Prozesse nicht mehr von Menschen, sondern von Maschinen geplant und entwickelt werden. Das Immer-Neu, Immer-Mehr und Immer-Billiger ist aber auch mit ökologischen Kosten verbunden. Natürliche Ressourcen zu extrahieren und die Umwelt als Deponie für Schadstoffe und Abfälle zu nutzen, ist genauso wie die Ausbeutung von Arbeit eine Möglichkeit, um Kosten zu reduzieren und in der Konkurrenz mit anderen Unternehmen Vorteile zu erringen. Dem wird mit Appellen, Grenzwerten und seit einigen Jahren auch mit marktbasierten Instrumenten begegnet. Auch das hat erhebliches Innovationsgeschehen nach sich gezogen – schadstoffärmere Produkte und Prozesstechnologien sind, wenn sie nicht absehbar vorgeschrieben werden, ein wesentliches Wettbewerbsmerkmal, weil damit letztlich auch Kosten gespart werden können.

Ist der Kapitalismus gebändigt?

Wer meint, dass soziale oder Umweltfragen nun erledigt seien, weil doch – zumindest in der ‚westlichen Welt' – der Zustand der Gewässer oder der Luft verbessert oder der Hunger eingedämmt sei, der irrt. Zwar ist richtig: bei einer Reihe von sozialen und ökologischen Indikatoren sind Verbesserungen erzielt worden. Selbst wenn Ungleichheit zunimmt, das Risiko absoluter Armut, Wohnungslosigkeit, Hunger seien doch geringer geworden. Selbst wenn industrielle und landwirtschaftliche Produktion oder der Verkehr wachsen, sei doch mindestens die relative Umweltwirkung, also pro gefahrenem Kilometer, Euro Wertschöpfung oder Tonne zurückgegangen, für viele Indikatoren sogar in absoluten Größen.

Ist der Kapitalismus also gebändigt und sind wirksame Spielregeln in Kraft, die Mensch und Umwelt vor weitergehender Ausbeutung schützen? Ganz offensichtlich nicht. Durch ökonomische Globalisierung gelingt es immer wieder neu, dass sich Hersteller sozialen oder Umweltstandards entziehen; oder es kommt mit Verweis auf internationalen Wettbewerb gar nicht erst zu Regulationen. Das Ergebnis des Hungers nach Rohstoffen, der stetigen Ausweitung von Märkten ist die umfassende Umgestaltung der Erde inklusive sozialer und ökonomischer Strukturen. Das Innovationsgeschehen ist insbesondere darauf gerichtet, immer weitere Rohstoffquellen zu erschließen, in immer niedrigeren Konzentrationen, größeren Tiefen. Daran ändert auch das Auseinanderbrechen von Lieferketten in Folge des Ukrainekriegs oder der Coronapandemie nichts. Im Gegenteil wirkt das sogar noch verstärkend, nun ist Frackinggas wieder eine Option, die Intensivierung von Landwirtschaft wird vorangetrieben. Und das wirkt auf Deutschland zurück, nicht nur ökonomisch, sondern auch physisch. Im Agrarexportland Deutschland gibt es ebenfalls einen enormen Stickstoffüberschuss, geht Biodiversität verloren, werden die Klimaschutzziele gerissen, die aus dem Parisabkommen für Deutschland abgeleitet sind. Auch in Deutschland gelingt es nicht, die Bedürfnisse nach Wohnraum, Ernährung und Verkehr in einer Weise zu stillen, die Ungleichheiten nicht noch verstärkt und den sozialen Zusammenhalt gefährdet. Nicht nur die explodierenden Preise für Wohnraum, Ernährung und Mobilität betreffen Bezieher:innen niedriger Einkommen in besonders starkem Maße. In den jeweiligen Wertschöpfungsketten gibt es vielfache prekäre Arbeitsverhältnisse, seien es Kleinbäuer:innen, Beschäftigte in Schlachtbetrieben oder vermeintlich selbstständige Fahrer:innen.

Dysfunktionalitäten sozio-technischer und sozio-ökonomischer Systeme

Was sich bis hierhin als unstrukturierter Text gelesen hat, ein stetes Springen zwischen sozialen und ökologischen Aspekten, zwischen nationaler und internationaler Perspektive, zwischen Armut, Ungleichheit, Verteilung und sozialem Zusammenhalt, zwischen Vergangenheit, Gegenwart und möglicher Zukunft geht doch zurück auf den generellen Befund einer – aus sozialer und ökologischer Sicht – Dysfunktionalität zentraler gesellschaftlicher Systeme.

Gesellschaftliche Systeme können verstanden werden als Konfigurationen aus Technologien, Wissen, Märkten, Institutionen und Regulationen, sozialen Praktiken und Infrastrukturen, die in ihrem Zusammenwirken gesellschaftliche Bedürfnisse befriedigen. Je nachdem, ob sie sich durch dominierende Technologien definieren oder vor allem auf Märkte fokussieren, lassen sie sich als sozio-technische oder sozio-ökonomische Systeme bezeichnen. Solche Systeme gibt es unter anderem für die Bedürfnisse nach Mobilität, Kommunikation, Energie, Ernährung, Wohnen, Bildung, Gesundheit. Aus ökologischer Sicht sind besonders das Energie-, Ernährungs- und Verkehrssystem sowie das Wohnen relevant. Diese Systeme haben wesentliche Anteile an den Emissionen von Treibhausgasen und der Inanspruchnahme natürlicher Ressourcen. Sie sind für einen großen Teil des Materialumsatzes und Flächenverbrauchs verantwortlich und tragen dadurch zum Verlust von Biodiversität bei.

Trotz des Innovationsgeschehens, seien es verbrauchsärmere Pkw, energieeffizientes Bauen und Sanieren, Bio-Lebensmittel oder Schadstofffilter bei

Kraftwerken und erneuerbare Energien: Wesentliche Probleme bleiben ungelöst. Und noch mehr, innerhalb der gegebenen Entwicklungspfade scheinen Lösungen nicht praktikabel oder unzureichend.

Die derzeit diskutierten Lösungen, sei es Strom aus erneuerbaren Quellen, Elektrifizierung von Mobilität, gedämmte und elektrisch beheizte Häuser oder Bio-Lebensmittel, sind auch aus ökologischer Perspektive nicht durchgängig unschuldig, sondern haben mindestens lokale Umweltwirkungen; vielfach werden aber auch die Problemlagen nicht umfassend adressiert (zum Beispiel würde auch ein vollständig elektrifizierter Verkehr eine Infrastruktur nutzen, die erhebliche Zerschneidungseffekte hat) oder sogar neue geschaffen (etwa die für umfassende Elektrifizierung erforderlichen Metalle). Die bisherigen Verbesserungsinnovationen sind genauso wenig ausreichend, wie die Vorstellung, in diesen Systemen problematische Technologien zu ersetzen, alles Übrige aber so zu belassen, wie es ist. Ein Verkehrssystem, das genauso fortgeschrieben wird, bei dem nur die Verbrennungsmotoren durch Elektromotoren ersetzt würden, wäre nicht ausreichend und könnte bestimmte Problemlagen sogar noch weiter verschärfen. Auch bei der Ernährung wäre es nicht ausreichend, Lebensmittel einfach nur umweltschonender zu produzieren, aber weiterhin ein hohes Niveau bei Fleischkonsum und bei Lebensmittelvergeudung zu belassen; oder den hohen und rasch wachsenden Flächenbedarf beim Wohnen nicht zu bremsen.

Nachhaltigkeitstransformationen und ihre Gestaltung

Eine Nachhaltigkeitstransformation geht über die Verbesserung oder den Ersatz von einzelnen Technologien hinaus und bedeutet eine umfassende Rekonfiguration dieser gesellschaftlichen Systeme. Sie beinhaltet die für die Bedürfnisbefriedigung notwendigen Infrastrukturen, die Institutionen und Regulationen, die die Systeme regeln und nicht zuletzt auch die sozialen Praktiken, die mit Mobilität, Ernährung, Wohnen oder Energienutzung verbunden sind.

Auch hier gilt: Es geht nicht darum, ein einzelnes Systemelement zu ersetzen, eine Rekonfiguration erfordert stattdessen Veränderungen bei allen Systemelementen. Mobilität, die nicht mehr auf Lastwagen und Pkw basiert, sondern öffentlichen Verkehr, Fahrrad oder Car-Sharing in den Vordergrund stellt, braucht eben nicht nur die Technologien, sondern auch die dafür notwendigen Infrastrukturen usw.

Hier wimmelt es von Henne-Ei-Problemen: Kommen neue Technologien zuerst oder andere Infrastrukturen? Institutionen oder soziale Praktiken? Transformation kann als ein Prozess von Koevolution verstanden werden: Veränderungen in dem einen Systemelement bedingen die Veränderungen eines anderen. Wenn das auch umgekehrt gilt, dann tritt (regelungsbedürftige) Rückkopplung auf; regelungsbedürftig, weil Rückkopplungen ansonsten Ressourcen aufbrauchen. Es ist offenkundig, dass dies nicht die einzige Steuerungsaufgabe ist. Auch die Henne-Ei-Probleme gilt es zu lösen und nicht zuletzt auch die Verteilungsfragen, die mit einer umfassenden Rekonfiguration verbunden sind.

Erschwerend kommt hinzu, dass politische Institutionen Teil der Systeme sind. Sie sind auf deren Funktionsfähigkeit und Stabilität gerichtet. Wirtschafts-, Energie-, Verkehrs- und Landwirtschaftspolitik ist zunächst einmal überhaupt nicht transformationsorientiert, ganz im Gegenteil stützt sie die bisherigen Pfade und Strukturen. Zwar sind politische Institutionen – wie auch wirtschaftlich tätige Akteure – an Innovationen interessiert, um Wettbewerb zu beleben und öffentlichen Akteuren kommt in der Innovationspolitik durchaus eine besondere Rolle zu: Aufgrund der Möglichkeit, dass Wettbewerber Innovationen nachahmen, ohne selber in Innovation zu investieren, liegt das Niveau von Forschung und Entwicklung unter dem, was gesamtwirtschaftlich eigentlich wünschenswert wäre. Innovationspolitik soll diese Lücke ausgleichen. Im Ergebnis des durch Konkurrenz motivierten Strebens nach Neuerung, verstärkt durch Innovationspolitik, sind die hier betrachteten Systeme nicht statisch, sondern von permanentem Wandel geprägt – aber innerhalb der gegebenen Pfade und Strukturen.

Durch Ausdifferenzierung sind die Systeme in der Lage, neue Technologien aufzugreifen und zu integrieren, ohne dass bisherige Strukturen grundlegend verändert werden: Landwirt:innen, die neben exportorientierter industrialisierter Fleischproduktion auch eine Produktlinie zu regionalem Biofleisch anbieten, Automobilhersteller, die neben den Diesel-SUV auch eine Produktlinie zu E-Autos einführen, Energieversorger, die gleichzeitig fossil und erneuerbar tätig sind.

Innovation und Ausdifferenzierung gehören zu den Dynamiken der Systeme, das wird durchaus auch von den zugehörigen politischen Institutionen unterstützt. Transformation geht aber darüber hinaus und Nachhaltigkeitstransformation erscheint *innerhalb* der gegebenen Systeme auch nicht möglich, obwohl noch erhebliche Effizienzpotentiale gegeben sind. Aber die Beharrungskräfte sind enorm: wirtschaftlich, weil damit reduzierte Kosten verbunden sind, politisch, weil die Institutionen auf Stabilität und Innovation innerhalb der vorliegenden Pfade und Strukturen ausgerichtet sind, gesellschaftlich und kulturell, weil die

Vorstellungen von Normalität und die sozialen Praktiken als Teil der Systeme darauf gegründet sind und sich – augenscheinlich – allenfalls langsam verändern.

Verschärfend kommt hinzu, dass sich der liberale Staat daran gebunden hat, in Wirtschaft und in individuelles Verhalten nur in begründeten Ausnahmefällen einzugreifen. Zwar kann man argumentieren, dass öffentliche Politik das dennoch, und zwar ständig und in allen Lebensbereichen tut. Aber zur Abwehr von Wandel und einer Politik, die Wandel unterstützt, ist diese Selbstbindung allemal wohlfeil: Die Betroffenen können sich nur zu leicht auf den Schutz von Eigentum, Berufsfreiheit und anderen individuellen Rechten berufen, wenn es um die Abwehr von Politik geht, die ihre Besitzstände gefährden würde.

Veränderungsdynamik ist möglich

Die Abwehr der Transformation ist allerdings daran gebunden, dass die bisherigen Strukturen auch funktionieren und sich daraus legitimieren. Legitimation durch Performanz ist eine zentrale Funktionsbedingung. Frank Geels (2002) stellt in seinem Modell einer Mehrebenenperspektive diese Systeme in einen Kontext von Landschaft und Nischen. Landschaft meint dabei die für das System relevanten Rahmenbedingungen. Dazu gehören die Verfasstheit von Gesellschaft und Staat, die natürlichen Rahmenbedingungen, grundlegende Technologien usw. Auch diese Landschaft verändert sich, aktuell etwa erkennbar an Veränderungen der Weltwirtschaftsordnung, neuen Technologien wie der künstlichen Intelligenz, Wertewandel und damit verbundenen neuen gesellschaftlichen Konfliktlagen (zum Beispiel Materialismus-Postmaterialismus) und nicht zuletzt dem Klimawandel.

Legitimität durch Performanz misst sich zuvörderst an diesen Rahmenbedingungen. Was bisher als gute oder doch hinreichende Performanz bewertet wurde, ist unter veränderten Rahmenbedingungen nicht mehr ausreichend. Autos, die sicher und komfortabel sind und einen sozialen Status vermitteln, werden von postmaterialistisch orientierten Menschen unter Bedingungen des Klimawandels anders beurteilt und stellen letztlich die Legitimität der Autoindustrie infrage.

Problematisch werden solche Prozesse, wenn sie mit dem Ende von langfristigen Innovationszyklen zusammenfallen. Innerhalb von technologischen Paradigmen folgen auf grundlegende Innovationen stetige Verbesserungsinnovationen, die weitere Merkmale ergänzen oder Kosten reduzieren.

Schumpeter (1968) vermutet, dass das Potential für solche Verbesserungsinnovationen im Zeitverlauf immer geringer wird und in langer Frist erliegt. Dies
erkläre die in den 1920er Jahren von Kondradieff entdeckten langfristigen Kon-
junkturwellen, die im Laufe von ca. 50 Jahren auftreten und deren Abschwung
nur durch neue Basisinnovationen beendet werden könne.

Wenn Veränderungen in der Landschaft mit einem Ende des langfristigen
Innovationszyklus zusammenfallen, dann steht die Legitimation von Systemen
infrage. Beschleunigt wird die Delegitimation durch Nischen: Damit werden von
Geels (2002) kleine Innovationssysteme bezeichnet, die Leistungen für sozio-
technische Systeme erbringen, aber in einer grundlegend anderen Weise arbeiten.
Sie können als Netzwerke von Akteuren verstanden werden, die Wertschöpfungsketten anders organisieren. Beispiele sind Carsharing, Community Supported
Agriculture, gemeinschaftliche Wohnformen, energiewirtschaftliche Bürger-
genossenschaften, usw. Wenn diese „bottom up"-Initiativen in einer Konstellation
abnehmender Legitimität demonstrieren, dass Bedürfnisse auch anders befriedigt
werden können, dann entsteht weiterer Druck auf die dominierenden Systeme,
ihre Strukturen und Akteure. Weder Veränderungen in der Landschaft noch
das Auftreten von Nischen sind für sich hinreichende Bedingungen für Transformationen, aber ihr Zusammenspiel macht Transformationen wahrscheinlicher.

Mit veränderter Landschaft lässt sich auch eine Zunahme von Nischen
beobachten. Die Veränderungsdichte für Innovationen, die eine grundlegend
andere Bedürfnisbefriedigung anbieten, nimmt zu. Ganz zweifellos erleben wir
das derzeit. Die Richtungen unterscheiden sich aber. So gibt es im Ernährungs-
bereich Nischen, die hochtechnisierte Fleischherstellung unabhängig von Tieren
in vitro produzieren, andere, schon marktgängig, die Fleisch mit pflanzen-
basierten Proteinen nachbilden. Innovationsrichtungen sind auch urban farming
oder kleinteilige, regionalisierte Landwirtschaft auf der Basis eher traditioneller
Technologien. Welche Nischen als nachhaltig zu bewerten sind und welche sich
in Zukunft durchsetzen werden und die Ernährung in den kommenden Jahrzehnten bestimmen werden, ist offen und umstritten.

Die Beispiele zeigen, dass es nicht nur einen Wettbewerb zwischen Nischen
und dominierendem System gibt (Alt-Neu-Wettbewerb), sondern auch zwischen
den Nischen (Neu-Neu-Wettbewerb, vgl. Nill 2009). Auch hier gibt es keinen
einzelnen Akteur, der in der Lage wäre, zu wählen und zu entscheiden. Die Aus-
wahl erfolgreicher Basisinnovationen ist ein sozialer und diskursiv geprägter
Prozess. Die Diskurshoheit steht in der Konkurrenz von Staat, Zivilgesellschaft
und Wirtschaft, die ja selber wiederum in hohem Maße fragmentiert sind.

Ansätze transformationsorientierter Politik

Wenn aber ein dominanter gesellschaftlicher Diskurs entsteht, in dem sich die Delegitimation des Bisherigen und die Machbarkeit und Vorteilhaftigkeit einer Alternative miteinander verbinden, hat das eine enorme Wirkung: Es gibt dem bis dahin ungerichteten Innovationsgeschehen in den Nischen eine Richtung, verbindet und koordiniert das Handeln von Akteuren in eine gemeinsame Richtung. Das Geschehen erfährt große Dynamik, Veränderungsprozesse gehen zu Koevolutionen über und beschleunigen sich. Nach den oft langen Vorlaufphasen des Probierens treten Veränderungen dann sehr plötzlich auf, bisherige Vorstellungen von Normalität, die als tiefsitzend und allenfalls in historischer Perspektive veränderbar schienen, werden umgestoßen. In dieser Phase existieren alte und neue Strukturen nebeneinander, Strom wird sowohl aus Kohle als auch aus Windkraft produziert, und häufig werden hybride Formen entwickelt – um ein historisches Beispiel zu wählen: Segelschiffe, die von Dampfmaschinen unterstützt werden, waren eine zeitweilige Übergangstechnologie. Aus Umweltsicht sind diese Phasen eher problematisch, weil das Risiko besteht, dass sich die Nachteile miteinander verbinden und dass Ressourcen überbeansprucht werden, weil die Produktion eher zunimmt. Auch das lässt sich belegen, seien es die großen Mengen Strom, die in Deutschland aus Kohlekraft produziert und in die Nachbarländer exportiert werden, oder die Exportorientierung der Landwirtschaft.

Nach dieser Phase der Beschleunigung, des Wettbewerbs Alt-Neu und der Substitution kommt eine Phase der Stabilisierung. Das Neue ist durchgesetzt, Koevolutionen, die als Rückkopplungen auftraten, sind bereinigt, neue Institutionen geschaffen und entsprechende soziale Praktiken reguliert. In dieser Phase der Stabilisierung setzt auch das reguläre Innovationsgeschehen wieder ein, die Basisinnovationen werden kontinuierlich verbessert, aber die Transformation als Systeminnovation ist abgeschlossen.

Die Wirkungen von Transformationen entziehen sich genauso wie deren konkrete Richtung einer Steuerung im Detail. Sicher ist aber, dass ein solcher Strukturwandel mit erheblichen Verteilungswirkungen verbunden ist. Bisherige Qualifikationen und Anlagen werden in ihrem Wert gemindert, andere aufgewertet. Regionen sind in unterschiedlichem Maße davon betroffen. Die Erwartung, genauer: die Befürchtung von solchen Verteilungswirkungen trägt dazu bei, dass Veränderungsprozesse hinausgezögert werden und sich davon betroffene Akteure mehr oder weniger erfolgreich dagegen stemmen.

Dieser Prozess, bei dem Staat, Wirtschaft und Zivilgesellschaft ja selber Teil von Transformation sind und ihr selber unterzogen werden, lässt sich nicht in einem großen Plan erfassen. Allein die Größe der Aufgabe, sei es das Energie-, Verkehrs- und Ernährungssystem oder auch das ganze Wirtschaftssystem zu transformieren, erscheint absurd. Zumal es ja keinen einzelnen Akteur gibt, der Zuständigkeit reklamieren könnte, diese ist über Ressorts und – noch schwerwiegender – über Ebenen von der kommunalen bis zur europäischen oder internationalen Ebene verteilt. Jede Ebene, jedes Ressort ist dabei auf die jeweils eigene Zuständigkeit und Betroffenheit bedacht. Eine integrierte, Politikfeld- und -ebenen übergreifende Politik erscheint unrealistisch und unwahrscheinlich. Zu sehr unterscheiden sich die Interessen und Notwendigkeiten der Akteure.

Wenn man aber nicht allein den Gegenstand betrachtet, sondern den Prozess von Transformationen, dann ergeben sich durchaus vielfältige Ansatzpunkte gestaltend tätig zu werden (vgl. Wolff et al. 2018): Eine entsprechende Wissensbasis zugrunde zulegen, gesellschaftliche Trends zu analysieren und zu nutzen, um transformativem Wandel Dynamik zu verleihen; Räume für soziale Innovationen zu schaffen und Akteure zur Teilhabe zu befähigen, Schnittstellen zu kreieren, die Koevolution zwischen unterschiedlichen Systemen und Systemelementen ermöglichen; Leitbilder und Visionen zu entwickeln. Solche Optionen, die auch weniger machtvollen Akteuren zur Verfügung stehen, können jenseits einer umfassend integrierten, holistischen Strategie ergriffen werden. Zu einer Gestaltung von Transformationen gehört auch, nicht nur darüber nachzudenken, wie das Neue in die Welt gebracht wird, sondern auch darüber, wie nicht-nachhaltige Strukturen beendet werden können. Dafür ist der Begriff Exnovation als das Gegenstück zu Innovation geprägt worden (Heyen 2017). Hier geht es maßgeblich darum, soziale Friktionen von Transformationsprozessen zu vermeiden.

Verhältnis sozialer und ökologischer Fragen in Transformationen

Wie stellt sich nun das Verhältnis von sozialen (Verteilungs-)fragen und ökologischen Fragen im Kontext von Transformationen der hier betrachteten Systeme dar? Eine oberflächliche Perspektive würde möglicherweise zu dem Schluss kommen, dass Transformationen aus Umweltperspektive angetrieben werden, dass es allenfalls darum ginge, Akzeptanz dafür zu gewinnen, indem sozialer Ausgleich angestrebt wird und sozialpolitische Akteure darauf achten, dass es für ihre jeweilige Klientel nicht zu schnell oder zu teuer wird.

Diese Analyse greift aber zunehmend zu kurz: Vor dem Hintergrund der geschilderten sozialen Dysfunktionalitäten dieser Systeme, verbunden mit dem

Wandel der für soziale Fragen relevanten Rahmenbedingungen (demografischer Wandel, Wanderung, Friktionen der Globalisierung, etc.) stellt sich auch aus der Perspektive sozialpolitischer Akteure ein weitreichender Transformationsbedarf. Ernährung, Wohnen, Verkehr, Gesundheit, Bildung lassen sich nach Auffassung vieler nicht mehr mit kleinschrittigen Verbesserungen sichern, sondern es wird nach grundlegendem Wandel gefragt.

Damit stellt sich die Frage, wie sich das mit den Anliegen einer ökologischen Transformation verbindet, welche Zielbilder sich in Deckung bringen lassen, wie Prozesse und Diskurse gemeinsam gestaltet werden können. Auch wenn es hier erste Verbindungen und Netzwerke gibt, die sich zwischen sozialpolitischen und umweltpolitischen Akteuren entwickeln und die über die Vermeidung von sozial unerwünschten Folgen von Umwelt- und Klimapolitik hinausgehen und ein gemeinsames Gestaltungsinteresse formulieren, so wird doch deutlich, dass das nicht konfliktfrei ist (Petschow et al. 2021). Die Veränderungsrichtung und das Veränderungstempo, der Umgang mit Verteilungsfragen bleibt an deren jeweilige, von Fall zu Fall durchaus unterschiedliche Perspektive gebunden. Insofern scheint es sinnvoll, Foren zu entwickeln, die beides zulassen: Kooperation bei der Gestaltung und die Aushandlung von Konflikten. Hier ist institutionelle Innovation geboten. Es ginge darum, weder die Fiktion vollständiger Integration zu pflegen, noch die kleinteilige Verfolgung des jeweiligen Partikularinteresses. Ein solcher Ansatz würde gut unterstützt, wenn der Staat sich beteiligt und solche Foren an der Aushandlung und Formulierung von Politik beteiligt. Sie lassen sich aber auch ohne Staat initiieren und erproben. Die gemeinsame Formulierung der Veränderungsanliegen durch sozial- und umweltpolitische Akteure wäre jedenfalls ein starker Impuls für eine Beschleunigung tiefgreifender Prozesse nachhaltigen Wandels.

Literatur

Die Links wurden am 20. Juni 2022 zuletzt überprüft

Geels, F. W. (2002). Technological transitions as evolutionary reconfiguration processes: a multi-level perspective and a case-study. *Research Policy, 31*(8-9), 1257–1274. https://doi.org/10.1016/S0048-7333(02)00062-8
Heyen, D. A. (2017). Politische Gestaltung von Exnovation. *Ökologisches Wirtschaften – Fachzeitschrift, 32*(1), 30. 3 https://doi.org/10.14512/OEW320130.
Nill, J. (2009). *Ökologische Innovationspolitik. Eine evolutorisch-ökonomische Perspektive*. Marburg: Metropolis (zugl.: Kassel, Dissertation 2008).

Petschow, U., Sharp, H., Riousset, P., Jacob, K., Guske, A-L., Kalt, G., Schipperges, M., & Arlt H.-J. (2021). *Perspektiven neuer Allianzen für sozial-ökologische Transformationen. Umwelt-, gewerkschafts- und sozialpolitische Akteure im Spannungsfeld unterschiedlicher Kontexte, Logiken und Zukunftsvorstellungen.* Umweltbundesamt. https://www.umweltbundesamt.de/sites/default/files/medien/5750/publikationen/neue_allianzen_fuer_sozial-oekologische_transformationen.pdf.

Schumpeter, J. A. (1968). *The Theory of Economic Development: An Inquiry Into Profits, Capital, Credit, Interest, and the Business Cycle* (8. Edition). New York: Routledge

Wolff, F., Heyen, D. A., Brohmann, B., Grießhammer, R., Jacob, K., & Graaf, L. (2018): *Transformative Umweltpolitik. Nachhaltige Entwicklung konsequent fördern und gestalten.* Umweltbundesamt. https://www.umweltbundesamt.de/sites/default/files/medien/376/publikationen/transformative_umweltpolitik_nachhaltige_entwicklung_konsequent_foerdern_und_gestalten_bf.pdf.

Klaus Jacob ist promovierter Politologe und leitet die Forschungsgruppe Policy Assessment an der Freien Universität Berlin. Zu seinen Forschungsschwerpunkten gehört die Governance von Nachhaltigkeitstransformationen. Er war einer der Hauptautoren des 6. GEO Berichts der UNO „Healthy Planet, Healthy People".

Was heißt »linke Politik« und was wird aus ihr?

Horst Kahrs

»Sozialismus im Sinn gemeinsamer Naturbeherrschung, Abschaffung der Unterschiede von Besitz und Notstand, Garantie der größten, nur durch die Erfordernisse friedlichen Zusammenlebens eingeschränkten individuellen Unabhängigkeit, erscheint als Resultat des westlichen Gedankens über den Gang der Zivilisation. Die Verbindung mit dem Klassenkampf ist überholt. Das Ziel liegt in Wahrheit Proletariern nicht näher als den aufgeklärten Bürgern.«
    Max Horkheimer, Marx heute (1981 [1968])

Freiheit, Gleichheit, Brüderlichkeit sind

- für die *äußere Rechte* moderne Irrwege gegen die auf Kampf, Vorherrschaft, Rassen- und Geschlechtsunterschiede gepolte menschliche Natur;
- für die *Mitte* Grundwerte politischer Rhetorik, die in den Menschenrechten, dem Rechtsstaat sowie freien, gleichen und geheimen Wahlen institutionelle Anker haben, im Alltag aber allfälligen Notwendigkeiten des Kapitalismus und männlicher Macht weichen müssen;
- für die *Linke* ein gesellschaftliches Großprojekt der Moderne, das es zu vollenden gilt.

Die politische und gesellschaftliche Linke findet sich in verschiedenen inhaltlichen Schattierungen und organisatorischen Formationen wieder: in Parteien, in Gewerkschaften, in zivilgesellschaftlichen Organisationen, in emanzipatorischen sozialen Bewegungen. Entsprechend divers sind die Inhalte „linker Politik". Doch

H. Kahrs (✉)
Berlin, Deutschland
E-Mail: hkahrs@gmx.net

© Der/die Autor(en) 2023   151
J. Legrand et al. (Hrsg.), *Transformation und Emanzipation*,
https://doi.org/10.1007/978-3-658-39911-5_13

was ist das Gemeinsame? Ein Versuch in sieben Schritten, der sich an den grob
skizzierten Eingangsunterscheidungen orientiert.

Gleichheit und Unbehagen an der Ungleichheit

„Linke Politik" erhält, gestaltet und weitet die materiellen, sozialen und
kulturellen Räume für das „Linkssein" in kapitalistisch strukturierten Gesellschaften mit einem demokratischen politischen System. Linke Politik stellt
einen Zusammenhang her zwischen der sozialen Lage und bestimmten Werten
und normativen Orientierungen von Individuen auf der einen Seite und den ökonomischen, sozialen und politischen Strukturen und Machtverhältnissen der vor-
gefundenen Gesellschaft auf der anderen Seite.

„Linkssein" meint bestimmte, früh erworbene, über familiäre, Klassen- und
Milieubindungen tradierte Deutungen und Haltungen zur Welt, damit verbundene
Orientierungen in der Lebensführung und entsprechende Alltagspraxen, die sich
vom „Rechtssein" unterscheiden: Gleichheit und Fairness, Demokratie und Freiheit, Gemeinschaft/Kooperation und Solidarität als erstrebenswerte Leitlinien der
eigenen Lebensgestaltung. Die wesentliche Scheidelinie, aus der sich letztlich
alles andere ergibt, ist – mit Noberto Bobbio (2021) – das Verhältnis zur Gleichheit. „Links" steht für eine horizontale, egalitäre Vision von Gesellschaft, „rechts"
für eine vertikale, hierarchische Vorstellung: Gleichheit oder Ungleichheit der
Rechte und Pflichten gegenüber der Allgemeinheit, unabhängig oder abhängig
von Stand, Herkunft, Geschlecht, Hautfarbe, Einkommen.

Wer dem Axiom der Gleichheit folgt, sieht die Grenzen der eigenen Freiheit
in der Freiheit des Anderen, erkennt jedem und jeder das gleiche Recht zu auf
Sicherheit und Kontrolle der eigenen Lebensbedingungen und das gleiche Recht
auf Selbstbestimmung der eigenen Biografie, auf Emanzipation und Persönlich-
keitsbildung. Ungleichheit muss sich legitimieren vor denen, die von ihr negativ
betroffen sind: Warum es gerecht oder zumindest hinzunehmen sein soll, dass die
einen weniger Kontrolle und Selbststimmung über ihre Biografie haben (sollen)
als die anderen. Marx verband Gleichheit einst mit dem kategorischen Imperativ,
„alle Verhältnisse umzuwerfen, in denen der Mensch ein erniedrigtes, ein
geknechtetes, ein verlassenes, ein verächtliches Wesen ist" (Marx 1976, S. 385)
und stattdessen gesellschaftliche Verhältnisse zu schaffen, „worin die freie Entwicklung eines jeden die Bedingung für die freie Entwicklung aller ist" (Marx
und Engels 1977, S. 482). Der revolutionäre Impuls, der von der Gleichheit aus-
geht, bezieht sich von Beginn an auf „den Menschen", nicht nur „den Arbeiter".
Und gleichzeitig stößt er an die Grenzen dessen, was dem „Linkssein" an Lebens-

praxis als Teil einer Ungleichheit perpetuierenden Gesellschaft möglich und abzuverlangen ist. Das Unbehagen und Leiden an den „falschen" Zuständen ist dem Linkssein eingeschrieben. „Rechtssein" heißt, die Verhältnisse zum eigenen Vorteil auszunutzen, wie schlecht es anderen dabei auch ergehen mag.

Linke Politik greift dieses Unbehagen, das Gefühl wie auch das Wissen auf, dass es so, wie es ist, nicht gut ist bzw. nicht gut gehen kann, und übersetzt es in politische Energie, in kollektive Kräfte der emanzipatorischen Veränderung. Sie bearbeitet die Spannung, die Ungleichzeitigkeit zwischen „Wie es sein sollte und könnte" und „Wie es tatsächlich ist", sie reflektiert den Unterschied zwischen den Möglichkeiten notwendiger Veränderung und den je eigenen Möglichkeiten individuellen Handelns. Sie beschreibt, wie es besser sein könnte und warum es „machbar" wäre. Sie zeigt und öffnet Wege, damit Bürgerinnen und Bürger aktiver Teil gesellschaftlicher Transformation werden können.

Das „Reich der Freiheit"

Linke Politik will niemanden „beglücken". Sie zielt zuallererst auf die Abwesenheit von unnötigem Mangel und auf den gleichberechtigten Zugang zu den materiellen und sozialen Mitteln, die für ein selbstbestimmtes, „erfülltes menschliches Leben" (Wright 2019) notwendig sind: Wasser, Energie, Nahrung, Wohnung, Gesundheitsfürsorge, Bildung und Wissen, Information, Kommunikation, Mobilität. Der Kapitalismus hat in über zweihundert Jahren die menschlichen Produktivkräfte so weit entwickelt und unabhängig von den Zufällen der Natur gemacht, dass in keinem Flecken des Planeten noch Mangel an diesen elementaren Lebensmitteln herrschen müsste. Herrschaft, die sich mit der Sicherung des Lebensnotwendigen begründet, verliert damit vor dem Prinzip der Gleichheit ihre Legitimation. Und mit der Entwicklung der Produktivkräfte geht auch jedes Argument verloren, warum das Prinzip der Gleichheit und des gleichberechtigten Zugangs nicht universell gelten sollte – und kann.

Der Kapitalismus und die „große Industrie" schufen die materiellen Voraussetzungen für zivile, freundliche und gute nachbarschaftliche Verhältnisse zwischen den Menschen und Staaten – jedoch auf eine Weise und mit Methoden, die vielfach das genaue Gegenteil praktizierten. Mit Unterdrückung und Ausbeutung schuf der Kapitalismus Verhältnisse, die gutes Arbeiten und gutes Leben für alle möglich machen würden. Aus diesem Widerspruch speisen sich Wunsch und Wille zur Veränderung, die Hoffnung auf eine bessere Zukunft. Wenn heute eine Welt ohne Mangel möglich wäre, warum sollte es nicht auch Morgen und Übermorgen so sein? Deshalb geht es immer auch darum, für zukünftige

Generationen die Abwesenheit von Mangel mindestens auf dem gegenwärtigen
Niveau eines erfüllten Lebens (nachhaltig) zu erhalten. Linkssein kennt ein
Morgen bzw. eine Verantwortung gegenüber den kommenden Generationen;
umso mehr, als ökologische Zerstörung und Erderwärmung die materiellen
Grundlagen der Abwesenheit von Mangel bedrohen. Die Entscheidung des
Bundesverfassungsgerichts zum Klimaschutz vom März 2021 folgt im Grunde
einem solchen linken Freiheitsverständnis: Auch in den kommenden Jahrzehnten
sollen die Bürgerinnen und Bürger über die demokratische Freiheit verfügen,
die gesellschaftliche Entwicklung bestimmen zu können statt ökologischen Not-
ständen unterworfen zu sein.

Demokratie, Freiheit, Solidarität

Das Verständnis von Freiheit, dass sich aus dem Prinzip der Gleichheit herleitet,
ist notwendig mit Demokratie verbunden. Meint Freiheit die Selbstbestimmung,
die freie Entscheidung die eigene Person betreffend (Privatsphäre), so meint
Demokratie die Entscheidungen, die auch weitere Personen betreffen (öffentliche
Sphäre). Demokratie beschränkt sich in diesem Verständnis nicht auf die „Herrschaft des Volkes" bzw. die Kontrolle der Staatsmacht durch die Bürgerinnen und
Bürger. Dem Linkssein geht es um die demokratische Gesellschaft, um Demokratie als Lebensweise (Oskar Negt), um mehr als den demokratischen Staat: die
Beseitigung aller Hindernisse, die Menschen im Wege stehen, sich angemessen
und gleichberechtigt an allen Entscheidungen beteiligen zu können, die ihr Leben
in erheblichem Umfang beeinflussen. Ob sie es dann auch tun, steht auf einem
anderen Blatt.
    Eine demokratische Gesellschaft ist ohne demokratischen Betrieb, ohne die
„freie Assoziation der freien Produzenten" des Kommunistischen Manifestes
nicht denkbar. Lohnarbeit, der Verkauf der eigenen Arbeitskraft, impliziert,
für begrenzte Zeit am Tag die Verfügung über die eigene Lebenszeit an Andere
abzutreten. Kapitalismus bedeutet Produktion von Mehrwert mittels der Fähigkeit, fremde Lebenszeit kommandieren zu können. Die dem frühen Kapitalismus
gemäße Utopie behauptete, die Entwicklung der betrieblichen und gesellschaftlichen Arbeitsteilung und des Produzentenwissens lasse die Abwesenheit von
autoritärer Herrschaft heranreifen, ermögliche die demokratische Kontrolle des
Betriebes und der gesamten gesellschaftlichen Produktion. Tatsächlich scheiterten
alle historischen Versuche, dieses Versprechen wahr werden zu lassen, an den
Problemen demokratischer Planung der gesellschaftlichen Investitionsent-
scheidungen, und führten stattdessen zu neuen Formen autoritärer bürokratischer

Herrschaft und Bevormundung. Auf einem anderen Weg wurden Tarif- und Arbeitsrecht, betriebliche Mitbestimmung und Elemente der Wirtschaftsdemokratie auf- und ausgebaut, aber eine Demokratisierung der Investitionsfunktion unterblieb. Szenarien zu entwickeln, wie eine Wirtschaft funktioniert, deren Organisationen lokal, regional, national und global auf demokratischen Entscheidungsprozessen fußen, ist die große Herausforderung.

Ein moderner Sozialstaat ist für eine demokratische Gesellschaft in kapitalistischen Formationen nahezu unabdingbar. Neben allen materiellen Sicherungen gegen elementare Not und neben dem Abbau von gesellschaftlichen Hindernissen gleicher Beteiligung obliegt es ihm zu gewährleisten, zu einem vertretbaren Preis „Nein" sagen zu können: zu Über-Ausbeutung, zu mangelndem Respekt und Diskriminierung, zur Missachtung der Rechte anderer. Wer sich in existentieller Abhängigkeit befindet, kann nicht frei entscheiden. In diesem Sinne verlässliches „Sozialeigentum" (Robert Castel 2011) versteht linke Politik als notwendige Kehrseite des Eigentums an den Produktionsmitteln. Ursprünglich als Absicherung der spezifischen Risiken der Lohnarbeit (Alter, Krankheit/Arbeitsunfähigkeit, Arbeitslosigkeit) entstanden, fällt dem Sozialstaat in demokratischen Gesellschaften auch die Aufgabe zu, generell die notwendigen Voraussetzungen für die Wahrnehmung demokratischer Beteiligungsrechte zu schützen und zu sichern.

Schließlich zählen zum Linkssein Solidarität, Gemeinschaft, Kooperation, Fürsorge füreinander. Menschen sollten miteinander kooperieren, sich wechselseitig moralisch verpflichtet fühlen und an den Belangen anderer interessiert sein. Solidargemeinschaften wie Nachbarschaften, Vereine, Organisationen, Dörfer und Städte, auch Nationen sind immer auch Schutzgemeinschaften und beweisen sich in der Not. Gemeinschaften jedweder Art haben Zutrittsregeln, gerade auch für die Inanspruchnahme von Solidarität in einem Verein, einer Gewerkschaft, einer Solidarkasse, in einem Nationalstaat. Sie unterliegen einer fatalen Dialektik: Je stärker dieses Gemeinschaftsgefühl mit starren Grenzen der Zugehörigkeit und Mitgliedschaft verbunden ist – oft Bedingungen für ein hohes Maß an innerer Egalität – desto repressiver kann es alle ausschließen, die nicht dazugehören. Solidarität ist nicht per se links, sondern nur im Zusammenspiel mit den anderen linken Maßstäben zur Bewertung gesellschaftlicher Institutionen und sozialer Strukturen. Diese Maßstäbe selbst stehen in einem widersprüchlichen Verhältnis zueinander: die Abwesenheit von Mangel für alle gleich zu gewährleisten, birgt die Tendenz zur Unfreiheit (Max Horkheimer 1981 [1968]).

Allfälliges Streben nach universeller Gültigkeit

Linke Politik entwickelt sich in zweierlei Spannungsfeldern. Erstens sind da die global äußerst ungleich verteilten Möglichkeiten eines erfüllten Lebens, für Hunderte von Millionen geht es stattdessen tagtäglich um das nackte Überleben. Das Wissen um die himmelschreiende Ungerechtigkeit von Hunger, Wasser- und Energiemangel nährt ständiges (wenngleich ungleich verteiltes und unterschiedlich starkes) Unbehagen am noch so bescheidenen Wohlstand hier. Dieses Unbehagen kann zur emphatischen Quelle linker Politik werden wie auch zu affektiver Abwehr, zu Nationalismus, Rassismus, Festungsmentalität führen. Und zweitens geht es darum, die Wertmaßstäbe, die normativen Orientierungen linker Politik immer wieder neu auszubalancieren, einer einseitigen Verabsolutierung zu widerstehen und diese ständige Abwägung erkennbar und nachvollziehbar, also lebensnah zu machen; zu wissen, wo die Grenzen des Handelns einzelner liegen und wo Institutionen und Strukturen verändert werden müssen, um diese Grenzen zu verschieben.

Vor fast dreißig Jahren diagnostizierte Eric Hobsbawm im „Zeitalter der Extreme" zwei langfristige Entwicklungslinien, die beiden „zentralsten und auf lange Sicht entschiedensten Probleme" gesellschaftlicher Entwicklung und damit linker Politik: ökologische Krise sowie Bevölkerungswachstum und Migration. Die reichen Länder mit ihren vielen alten Bürgerinnen und Bürgern und wenigen Kindern sähen sich vor die Wahl gestellt, entweder massive Immigration zu gestatten, um den Preis heftiger innerstaatlicher Spannungen, oder sich zu verbarrikadieren, was sich als unmöglich herausstellen würde. „Unstrittig aber ist, dass diese Spannungen in den kommenden Jahrzehnten ein wesentlicher Faktor jeder nationalen wie der globalen Politik sein werden." (Hobsbawm 1998, S. 701) Die ökologische Krise erfordere globale Lösungen, müsse zugleich radikal und realistisch sein und verlange ein Gleichgewicht zwischen der Menschheit, den von ihr konsumierten (ersetzbaren) Ressourcen und den Auswirkungen ihrer Aktivitäten auf die Umwelt – eine Aufgabe, die „weder wissenschaftlicher noch technologischer, sondern politischer und gesellschaftlicher Art" sei. Die Krise, in die linke Politik seit den 1990er Jahren europaweit geraten ist, hat viel mit der Leugnung der Bedeutung dieser beiden Entwicklungsdynamiken bzw. mit unzureichenden Antworten zu tun.

Universelle Gleichheit verlangt, jedem Menschen, ob Frau oder Mann, das gleiche Recht zuzugestehen. Jeder Mensch hat demnach das Recht, sich auf die Suche nach besseren Lebensbedingungen zu begeben. Doch welche Pflichten folgen daraus für die Gesellschaft, in die migriert wird? Jeder Mensch hat das

Recht auf einen gleichen „ökologischen Fußabdruck". Mit der entsprechenden nationalstaatlich verfassten Ungleichheit in den alten Industriestaaten – der Treibhausgasausstoß der Lebensweise der wohlhabendsten zehn Prozent in Deutschland ist sechsmal höher als die Emission der ärmeren Hälfte – lernt die linke Politik allmählich politisch umzugehen. Doch was folgt daraus – und in welchem Zeitrahmen – angesichts der globalen Ungleichheit? Was bedeutet das für systematisch auf Externalisierung ökologischer Kosten setzende entwickelte Volkswirtschaften? Linke Politik wird hierauf Antworten finden müssen, die dem Maßstab universeller Gleichheit auf einer vertretbaren Zeitachse gerecht werden.

Migration und Klimawandel nähren gesellschaftliche Konflikte, die sich nicht eindeutig sozialstrukturell verorten lassen wie der traditionelle Klassenkonflikt zwischen Arbeit und Kapital bzw. Oben und Unten. Sie durchziehen alle sozialen Schichten. Auch die (industrielle) Arbeiterbewegung war in ihren ideologischen Orientierungen nicht homogen, sondern zuweilen offen gespalten, etwa in die egalitären, zum Beispiel sozialdemokratisch-sozialistischen und die eher hierarchischen, etwa christlich-katholischen Strömungen und Milieus. „Linkssein" wie „Rechtssein" sind nicht an bestimmte sozialstrukturelle Voraussetzungen gebunden. Die modernen Ungleichheitskonflikte um Migration (Innen – Außen), Identität (Wir – Sie), Ökologie (Heute – Morgen) ersetzen nicht den klassischen, von linker Politik bearbeiteten Konflikt Arbeit – Kapital oder den patriarchalen Konflikt Mann – Frau. Vielmehr fordern sie linke Politik heraus, politisch produktive Verbindungen zwischen den Konfliktachsen herzustellen. (vgl. Mau et al. 2020; Lux et al. 2021). Die Linke ist dabei in den beiden zurückliegenden Jahrzehnten mehr und mehr in die Defensive geraten gegenüber einer autoritären Rechten, der es zum Beispiel gelungen ist, aus der Verbindung von Identitätsfragen und Migrationsfragen politische Funken zu schlagen.

Beteiligung ermöglichen

Eine linke politische Verbindung von Ungleichheitskonflikten könnte an dem ansetzen, was weiter oben als „Unbehagen" angedeutet wurde, als Brüche, als Spannungen im Linkssein. Die entscheidende Potenz liegt in dem Unterschied zwischen den Möglichkeiten individuellen Verhaltens und systemischen Strukturen. Die historische Erfahrung lehrt, wie kontraproduktiv es ist, Notwendigkeiten, Untergangsszenarien, gar Apokalypsen zu beschwören, um individuelle Verhaltensänderungen – und sei es nur eine Wahlentscheidung – herbeizuführen; und ebenfalls, wie umgekehrt „die Systemfrage stellen" auch nicht zu zünden vermag. Das Kommunistische Manifest entwarf ein Reich der Möglichkeiten, der Freiheit, das zu gewinnen war, für das zu kämpfen ein erfüllteres Leben versprach. Gegen Ende des 19. Jahrhunderts und dann vor allem nach 1945 setzte sich die Erfahrung fest, dass auch im Kapitalismus bessere Lebensverhältnisse für die arbeitenden Klassen, ein sozialer Aufstieg aus proletarischen Lebenslagen möglich sein kann. Gleichwohl blieb es dabei: links geht es politisch um die kommenden Möglichkeiten, rechts um die Verteidigung etablierter Strukturen.

Tatsächlich kommt es darauf an, dass der und die Einzelne sich in der alltäglichen Lebensführung als aktiver Teil gesellschaftlicher Transformation begreifen kann, wenn er und sie es wollen. Dafür dürfen sie nicht vor unüberwindlichen bzw. nicht zumutbaren Hindernissen stehen. Selbstverständlich kommt es bei der ökologischen Transformation auch auf das individuelle Verhalten an, doch wenn mehr als vier Fünftel aller Emissionen in Deutschland energiebasiert sind, sind der Wirkung individuellen Verhaltens enge Grenzen gesetzt.

Bedacht werden muss indes vor allem, dass die alltägliche Lebensführung gerade deshalb alltäglich ist, weil sie auf bestimmten Routinen beruht. Linke Politik fragt daher danach, über welche Möglichkeiten der Einzelne gemäß seiner sozialen Lage verfügt, seine Alltagsroutinen zu verändern, welche institutionellen bzw. systemisch-strukturellen Umstellungen nötig wären, um diese Möglichkeiten zu vergrößern. Linke Politik empört sich daher, wenn zum Beispiel die staatlich verordneten Regelsätze für die Grundsicherung keinen ausreichenden Anteil für den Kauf nachhaltig produzierter Lebensmittel vorsehen, aber gleichzeitig Konsumenten-Entscheidungen beim Umbau der Landwirtschaft eine zentrale Rolle spielen sollen (vom Inflationsausgleich zu schweigen). So wird ein Bevölkerungsteil systemisch gehindert, Teil des gesellschaftlichen Projekts der sozial-ökologischen Transformation zu sein. Aus diesem Grund, um diesen und andere Ausschlüsse zu verhindern, um die Teilhabe zu ermöglichen, hat linke Politik ein besonderes Augenmerk für die soziale Lage der einkommensärmeren Teile der Bevölkerung; und wird den wohlhabenderen Teilen aus Gründen der Gleichheit größere Anstrengungen zur Veränderung ihres Alltages vorschlagen. Linke Politik steht, so wäre zu verallgemeinern, nicht auf der Seite „der Arbeiterin", weil sie Arbeiterin ist, sondern weil in einer Gesellschaft, in der Bildungskapital zur sozialen Distinktion entscheidend geworden ist, der ja immer noch notwendigen Handarbeit die gleiche soziale Würde und Anerkennung zukommen sollte wie der Kopfarbeit.

Politische Ökonomie der Arbeit

Wie lassen sich diese Perspektiven auf linke Politik bündeln, was sollte erkennbarer Fluchtpunkt linker Politik sein? Linke Politik könnte der politischen Ökonomie des Kapitals eine politische Ökonomie der Arbeit, der Arbeitskraft bzw. des Arbeitsvermögens gegenüberstellen, die sich sowohl auf die (Erfordernisse der Reproduktion der) Ware Arbeitskraft als auch auf die Arbeit als tätige Lebensäußerung freier Persönlichkeiten bezieht. Kreist die politische Ökonomie des Kapitals um die Erwirtschaftung von Mehrwert und Profit, so die politische Ökonomie der Arbeit um die soziale und gesellschaftliche Reproduktion der materiellen, sozialen und kulturellen Voraussetzungen eines erfüllten Lebens. Die jüngsten Erfahrungen mit autoritären und faschistoiden Bewegungen, mit der Zersetzung einer demokratischen Öffentlichkeit, mit dem Eintritt globaler »worst cases« wie der Pandemie, aber auch mit der endgültigen Aufkündigung der Nachkriegsordnung durch den russischen Überfall auf die Ukraine lassen die Gewährleistung von „sicheren demokratischen Lebensverhältnissen" und „Schutz" in anderem Licht erscheinen. Welche Lehren können aus diesen gesellschaftlichen Erfahrungen gezogen werden, welche Schlussfolgerungen und Veränderungen sind aus der Sicht einer auf abhängige Arbeit oder kleiner Selbstständigkeit angewiesenen Bevölkerung notwendig?

Die weit überwiegende Mehrheit der Menschen kann sich privat organisierte Sicherheit nicht leisten, sie ist angewiesen auf verlässliche öffentliche Infrastruktur – von der Wasser- und Energieversorgung über das Informationswesen und die öffentliche Verwaltung bis hin zur Bildung –, zu der auch in Notzeiten gleichberechtigter Zugang möglich sein muss. Die öffentlichen Einrichtungen, die wirtschaftlichen Prozesse, die für einen krisenfesten Alltag unverzichtbar sind, sowie die demokratischen Institutionen handlungsfähiger und resilienter für kommende Krisen zu machen, sie an zukünftige Extrem(wetter)lagen anzupassen, ist ein alltagsnahes Anliegen, woran linke Politik deutlich machen kann, worum es ihr geht. Die jüngsten Unterbrechungen der Alltagsroutinen zeigten den Verschleiß, die Brüchigkeit und Verletzlichkeit der Gemeinschaftseinrichtungen und die Notwendigkeit, Reserven und Puffer zu schaffen. Deren Umfang und Qualität muss erkämpft werden auf Kosten privatisierter Gewinne, hoher Einkommen und großer Vermögen. Als Leitbild einer solchen Politik demokratischer Resilienz können die Ottawa-Charta zur Gesundheitsförderung und Public Health-Politiken dienen: die Entwicklung gesundheitsfördernder Gesamtpolitik und gesundheitsfördernder Lebenswelten, in denen die Kontrolle über die eigenen Lebensverhältnisse und über die eigene Biografie eine wichtige Rolle spielt. Eine besondere Aufgabe kommt dabei der Technologie- und Forschungspolitik (zum Beispiel „künstliche Intelligenz", Biowissenschaften) zu, womit linke Politik auch wieder zu einem Marx'schen Gedanken zurückfände: für gesellschaftliche und politische Bedingungen zu sorgen, unter denen Wissenschaft, Forschung und Technologie dem Ziel eines erfüllten Lebens im globalen Maßstab dienen.

Anpassungsfähigkeit des Kapitalismus und linkes Erwartungsmanagement

In den zurückliegenden 150 Jahren konnte sich kein alternatives gesellschafts-politisches System, kein „Sozialismus-Modell" erfolgreich gegen den Kapitalis-mus behaupten. Das spricht nicht grundsätzlich gegen den revolutionären Umsturz als modus operandi linker Politik, macht aber die verbreitete Skepsis im (Wähler-)Potential linker Politik gegenüber der „Systemfrage" verständlich. Seit dem Ende der Systemkonkurrenz liegt die Zustimmung zu den „Werten des Sozialismus" im Gegensatz zu den „Werten des Kapitalismus" in den Industrie-ländern konstant zwischen 40 und 60 % der Bevölkerung bei gleichzeitiger Ablehnung des vormals real existierenden Systems. Dass eine dauerhafte emanzipatorische Überwindung des Kapitalismus möglich ist, zählt nicht mehr zu den Gewissheiten linker Politik, wohl aber die Erfahrung, dass es gelingen kann, ihm demokratische sozialstaatliche Zügel anzulegen und Entwicklungsrichtungen etwa durch staatliche Forschungs-, Struktur- und Industriepolitik zu beeinflussen. Auch ist es möglich, Lebens- und Wirtschaftsbereiche in relativer Unabhängig-keit vom Profitprinzip zu organisieren und so alternative soziale Milieus zu stützen. Andererseits zeigt sich die Anpassungsfähigkeit des Kapitalismus gerade auch in der Aneignung von Elementen der Gegenkultur, kultureller Codes und Emanzipationsbestrebungen.

Auf der linken Seite des politischen Feldes agieren eine Vielzahl von Organisationen, Parteien, Bewegungen mit je eigenen Schwerpunkten. Was oftmals als Zersplitterung der Kräfte wahrgenommen wird, lässt sich auch als angemessener Ausdruck der Komplexität globaler gesellschaftlicher Verhältnisse begreifen. Für eine erfolgreichere Zukunft linker Politik käme es dann darauf an, den gemeinsamen linken Wertehorizont erkennbar zu machen, nämlich das Streben nach Verwirklichung universeller Gleichheit von unterschiedlichen Aus-gangspunkten aus als Basis für politische Kooperation und Synergien.

Bezug genommen werden könnte dabei auf Willy Brandt: Nachdem die Sozialdemokratie im nationalstaatlichen Rahmen mit betrieblicher Mit-bestimmung und Ausbildungsförderung im institutionellen Sinn die letzten

„Lücken" im Sozialstaat geschlossen hatte, stellte er 1980 als Vorsitzender der UN-„Nord-Süd-Kommission" mit dem Bericht „Das Überleben sichern" (Brandt 1982) die Linken nun vor eine globale Herausforderung. Liest man diesen Bericht heute erneut, werden die Versäumnisse der zurückliegenden Jahre deutlich. Die transnationalstaatliche Zusammenarbeit der Linken ist unterentwickelt, gerade auch angesichts der sich herausbildenden neuen machtpolitischen Weltordnung. Und das Erwartungsmanagement vieler Linker gerade in „Menschheitsfragen" bewegt sich nicht auf der Höhe der Zeit bzw. bleibt alten Aporien verhaftet: Man sollte aufgrund der Produktivkraftentwicklung des Kapitalismus erwarten, dass Hunger und absolute Armut abgeschafft wären. Man kann damit aber nicht warten, bis der Kapitalismus überwunden ist. Die Dringlichkeit der Dekarbonisierung der globalen Wirtschaft wird nur innerhalb der kapitalistischen Wirtschaftsweise in dem notwendigen Zeitrahmen möglich sein – ob es mit ihr gelingt, ist gleichwohl mit guten Argumenten zu bezweifeln. Radikaler Pragmatismus als linker Politikmodus verlangt vom Kapitalismus daher doppelte Anpassung: Dekarbonisierung, um weitere Erderwärmung zu begrenzen, und sozio-ökologische Maßnahmen zur Anpassung an den stattfindenden Klimawandel.

Literatur

Die Links wurden am 19. Juli 2022 überprüft.

Bobbio, N. (2021 [1994]). *Rechts und Links. Gründe und Bedeutungen einer politischen Unterscheidung.* Berlin: Wagenbach.
Brandt, W. (Hrg.) (1982): *Das Überleben sichern. Bericht der Nord-Süd-Kommission. Gemeinsame Interessen der Industrie- und Entwicklungsländer. Köln:* Kiepenheuer & Witsch.
Castel, R. (2011). *Die Krise der Arbeit. Neue Unsicherheiten und die Zukunft des Individuums.* Hamburg: Hamburger Edition.
Hobsbawm, E. (1998). *Das Zeitalter der Extreme. Weltgeschichte des 20. Jahrhunderts.* München: dtv.
Horkheimer, M. (1981 [1968]). Marx heute. In Ders., *Gesellschaft im Übergang. Aufsätze, Reden und Vorträge 1942–1970,* Frankfurt a. M. : Fischer.
Lux, T., Mau, S. & Jacobi, A. (2021). Neue Ungleichheitsfragen, neue Cleavages? Ein internationaler Vergleich der Einstellungen in vier Ungleichheitsfeldern. *Berliner Journal für Soziologie,* 32, 173–212. https://doi.org/10.1007/s11609-021-00456-4.
Marx, K. (1976). *Zur Kritik der Hegelschen Rechtsphilosophie. Einleitung* (MEW 1, S. 378–391). Berlin: Dietz.
Marx, K., & Engels, F. (1977). *Manifest der kommunistischen Partei.* (MEW 4, S. 459–493) Berlin: Dietz.

Mau, S., Lux, T., & Gülzau, F. (2020). Die drei Arenen der neuen Ungleichheitskonflikte. Eine sozialstrukturelle Positionsbestimmung der Einstellungen zu Umverteilung, Migration und sexueller Diversität. *Berliner Journal für Soziologie*, 30, 317–346. https://doi.org/10.1007/s11609-020-00420-8.

Wright, E. O. (2019). *Linker Antikapitalismus im 21. Jahrhundert. Was es bedeutet, demokratischer Sozialist zu sein*. Hamburg: VSA.

Horst Kahrs, Jahrgang 1956, Sozialwissenschaftler, zuletzt von 2012 bis 2021 als Referent für die Rosa-Luxemburg-Stiftung auf den Themenfeldern Demokratie und Wahlen, Klassen und Sozialstruktur erwerbstätig. Er ist der Stiftung weiterhin als senior fellow verbunden.

Animal laborans, homo faber, homo oeconomicus – und wie weiter…

Mathias Greffrath

„Arbeit ist das stärkste Band des Menschen an die Realität" (Sigmund Freud)

Warum sitzen immer noch Kassiererinnen und Kassierer an der Supermarkt-kasse? Warum laufen immer noch menschliche Roboter durch die Lagerhäuser? Warum füllen kluge Menschen immer noch langweilige Tabellen aus?

Ich gebe diese zwei Zeilen in meinen Laptop. Auf Englisch. Drücke die Return-Taste. In Sekundenschnelle schreibt der Algorithmus des Textgenerators GPT-2, ein Pilotprojekt der Künstlichen Intelligenzentwicklung, das von Elon Musk und Microsoft gefördert wird, meinen Text automatisch weiter, und das Übersetzungsprogramm DeepL transformiert ihn ins Deutsche:

Warum bleiben diese Rätsel seit 30 Jahren oder mehr ungelöst? Dieser Bei-trag wird dazu beitragen, einige dieser Dinge zu erhellen, aber vielleicht auch einige Fragen aufwerfen. „Wohin können Menschen arbeiten gehen?" Ich meine, wie viele Arbeitsplätze sind nicht auf Technologie begründet? Wir haben einen Anstieg der Zahl der selbstfahrenden Autos erlebt. Aber ist uns nicht allmählich klar geworden, dass es sich dabei eigentlich eher um Ineffizienzen als um Vorteile handelt? Und sie haben nicht wirklich Beschäftigung geschafft…

Das ist natürlich ein Spiel (zu finden unter http://textsynth.org/), aber ein bisschen unheimlich ist es schon. Noch geht der computergenerierte Text nach weiteren zehn Zeilen in inkonsistente Assoziationen über, aber inzwischen gibt es Algorithmen, die hundertmal stärker sind. Das Spiel bestärkt die beunruhigende Erkenntnis, dass wir am Beginn eines Epochenbruchs leben, der mindestens so einschneidend sein wird die vorigen großen Veränderungen im Aggregatszustand

M. Greffrath (✉)
Berlin, Deutschland
E-Mail: mathiasgreffrath@t-online.de

© Der/die Autor(en) 2023
J. Legrand et al. (Hrsg.), *Transformation und Emanzipation*,
https://doi.org/10.1007/978-3-658-39911-5_14

der Menschheit: die Werkzeugentwicklung, der Übergang zu Sesshaftigkeit und
Agrikultur, und der zum fossil befeuerten Industriekapitalismus.

Kurzer Rückblick

Mit den ersten Werkzeugen wurde homo sapiens vom animal laborans, dem
Tier, das sich mühen muss, um sein Leben zu sichern, zum homo faber, dem
Schaffenden, der aus Ungeformtem Geformtes macht. Von einem Wesen, das
sich der Natur anpassen und unterwerfen muss, zum aktiven Gestalter seiner
Lebenswelt. Waffen minderten die Furcht und erhöhten die Wirksamkeit der
Jagd, Spaten und Pflug den Ertrag des Bodens. Mit jedem Werkzeug entstand
ein steinernes und später metallisches Gedächtnis, wurden Fähigkeiten auf
Dauer gestellt, Wissen weitergegeben. Keine Generation musste mehr von vorn
anfangen, Werkzeuge machten Fortschritt möglich. Mit Siedlungen entstand die
Kooperation: für den Hausbau müssen drei Menschen zusammenwirken, zwei,
die die Pfosten halten und einer, der den Querbalken darauf legt (Theriault 1996,
S. 204).

Kollektive Arbeit und Technik befreiten die Menschheit ein Stück weit vom
Naturzwang, schufen Raum für Freiheit und Autonomie. „Durch die Arbeit macht
der Mensch sich frei, durch die Arbeit wird er ein Herr der Erde, durch die Arbeit
endlich beweist er es, dass er über der Natur steht", schrieb Sören Kierkegaard
(1885, S. 505), und Karl Marx ein Jahr darauf: „Die Geschichte der Industrie ist
das aufgeschlagne Buch der menschlichen Wesenskräfte, die sinnlich vorliegende
menschliche Psychologie." (Marx 1968, S. 542) Arbeit ermöglicht Freiheit.
Aber die kommt nicht von selbst. In den agrarischen Hochkulturen verfügten die
Herren über die überlegene Technik: Waffen, Bewässerungsanlagen und Trans-
portmittel; die Bauern, Dienerinnen und Sklaven bildeten eine eigentumslose
Masse. Zu Beginn der Neuzeit wuchs mit dem Geschick der Handwerker und
Händler ihr Selbstbewußtsein; Städter forderten die Bürgerfreiheit und politische
Rechte. Mit der Industrialisierung zogen Massen vom Land in die Städte und
tauschten Armut gegen das Elend des proletarischen Daseins; in der Fabrik ent-
wickelten sie ein kollektives Bewusstsein, organisierten sich als Gewerkschaft
und Klassenpartei, forderten Demokratie und Beteiligung am Reichtum der
Nation.

Im 20. Jahrhundert steigerten die Elektrifizierung und die tayloristische Zer-
legung der Arbeit die Produktivität ins Ungeahnte. Die lange Konjunktur nach
dem Zweiten Weltkrieg wurde zur Grundlage für die „Sozialpartnerschaft": die
Wachstumsraten der „goldenen dreißig Jahre" sorgten für gleichmäßig steigende

Löhne, das neutralisierte die Verteilungskonflikte und erweiterte das Reich des Konsums. SozialdemokratInnen an der Regierung legten Programme zur „Humanisierung der Arbeit" auf, Gewerkschaften, die IG Metall voran, begannen in den Siebziger Jahren über Lebensqualität jenseits der Lohnsteigerungen zu reden, über Ökologie und einen Wohlstandsbegriff, der mehr als das Bruttosozialprodukt umfasst (Eppler 2011/1972). Aber im selben Jahrzehnt wurden die Grenzen des Wachstums sichtbar und die Profitmargen begannen zu schrumpfen, erschütterte die Ölkrise die Wirtschaften, destabilisierte das Ende des Währungssystems von Bretton Wood die globale Finanzordnung.

Die vierte Revolution

Die Unternehmen des Westens suchten durch Globalisierung und Verlagerung der Produktion, Ausweitung der Märkte, Deregulierung der Arbeitsbeziehungen und Drosselung des Sozialstaats die Wachstumsschwäche zu überwinden. Mit der Entwicklung der Mikroelektronik und der Computerisierung setzte die „vierte industrielle Revolution" ein. Seit den Achtziger und Neunziger Jahren verändern Informationstechnologie und Digitalisierung in rasantem Tempo das gesamte Gewebe der Gesellschaft: Fabriken, in denen die Werkstücke ihren Weg durch die Produktionsetappen ohne menschliches Zutun finden; weltumspannende Logistiknetze, die eine globale Just-in-time-Produktion sichern; von GPS gesteuerte Landwirtschaftsmaschinen, die quadratkilometerweise Monokulturen bearbeiten. Nach der körperlichen und disponierenden wird nun auch die organisierende, planende und kreative Arbeit automatisiert. Nicht nur die Kassiererin, der Sachbearbeiter und der Maschinenwart sind ersetzbar, auch das Fachwissen von Ingenieurinnen, Architekten und Anwältinnen ist in Algorithmen gespeichert, Computer stellen medizinische Diagnosen oder programmieren das Ermessen von Verwaltungsbeamten. Die Abhängigkeit von Programmen wächst, und Menschen ohne Fähigkeiten, die an ihrer Person haften, verlieren Verhandlungsmacht.

Netzherrschaft

Mit der Plattformökonomie, Internet und Smartphone schließlich kommt ein neuer Aggregatzustand von Wirtschaft und Gesellschaft in Sicht. Internethandel verödet die Innenstädte. Uber, Airbnb, Essenslieferdienste und Vermittlungsplattformen aller Art besetzen oder überformen Märkte, Kleingewerbetreibende und HandwerkerInnen müssen ihre Dienste zunehmend auf Plattformen anbieten. In seinem Buch „Digitaler Kapitalismus" skizziert der Soziologe Philipp Staab (2019) den Fluchtpunkt der Plattform-Ökonomie: es ist eine Art digitaler Turbofeudalismus. Seine horrenden Gewinne entstehen nicht länger *auf einem Markt,* sondern sie resultieren aus dem *Eigentum am Markt.* Amazon stellt nichts her, aber nimmt Prozente für die Vermittlung der Produkte von hunderttausenden von ProduzentInnen. Uber betreibt keinen Fuhrpark, sondern nimmt 30 % von den Niedrigentgelten privater KfZ-BesitzerInnen. Airbnb besitzt keine Hotels, sondern kassiert Provision von VermieterInnen, Helpling kassiert ein Drittel vom Lohn der Putzfrauen und -männer. Essenslieferdienste dirigieren ihre FahrerInnen wie Angestellte, zahlen zumeist weder Lohn noch Sozialleistungen. Hundert Jahre Kampf für Sicherheit enden so in einer Turbo-Variante der mittelalterlichen Markthoheit: die Konzerne kassieren eine Rente für das Recht, Waren inklusive der eigenen Arbeitskraft verkaufen zu dürfen.

Das Internet ermöglicht einerseits universelle Produktion, andererseits neue Formen der Ausbeutung wie die Crowdwork, in der isolierte Individuen an ihren Rechnern Werbetextchen formulieren oder Roboter trainieren, keine Arbeitszeitbegrenzung kennen und unterschreiben müssen, dass sie nicht untereinander kommunizieren. Keine Gewerkschaft kann denen helfen, sie sind freie VerkäuferInnen ihrer Arbeitskraft, schutzlos wie die TagelöhnerInnen am Beginn der Industrialisierung.

Als Dienstleister der Verwaltungen und Konzerne beherrschen die digitalen Riesen weltweit die privaten wie die öffentlichen Infrastrukturen, was ihnen leistungslose Renten auf Dauer garantiert; an ihren Clouds, ihren Unterseekabeln, ihren Satelliten hängen Funktionieren und Sicherheit ganzer Gesellschaften. Die Fürsten dieser weltumspannenden Reiche werden von den PräsidentInnen und KanzlerInnen der alten Nationalstaaten so empfangen, wie es ihnen gebührt – die jugendlichen UserInnen der Unterhaltungskanäle wissen mehr über Musk und Bezos und Zuckerberg als über die Regierung ihrer Heimatregion.

Maschinenstürmer

Es gibt keine zuverlässigen Prognosen über das Ausmaß der Beschäftigungsverluste in den nächsten Jahrzehnten. Die Schätzungen, die im Umlauf sind, schwanken zwischen 42 % und 50 %, aber sie sind „kaum mehr als das Lesen aus Kaffeesatz" (Becker 2017, S. 200). Wenn immer noch KassiererInnen an den Supermarktkassen sitzen, menschliche Roboter durch die Lagerhäuser rennen, kluge Menschen langweilige Tabellen ausfüllen, wenn Millionen von Menschen nur die ungute Wahl zwischen „Bullshit-Jobs" (David Graeber) und Arbeitslosigkeit haben – dann ist das kein technisches Problem, sondern ein ökonomisches: die Maschinenstürmerei des Kapitals. Nur wo es rentabel ist, wird automatisiert. Die wichtigste Größe für die Geschwindigkeit der Roboterisierung und Automatisierung aber ist der Preis der menschlichen Arbeitskraft. Sinkt der Lohn relativ, lohnen sich die Investitionen in IT nicht; steigt er, wird, wo immer es geht, die nächste Generation von Automaten eingesetzt. Noch werten in Venezuela Familien an Küchentischen Millionen von Verkehrsbildern aus und legen damit den Grund für das sogenannte autonome Fahren – „mechanische Türken", die für Stundenlöhne von drei Euro in einem weltweiten Netz ackern – ohne Möglichkeit, sich zu organisieren. Könnten sie es: die Antwort wäre die nächste Generation von Automaten. Der Produktivitätsgewinn durch Kooperation und Arbeitsteilung geht – das steht schon im „Kapital" – an die Firma.

Technologische OptimistInnen verkünden wie immer: mit der Automatisierung fielen zwar Arbeitsplätze weg, aber im selben Maß entstünden neue Tätigkeitsfelder, vor allem bei personenbezogenen Dienstleistungen – ob nun in der Gastronomie, im Gesundheitswesen, in der Betreuung von Alten oder Kindern oder der Bildung. Aber gerade diese Sparten stehen unter Kosten- und Profitdruck, nicht zuletzt, weil sie ein bevorzugtes Feld für Anlagekapital geworden sind: Algorithmen formatieren Logistik und Service in der Systemgastronomie, Krankenschwestern werden mit Sensoren ausgestattet, die ihre Zuwendungszeit rationieren.

Sinn ohne Arbeit

Angesichts dieser neuen Ausbeutungsformen und der beschleunigten Automatisierung schwillt die Diskussion über ein bedingungsloses Grundeinkommen an. Es sei nicht ausreichend „sinnvolle" Arbeit vorhanden für alle, sagen seine Befürworter, selbst von den Bullshit-Jobs gebe es nicht mehr genug. Auf der Basis eines existenzsichernden Einkommens sollten BürgerInnen entscheiden können, ob sie eine entlohnte Beschäftigung annehmen oder jenseits des Arbeitsmarktes einer selbstgewählten Tätigkeit nachgehen, als Ich-AG, ehrenamtlich arbeitende oder als SelbstversorgerIn.

Gegenüber einer Gesellschaft, in der die Spaltung in einen Kernbereich von gut bezahlten HöchstleisterInnen, einen unterbezahlten und zunehmend kommerzialisierten Sektor der Daseinsvorsorge – Bildung, Pflege, Gesundheit – und eine prekär lebende Schicht von Haushaltshilfen, Boten und 400-Euro-

JobberInnen auf Dauer gestellt wird, erscheint ein solcher Weg attraktiv. Aber abgesehen davon, dass bis jetzt noch niemand ein Finanzierungsmodell mit Aussicht auf Realisierbarkeit vorgelegt hat, ist es fraglich, ob ein solcher Weg, wie es ein neuerlicher Bestseller verheißt, zu „Freiheit für alle" in einer „Sinngesellschaft" führt (Precht 2022). In der gegenwärtigen Klassengesellschaft mit ihrem unzulänglichen und ungleichen Schulsystem würde die Schaffung von lohnarbeitsbefreiten Zonen die Ungleichheit der Chancen zur „Selbstverwirklichung" steigern, die Individualisierung der Gesellschaft auf die Spitze treiben.

Nach wie vor ist in den Kernbereichen von Produktion und Verwaltung und für die überwiegende Mehrzahl der Beschäftigten die Teilnahme an der Erwerbsarbeit das einzige und verfügbare Mittel, um ihren Lebensunterhalt zu verdienen. Gleichzeitig ist es die Form, die ihre Lebenszeit strukturiert und ihre Welterfahrung rahmt. Arbeit erweitert das Netz sozialer Beziehungen über Familie und Nachbarschaft hinaus; der Arbeitsprozess verbindet mich mit der Welt der Gegenstände, in ihm erfahre ich die Kraft der Kooperation und der kollektiven Aktion, gewinne ein Bild der Gesellschaft und lerne viel über die Macht des Eigentums. Arbeit verlangt regelmäßige Aktivität, formt meine Identität und weist mir einen gewissen Status und Platz im arbeitsteiligen Ganzen zu. Die Frage „Wieviel Arbeit braucht der Mensch?" ist alles andere als trivial, und den „Sinn" außerhalb eines entfremdeten oder automatisierten Bereichs des „Reiches der Notwendigkeit" zu verankern, setzt nicht nur einen Grad an Initiative und Bildung voraus, der, und dieser Befund ist mitnichten zynisch, „in allen Bevölkerungsschichten selten ist, am seltensten vielleicht bei denen, die den Hauptanteil der Erwerbslosen stellen – bei den ungelernten Arbeitern und den Jugendlichen" (Jahoda 1983, S. 153). Vor allem aber wäre eine Existenz außerhalb des Geflechts der Arbeitsteilung ein krasser Verlust an Realitätskontakt – auch dem mit den Unerträglichkeiten kapitalistischen Wirtschaftens.

Eine anthropologische Wende

Für PhilosophInnen und AnthropologInnen kommt mit Automatisierung, künstlicher Intelligenz und Plattformökonomie ein Endzustand in den Blick, in dem homo faber, das werkzeugmachende Tier, nur mehr das Gleitmittel der großen Automaten ist, eine Universalisierung dessen, was Marx im Fabriksystem angelegt sah: „Der Automat selbst (ist) das Subjekt, und die Arbeiter sind nur als bewußte Organe seinen bewußtlosen Organen beigeordnet und der zentralen Bewegungskraft untergeordnet [...] als lebendige Anhängsel." (Marx 1962, S. 442 ff.)

Die Philosophin Hannah Arendt stellt am Ende des 20. Jahrhunderts fest: „In ihrem letzten Stadium verwandelt sich die Arbeitsgesellschaft in eine Gesellschaft von Jobholdern, und dieses verlangt... kaum mehr als ein automatisches Funktionieren. Und so endet die Neuzeit in der tödlichsten, sterilsten Passivität, die die Geschichte je gekannt hat. [...] Arbeit und die in ihr erreichbare Lebenserfahrung (wird) zunehmend aus dem menschlichen Erfahrungsbereich ausgeschaltet." (Arendt 1981, S. 314 f.)

„Die Entfesselung der Technik", so schrieb es, ungefähr zu Beginn des Computerzeitalters der französische Anthropologe André Leroi-Gourhan, „führt zweifellos zu einer Verminderung der technischen Freiheit des einzelnen". An ihrem Ende finde die menschliche Gesellschaft „zur Organisation der perfektesten Tiergesellschaften zurück, jener Gesellschaften, in denen das Individuum nur als Zelle in einem Organismus existiert. [...] Befreit von seinen Werkzeugen, seinen Gesten und Muskeln, von der Programmierung seiner Handlungen und seines Gedächtnisses, befreit von der Phantasie, an deren Stelle die Perfektion des Fernsehens getreten ist, befreit auch von der Tier- und Pflanzenwelt, vom Wind, von der Kälte, den Mikroben und dem Unbekannten der Gebirge und Meere, steht homo sapiens wahrscheinlich am Ende seiner Laufbahn". Es sei denn, der Mensch der nahen Zukunft, entschlösse sich, „*sapiens* zu bleiben. Er wird vor der Aufgabe stehen, das Problem des Verhältnisses zwischen Individuum und Gesellschaft völlig neu zu durchdenken, sich konkret der Frage seiner numerischen Dichte und seines Verhältnisses zur Tier- und Pflanzenwelt zu stellen. Er wird aufhören müssen, das Verhalten einer Mikrobenkultur nachzuahmen und die Beherrschung des Erdballs als ein Spiel des Zufalls anzusehen." (Leroi-Gourhan 1980, S. 429, 490 f.)

Die melancholisch-kritischen Zukunftsbilder scheinen plausibel, wenn wir auf den Zustand der Welt blicken. Aber sie denken nur die halbe Realität, sind dem verbreiteten Gedanken verhaftet, dass die Technik einer eigenen, von niemandem zu steuernden, weil tief im Menschen verankerten gleichsam evolutionären Logik folgt. Dieser fatalistische Determinismus ist nicht unähnlich dem Fatalismus der Computer-Nerds aus Kalifornien, die das Kommen einer künstlichen Intelligenz besingen, die alles Wissen der Welt und alle Fähigkeiten der Menschheit in sich vereinen wird und schließlich Bewusstsein gewinnen könnte. Beide blenden den ökonomischen Treibstoff dieser Entwicklung aus: den Zwang des Kapitals, zu wachsen und in alle Weltregionen und alle Dimensionen der Gesellschaft einzudringen. Das Resultat einer solchen „Biologisierung" der Technikentwicklung ist der Grusel vorm Übermorgen statt des Blicks auf das nächste Jahrzehnt, das Bild einer fernen Zukunft statt eines Kursbuchs zum politischen Gestalten des

Feldes zwischen den Einzelnen und der Gattung, Natur, Ökonomie und Politik. Die gedankliche Voraussetzung dafür ist es, die entfremdende Welt als eigene zu begreifen und in Besitz zu nehmen.

Algorithmen, Eigentum und der Mehrwert der Geschichte

„Die Erkennung der Produkte als seiner eigenen und die Beurteilung der Trennung von den Bedingungen seiner Verwirklichung als einer ungehörigen, zwangsweisen – ist ein enormes Bewusstsein, selbst das Produkt der auf dem Kapital ruhenden Produktionsweise."
(Marx 1983, S. 375).

Die Rede vom „Ende der Arbeitsgesellschaft" ist ein historisches, ökonomisches und kategoriales Missverständnis. Denn: *jede* Gesellschaft ist eine Arbeitsgesellschaft. Dass jede Nation verrecken würde, die nur für einige Wochen die Arbeit einstellt, weiß jedes Kind, schrieb Marx. Alle arbeitsteiligen Gesellschaften der Menschheitsgeschichte sind Netzwerke von Arbeitenden – mit einer Schicht von NutznießerInnen. Das ist nicht trivial in einer Diskussion, in der Technik und Wissen als Quellen des Wertes und des Wohlstands gelten und deren EigentümerInnen das Monopol auf Weltgestaltung usurpieren.

„Die Bedeutung der Arbeit nimmt ab, die von Wissen nimmt zu." „Wissen wirft längst höhere Investitionsrenditen ab als Kapital." So lauten die Formeln, mit denen steigende Ungleichheit, die horrenden Profite der IT-Branche, der Druck auf die Löhne und der Abstieg des produzierenden Mittelstands seit einigen Jahrzehnten begründet werden. Abgesehen davon, dass das in Algorithmen geronnene Wissen keinen Turnschuh, kein Stück Butter, keinen Schrank, kein Auto und kein Handy herstellt, sondern dass am gewöhnlichen Beginn der Wertschöpfungskette immer noch Bauern im Allgäu, unterbezahlte Chinesinnen, Kinder im Kongo und Holzfäller in Bulgarien stehen: der Fetischismus des Algorithmus und die Furcht vor ihm verdecken, was technisches Wissen ist: kein vierter Produktionsfaktor, sondern geronnene gesellschaftliche Arbeit, formalisierte Kooperation, historisch erworbenes kollektives Wissen.

Denn in der digitalisierten „Wissensökonomie" geschieht, wenn auch auf unendlich größerem Maßstab, was beim Übergang vom Handwerk zur Maschinenproduktion passierte. Wenn damals „Muskeln, Schärfe des Blicks, Virtuosität der Hand" (Marx 1962, S. 403) in die Maschine wanderten, so sind es jetzt die Arbeitsroutinen und der Erfahrungsschatz ganzer Berufe und Wissenschaften, die in den Algorithmen der Informationstechnik formalisiert werden. In Generation erarbeitetes ExpertInnenwissen wird in Software verwandelt; kommerzialisiert, erscheint es nicht mehr als das Resultat gesellschaftlicher Arbeit, sondern als Eigenschaft des Kapitals. Und so wie zu Beginn des neuzeitlichen Kapitalismus in der „ursprünglichen Akkumulation des Kapitals" die Wälder, Weiden und Wege, die bis dahin als Gemeinbesitz von allen genutzt wurden, von den GrundeigentumskapitalistInnen eingezäunt und privatisiert wurden, zieht das informationstechnologische Kapital heute Copyright-Zäune um den Gemeinbesitz an Produktionswissen, patentieren Unternehmen wissenschaftliche Erkenntnisse, die in gesellschaftlichen Institutionen erarbeitet wurden. So erscheinen die Produktivitätsgewinne, die aus der Kooperation in einer arbeitsteiligen Organisation erwachsen, als Tat, Kreativität und Eigentum des Kapitals. Es ist die gewaltigste strukturelle Enteignung der Weltgeschichte – und auch, wenn derzeit keine politische Bewegung die Eigentumsfrage stellt, gehört die Auflösung dieses technokapitalistischen Fetischismus nach wie vor zum Grundkurs gewerkschaftlicher Bildung. Übrigens ist man dabei in guter Gesellschaft von Menschen, die kundig sind, wenn es um Produktion geht. „An der Arbeit, die in unsichtbarer Verkettung alle leisten, sind alle berechtigt. […] Besitzverteilung ist ebensowenig Privatsache wie Verbrauchsanrecht." (Rathenau 1964, S. 49, 68); und das heißt: alle Arbeitenden sind systemrelevant, die gegenwärtigen und ihre VorgängerInne. Denn warum ist eine Nation reich? Weil BürgerInnen die Stadtfreiheit erkämpften; weil Einwanderer und Seeleute neue Ideen mitbrachten; weil es eine Religion gab, die Fleiß als gottgefällig ansah; weil Flüchtlinge und MigrantInnen härter arbeiten als andere; weil zehn begabte UnternehmerInnen zehn weitere anziehen; weil es in Schwaben pfiffige BastlerInnen gibt und weitsichtige Regierungen gute Schulen und Hochschulen gebaut haben – kurz: weil die ganze Geschichte eines Landes die Gegenwart mitproduziert hat und die vollständige Liste der UrheberInnen und Mitwirkenden an „neuen Geschäftsideen" mindestens so lang ist wie der Abspann von zehn Hollywood-Filmen. „*Wir* reklamieren den Inhalt der Geschichte", so formulierte der jugendliche Friedrich Engels den Anspruch aller Mitglieder der Gesellschaft auf das Erbe der Vergangenheit und das Mehrprodukt der Gegenwart (Engels 1981, S. 545).

Die Arbeit im Anthropozän

Es gibt noch einen zweiten, ungleich größeren und harten Grund, warum wir die Digitalisierung nicht über uns kommen lassen dürfen, sondern ihr eben so viel Aufmerksamkeit widmen müssen wie dem Klimawandel, und warum wir über

Arbeit in einem weit größeren Rahmen als dem der herkömmlichen Lohnarbeit denken müssen.

„Das künftige Schicksal der planetarischen Umwelt [wird] massiv vom Fortgang der digitalen Revolution abhängen [...] Nur wenn es gelingt, die digitalen Umbrüche in Richtung Nachhaltigkeit auszurichten, kann die Wende hin zu einer nachhaltigen Welt gelingen. Digitalisierung droht ansonsten als Brandbeschleuniger von Wachstumsmustern zu wirken, die die planetarischen Leitplanken durchbrechen."

So beginnt das 500 Seiten starke Gutachten „Unsere gemeinsame digitale Zukunft", das der Wissenschaftliche Beirat Globale Umweltveränderungen, kurz WBGU, der Bundesregierung 2019 übergeben hat (WBGU 2019, S. 1). Es denkt die beiden großen Entwicklungen der jüngsten Moderne, die globale Bedrohung der Lebensgrundlagen – den Klimawandel, den Artenschwund, die Übersäuerung der Meere, die Erschöpfung der Böden – und die explosiven Fortschritte in der Informations- und Kommunikationstechnologie zusammen. Digitalisierung, so der Befund, werde trotz all der schönen Namen – smart home, smart cities, smart agriculture – bislang überwiegend zur Steigerung des konventionellen Wachstums eingesetzt. Dabei sei sie das Große Werkzeug, das den Wandel im Naturverhältnis organisieren und beschleunigen könnte: In der Dekarbonisierung, der Kreislaufwirtschaft, einer umweltschonenden Landwirtschaft, bei der effizienten Verwendung von Materie, für Logistik- und Transportsysteme, die nicht so einfältig sind wie das Elektroauto, für das Überwachen von Wäldern und Meeren, für die Verbreitung eines globalen Bewusstseins.

Und das heißt: alle Algorithmen sind politisch. Was not tut – das legt die Lektüre dieses Berichts nahe –, ist eine starke politische Bewegung, die dafür kämpft und Konzepte entwickelt, damit die „letzte Metamorphose der Arbeit" mit ihren mächtigen Instrumenten nicht der Verewigung unkontrollierten Wachstums, sondern der Beherrschung des Klimawandels, dem globalen Ausgleich, der globalen Bewirtschaftung der Menschheitsressourcen dient.

Gewerkschaft 4.0

Zukunftsorientierte Gewerkschaften stehen vor der anspruchsvollen Aufgabe, einen Spagat auf Dauer zu stellen. Einerseits müssen sie unter verschärften ökonomischen und technischen Randbedingungen Abwehrkämpfe gegen Betriebsschließungen, steigende Belastungen und sinkende Reallöhne führen. Und die sind nicht leichter geworden durch die Zunahme untypischer Arbeitsverhältnisse, zersplitterter Belegschaften, die Drohung von Betriebsver-

lagerungen. Die Regeln der alten Ökonomie (die ja weiterbesteht) und die ein-
geübten Verfahren der Auseinandersetzung passen nicht auf die Gegebenheiten
von Crowd- und Click-Arbeit, die neue Heimarbeit, die scheinselbständigen
Plattform-Praktiken. Arbeitskämpfe gegen Unternehmen, die keinen „Betrieb"
mehr bilden, weil ihre MitarbeiterInnen an Hunderten von Orten sitzen, erfordern
die Einübung neuer Kampfweisen, bis hin zu Flashmobs und kreativen Unter-
stützungsstreiks (umfassend und grundlegend dazu Giesen und Kersten 2018).
Dabei könnten die Möglichkeiten der Sozialen Netzwerke und der audiovisuellen
Medien strategisch entscheidend werden, auch weil sie die Organisations-
Aversion gerade unter den Jungen unterlaufen.

Und andererseits: Wenn nicht länger nur der Lohn und die „Lebensqualität", sondern das Leben in Gesellschaft und das Überleben der Gattung aus ökologischen Gründen infrage stehen; wenn die Zukunftsfähigkeit der Wirtschaft
einen radikalen Umbau der öffentlichen Infrastrukturen erfordert; wenn der
soziale Frieden, national wie weltweit, nur mit einer gleichmäßigeren Verteilung
der Lasten und Gewinne der globalen Produktion zu sichern sein wird – dann gilt
verschärft, was Erhard Eppler 1972 auf der Oberhausener Tagung zur „Lebensqualität" sagte: Der Übergang in eine ökologische Weltwirtschaft und eine neue
Epoche der Weltgesellschaft, der das Leben aller BürgerInnen, jedes Arbeitenden,
jeder Familie verändern wird, stellt die Gewerkschaften vor die Aufgabe, neben
ihrer Funktion im Verteilungskampf zu einer starken *politischen* Kraft in den
Auseinandersetzungen über die Gestaltung der Zukunft zu werden – als die Vertretung aller Menschen, die nicht über genügend Vermögen verfügen, um ohne
einen Job und ohne Sozialstaat ein gutes Leben zu führen (Eppler 2011/1972,
S. 10–14).

Eine Gewerkschaftsbewegung, die nicht nur defensiv sein, die begeistern will,
muss moderner sein, als der Kapitalismus es je zulassen würde. Sie muss eine
„soziotechnologische Hegemonie entwickeln: sowohl in der Sphäre der Ideen
und Ideologien als auch im Bereich der materiellen Infrastruktur". So schreiben
es die Sozialwissenschaftler Nick Srnicek und Alex Williams auf englisch-
pragmatische Weise in ihrem Buch „Die Zukunft erfinden" (2016, S. 223). Auf
die Digitalisierung bezogen heißt das: Gewerkschaften sollten zu Treibern statt
zu Bremsern der letzten Metamorphose der Arbeit werden. Sie sollten sich für
eine weitergehende Automatisierung aller Routinearbeiten einsetzen und, dadurch
ermöglicht, eine radikale Arbeitszeitverkürzung zum Polarstern ihrer Arbeit
machen. Sie sollten die „Maschinenstürmerei" (Dath 2008, S. 76) des Kapitals
beenden, die den technischen Fortschritt nur als abhängige Variable der Geld-
vermehrung zulässt, also: die Maschinen von den Fesseln der Kapitalverwertung
zu befreien, damit sie uns mehr Freiheit ermöglichen. Damit das möglich wird,

brauchte es freilich ein Bildungssystem – Schule und Betrieb – dessen durchschnittliche AbsolventInnen für mehr als Lieferandofahren oder Kassenbedienen ausgebildet wären, theoretisch für anspruchsvolle Arbeit, an Maschinen, deren Mechanismus, deren Funktionsweise sie beherrschen statt von ihm beherrscht zu werden, und darüber hinaus mit einem Verständnis für die Gesellschaft als Ganze – eine Neuauflage der polytechnischen Bildungsidee. Die großen Aufgaben des Jahrhunderts – der Umbau der Energiesysteme, die Ökologisierung der Wirtschaft, die Erhaltung der Restnatur, die Bewältigung des demographischen Wandels erfordern eine allgemeine Höherqualifizierung *aller* gesellschaftlich Arbeitenden. Die BürgerInnen der Zukunft werden mehr wissen und mehr können müssen.

Ich stelle mir vor, dass die besten und vernehmbarsten Ideen über die notwendigen Veränderungen von denen propagiert werden, bei denen Kompetenz und Realismus zusammenkommen. Dass ver.di die besten Ideen für eine wirkliche Verwaltungsrevolution durchsetzt, dass die NGG im Bündnis mit der IG BAU und NGOs eine Kampagne für die Qualität des Essens und der Tierhaltung führt, dass die IG Metall sich unter ihren Mitgliedern für Solar-auf-dem-Dach und intelligente Mobilität auch jenseits des Automobils einsetzt, die GEW mit Aktionen gegen eine kommerziell dirigierte Digitalisierung der Lernverhältnisse auffällt, und die IG BCE die Palette der Pharmaprodukte und Verpackungsexzesse kritisch durchsieht. Und warum gibt es in einer aufgelassenen Medienlandschaft neben Hunderten von kommerziellen und Business-Kanälen nicht auch schon längst ein pfiffiges ArbeiterInnen-TV? Die Kosten dafür wären überschaubar, und aus der ruhmlosen Geschichte der Parteipresse und von politischen YoutuberInnen könnte man lernen wie man es (nicht) machen sollte. Kurzum: Gewerkschaften müssen um ihret und um der Gesellschaft willen mehr werden als die Interessenvertretung von Kernbelegschaften: eine Avantgarde im Übergang zum Anthropozän. Das sei zuviel verlangt? Es gibt unter den Menschenrechten, so sagte es kürzlich ein Philosoph, keines auf Nicht-Überforderung. Wir müssen unseren Garten bestellen.

Literatur

Die Links wurden am 23. Juni 2022 letztmals überprüft.

Arendt, H. (1981). *Vita activa oder Vom tätigen Leben*. München: Piper.
Becker, M. M. (2017). *Automatisierung und Ausbeutung. Was wird aus der Arbeit im digitalen Kapitalismus?* Wien: Promedia.
Dath, D. (2008). *Maschinenwinter. Wissen, Technik, Sozialismus. Eine Streitschrift*. Frankfurt a. M.: Suhrkamp.

Die Links wurden am 23. Juni 2022 letztmals überprüft.

Engels, F. (1981). *Die Lage Englands* (MEW 1). Berlin: Dietz [Alle Bände der MEW zum Download im PDF-Format bei: *Marx wirklich studieren!*].

Eppler, E. (2011/1972) *Die Qualität des Lebens. Vortrag auf der Tagung der IG Metall 1972 zum Thema „Lebensqualität".* Friedrich-Ebert-Stiftung. https://library.fes.de/pdf-files/akademie/online/09120.pdf.

Giesen, R., & Kersten, J. (2018) *Arbeit 4.0. Arbeitsbeziehungen und Arbeitsrecht in der digitalen Welt.* München: Herder.

Jahoda, M. (1983). *Wieviel Arbeit braucht der Mensch? Arbeit und Arbeitslosigkeit im 20. Jahrhundert.* Weinheim: Beltz.

Kierkegaard, S. (1885). *Entweder – Oder. Ein Lebensfragment.* Feedbooks. https://zeitfuerdich.files.wordpress.com/2014/01/kierkegaard-entweder-oder-lebensfragmant.pdf.

Leroi-Gourhan, A. (1980). *Hand und Wort. Die Evolution von Technik, Sprache und Kunst.* Frankfurt a. M.: Suhrkamp.

Marx, K. (1962). *Das Kapital. Erster Band* (MEW 23). Berlin: Dietz.

Marx, K. (1968). *Ökonomisch-philosophische Manuskripte aus dem Jahre 1844* (MEW 40). Berlin: Dietz.

Marx, K. (1983). *Ökonomische Manuskripte 1857/1858 (Grundrisse der Kritik der politischen Ökonomie)* (MEW 42). Berlin: Dietz.

Precht, R. D. (2022). *Freiheit für alle. Das Ende der Arbeit, wie wir sie kannten.* München: Goldmann.

Rathenau, W. (1964). *Schriften und Reden.* Frankfurt a. M.: S. Fischer.

Srnicek, N., & Williams, A. (2016). *Die Zukunft erfinden: Postkapitalismus und eine Welt ohne Arbeit.* Berlin: Edition Tiamat.

Staab, P. (2019). *Digitaler Kapitalismus. Markt und Herrschaft in der Ökonomie der Unknappheit.* Berlin: Suhrkamp.

Theriault, R. (1996). *Maloche. Eine kurze Betrachtung der Arbeit.* Frankfurt a. M.: S. Fischer.

WBGU (2019). *Hauptgutachten: Unsere gemeinsame digitale Zukunft.* Wissenschaftlicher Beirat der Bundesregierung Globale Umweltveränderungen. https://www.wbgu.de/fileadmin/user_upload/wbgu/publikationen/hauptgutachten/hg2019/pdf/WBGU_HGD2019_Z.pdf.

Mathias Greffrath, Soziologe und Journalist, schreibt Essays und Reportagen u. a. für ARD-Anstalten, *ZEITtaz.* Schwerpunkte der letzten Jahre: Geschichte der Aufklärung und der Arbeit, Globalisierung, Klimawandel, Neuro- und Biowissenschaften, Zukunft des Staates und der Bildung, Europäische Politik und nationale Mentalitäten. Letzte Veröffentlichungen:

Montaigne heute, Leben in Zwischenzeiten, Zürich 1998; als Herausgeber: Re: Das Kapital. Politische Ökonomie im 21. Jahrhundert, München 2017; Inventur und Neustart, Überlegungen zur Zukunft des Staates, der Wissenschaft und der Schule, Deutschlandfunk 2021, abrufbar unter: https://www.deutschlandfunk.de/inventur-und-neustart-1-3-ueberlegungen-zur-zukunft-des-100.html.

The manufacturer's authorised representative in the EU is Springer
Nature Customer Service Centre GmbH, Europaplatz 3, 69115 Heidelberg,
Germany. If you have any concerns regarding our products, please
contact ProductSafety@springernature.com

Printed and bound by CPI Group (UK) Ltd, Croydon, CR0 4YY
28/04/2026
02098514-0002